Research in Information Retrieval

증보판

정보검색연구

정영미 지음

연세대학교 출판문화원

- 증보판 -

정보검색연구

저 자 정영미

발 행 연세대학교 출판문화원

주 소 서울특별시 서대문구 연세로 50

전 화 02)2123-3380~2

팩 스 02)2123-8673

http://www.yonsei.ac.kr/press

ysup@yonsei.ac.kr

등 록 1955년 10월 13일 제9-60호

인 쇄 화신문화(주)

2012년 5월 25일 1판 1쇄　2023년 8월 31일 1판 8쇄

ISBN 978-89-97578-41-2 (93020)

정가 20,000원

머리말

PREFACE

이 책은 2005년 발간된 〈정보검색연구〉 초판에서 충분히 설명하지 못했던 내용을 보완하고, 또한 미처 다루지 못했던 기법을 추가한 증보판이다. 특히 어려운 기법의 이해를 돕기 위해 가능한 한 예제를 사용하여 설명한 부분을 추가하였다. 이 책은 대학원 수준에서 다루어야 할 내용을 많이 포함하고 있다. 따라서 이 책을 학부 교재로 사용할 경우에는 기술된 내용의 난이도에 따라 선택적으로 공부하는 것이 바람직하다.

지난 20년간 정보검색 분야 연구에서 가장 주목할 만한 것은 TREC(Text REtrieval Conference)의 출현이다. TREC은 대규모의 표준적인 실험문헌집단을 제공함으로써 각국의 연구자들이 다양한 검색 기법을 실험할 수 있도록 하였고, 실험 결과의 발표를 통해 각 기법의 검색 성능을 비교 평가함으로써 보다 효과적인 검색 기법을 개발할 수 있는 환경을 제공하였다. 국내에서도 HANTEC 말뭉치의 구축을 통해 대규모의 검색 실험이 가능한 환경이 마련되었다.

정보검색 분야의 최신 연구 동향은 웹에 기반을 둔 검색 환경에 크게 기인하는 것으로 보인다. 특히 웹 검색엔진을 통해 검색할 수 있거나 실제 검색되는 웹 문서의 수가 엄청나게 많아지면서 내용이 유사한 문헌/문서들을 묶어 주는 자동분류 기법에 대한 연구가 활발하게 수행되고 있다. 또한 일반 이용자가 접근할 수 있는 텍스트가 많아지면서 원문의 내용을 요약해서 보여 줄 수 있는 자동요약 기법에 대한 요구도 커지고 있다. 이 책에서는 이러한 연구 동향을 반영하여 각 장의 주제를 결정하고,

각 장에서는 해당 주제와 관련된 최신 연구 결과를 반영하여 내용을 기술하였다.

먼저 제1장에서는 다른 장에서 기술되는 각 주제의 내용을 이해하는 데 필요한 정보검색 과정 및 텍스트 처리 과정에 대해 개괄적으로 살펴보고, 제2장에서는 검색 작업에 선행되는 색인의 개념과 시소러스에 관해 다루었다. 제3장에서는 TREC 실험에서 사용된 다양한 용어 가중치 및 자동색인 기법에 대해 기술하였고, 제4장에서는 지금까지 제안된 요약 기법을 중심으로 하여 자동요약에 관해 심층적으로 다루었다. 제5장과 제6장에서는 자동분류 기법들을 문헌 클러스터링과 텍스트 범주화로 나누어 상술하였으며, 제7장에서는 정보검색의 중심 주제라고 할 수 있는 검색 모형에 관해 심층적으로 다루었다. 제8장에서는 검색 성능을 향상시킬 수 있는 다양한 방법에 대해 다루면서 특히 최근에 논의가 활발한 데이터/컬렉션 결합 기법과 질의확장에 대해 상술하고 있다.

이 책에서는 'document'에 해당되는 한국어로 '문헌'을 선택하였다. 정보검색 관련 논문이나 저서에서는 저자의 선호도나 글의 문맥에 따라 '문헌'과 '문서'의 두 용어가 혼용되고 있음을 볼 수 있다. 필자는 국어사전에 나와 있는 정의를 참고하여 이 책에서 "문헌"이란 용어를 선택하였다. 〈연세한국어사전〉을 보면 '문서'는 "다른 일의 자료가 되든가 어떤 사실을 증명하는 데 쓰이는 글을 적은 종이"로 정의되어 있고, '문헌'은 (1) "옛날의 제도나 문물을 아는 데 필요한 자료나 기록", (2) "특정한 연구에 대해 참고가 되는 서적이나 문서"로 정의되어 있다. 문헌에 대한 두 번째 정의에 의해 필자는 문서 대신 문헌을 선택하였는데, 그 이유는 우선 우리가 다루는 정보나 지식은 어떤 형태이든 연구를 위한 것이라고 볼 수 있으며, 또한 문헌은 문서를 포함하는 것으로 정의되어 있으므로 보다 포괄적인 의미의 용어인 '문헌'이 적합하다고 본 것이다. 다만 웹의 경우에는 문서가 더 익숙하고 적합한 용어로 판단되어 웹 문서라는 표현을 사용하였다.

정보검색에 관한 연구는 국내에서 문헌정보학과와 전산학과를 중심으로 하여 지속적으로 수행되고 있다. 최근에는 특히 자동요약이나 자동분류를 위한 텍스트 처리와 마이닝에 대한 수요가 커지고 있으므로 이러한 주제에 대한 연구가 많이 나오기를 기대한다. 이 책이 국내 정보검색 분야를 공부하는 학생들과 연구자들에게 도움이 되고, 이 분야의 발전을 위한 밑거름이 될 수 있기를 바라는 마음 간절하다. 마지막으로 이 책의 출판을 흔쾌히 허락해 주신 연세대학교 출판문화원의 김하수 원장님께 감사드리고, 교정과 색인 작업을 도와 준 연세대학교 대학원의 송성전에게 고마운 마음을 전하고자 한다.

2012년 2월

지은이

차 례

CONTENTS

제 1 장

텍스트 정보 검색

1.1 정보검색 개요

정보검색(information retrieval)은 다양한 정보원으로부터 이용자의 정보요구에 적합한 정보/지식을 찾아내기까지의 모든 과정을 의미한다. 1990년대에 들어 등장한 웹(World Wide Web)은 정보검색의 대중화를 가져왔으며, 이에 따라 정보검색의 내용도 크게 변화하게 되었다. 예컨대 웹 정보자원뿐만 아니라 Science Citation Index와 같은 학술적인 데이터베이스도 이제는 최종 이용자(end user)가 직접 탐색할 수 있게 된 것이다.

그림 1.1은 간단한 정보검색 모형이다.

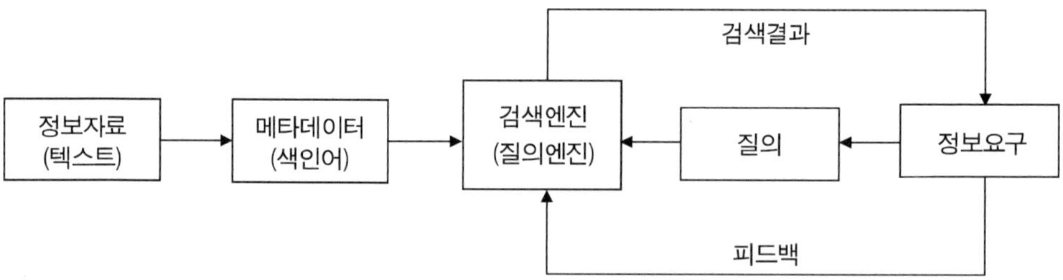

〈그림 1.1〉 정보검색 모형

이 정보검색 모형을 보면 먼저 정보자료로부터 색인어를 비롯한 여러 유형의 메타데이터가 추출되어 색인 데이터베이스를 구성하며, 이용자의 정보요구는 다양한 형태의 질의로 표현된다. 검색엔진(search engine)은 질의와 메타데이터를 비교하여 주어진 검색 기준을 만족하는 정보자료를 검색하는 소프트웨어로서 질의엔진(query engine)이라고도 한다. 이 모형에서 정보자료는 주로 텍스트 형태를 갖지만 멀티미디어 자료도 포함하며, 웹과 온라인 데이터베이스 등 다양한 정보원을 통해 제공될 수 있다.

검색엔진은 웹이 정보원인 경우에는 구글(Google)과 같은 웹 검색엔진(구체적으로는 질의엔진)이 되며, 온라인 데이터베이스의 경우 ProQuest와 같은 온라인 데이터베이스 서비스가 사용하는 검색 시스템이 이에 해당된다. 검색 기준은 어떠한 검색 기법을 채택하느냐에 따라 달라지는데 단순 키워드 검색, 불리언(Boolean) 검색, 확률 검색, 벡터공간 검색 등의 기법이 사용된다.

이용자의 정보요구는 일정한 형식의 질의로 표현되어 시스템에 입력되는데 문장이나 구형태의 자연언어 질의, 단순 키워드 리스트, 키워드를 AND나 OR와 같은 불리언 연산자(Boolean operators)로 조합한 불리언 질의, 또는 DBMS(Data Base Management System)에서 사용하는 정형의 질의 등으로 표현될 수 있다. 검색 결과 이용자 피드백이나 시스템 피드백을 통한 질의확장(query expansion) 또는 질의수정(query modification)에 의해 검색엔진은 재검색을 수행할 수 있다.

그림 1.2는 구글을 예로 한 웹 검색엔진의 기본 구조로서 웹을 통한 정보검색 과정을 이해하는 데 도움을 준다(Arasu, et al. 2001; Baldi, Frasconi, and Smyth 2003; Brin and Page 1998).

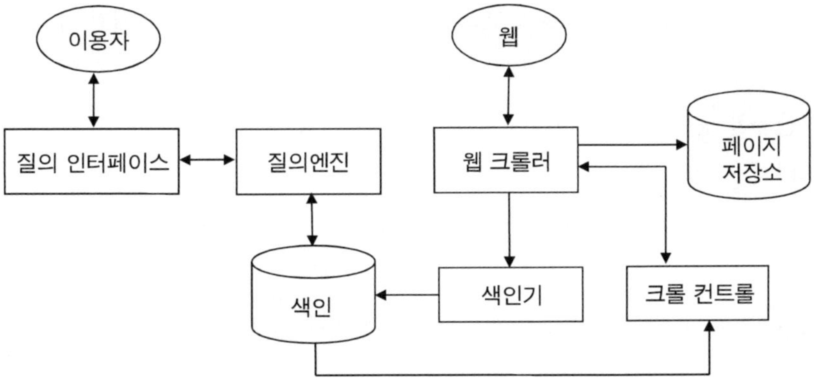

〈그림 1.2〉 웹 검색엔진 구조

위의 웹 검색엔진 구조에서 가장 핵심이 되는 모듈은 크롤러(crawler)이다. 웹 로봇(robot) 또는 스파이더(spider)라고도 부르는 크롤러는 검색엔진을 대신하여 웹 페이지를 수집해 오는 프로그램으로서 처음 방문할 초기 URL 집합을 제공받는다. 크롤러는 수집한 페이지로부터 새로운 URL을 추출하여 크롤 제어(crawl control) 모듈에게 제공하며, 크롤러가 검색한 페이지는 페이지 저장소(page repository)로 전달된다. 크롤 제어 모듈은 크롤러가 다음에 방문할 주소를 결정하여 다시 크롤러에게 보내는 역할을 한다.

웹 검색엔진의 색인기(indexer)는 여러 유형의 색인을 생성할 수 있는데 특히 일반 검색 시스템과는 달리 텍스트 색인(text index) 외에 크롤러가 방문한 페이지들 간의 링크 정보를 담고 있는 구조 색인(structure index)을 생성한다. 텍스트 색인에는 각 웹 페이지로부터 추출한 단어들과 각 단어가 출현한 페이지의 URL 등이 수록된다.

질의엔진(query engine)은 이용자가 입력한 질의에 적합한 웹 페이지를 검색하여 제공하는데 웹의 경우 보통 한 두 개의 키워드로 구성되는 일반적인 질의에 대해 검색되는 페이지가 워낙 많기 때문에 검색 결과를 적합성 순서로 정렬하는 순위화 알고리즘(ranking algorithm)이 사용된다. 전통적인 정보검색 시스템에서는 대개 질의와 문헌 텍스트의 유사도 순으로 검색 결과를 순위화할 수 있지만 웹의 경우는 텍스트와의 유사도만으로는 충분하지가 않다. 따라서 구글 등의 웹 검색엔진은 링크 정보를 활용한 순위화 알고리즘에 의해 질의에 적합한 페이지가 상위에 출력되도록 하고 있다.

웹이 기반이 되는 최근의 정보검색은 다음과 같은 특징을 갖는다.

- 상용 온라인 데이터베이스, 전자저널, 디지털 도서관 등 거의 모든 정보원에 웹을 통해 접근할 수 있다.
- 텍스트, 이미지, 비디오, 소리 등 거의 모든 형태의 정보를 검색하는 멀티미디어 정보 검색에 관한 관심이 커지고 있다.
- 인터넷을 통해 세계 각국의 정보에 접근하게 되므로 교차언어 정보검색(cross-language information retrieval: CLIR)에 관한 연구가 수행되고 있다.

- 웹 자체가 다양한 형태의 정보를 제공하는 하나의 거대한 데이터베이스로서 기능하고 있으며, 원하는 정보는 웹 검색엔진이나 디렉토리를 통해 쉽게 검색할 수 있다. 또한 웹 마이닝(Web mining)을 통해 새롭고 유용한 웹 정보를 발견할 수 있다.
- 웹을 통해 접근 가능한 방대한 양의 전문(full text) 정보는 보다 효과적인 표현과 검색 기법을 필요로 하고 있다. 이에 따라 텍스트 분류(text categorization/clustering), 텍스트 요약(text summarization), 정보 추출(information extraction), 텍스트 마이닝(text mining) 등 텍스트 가공 기능에 대한 연구가 활발히 진행되고 있다.
- 특정한 주제에 관련된 새로운 뉴스기사와 같은 최신정보를 자동적으로 검색, 제공하는 정보 필터링(information filtering), 주제 탐지 및 추적(topic detection and tracking: TDT), 새로운 주제 탐지(new topic detection) 등 새로운 검색 기법들에 대한 연구가 수행되고 있다.

이 책에서는 텍스트를 대상으로 한 정보검색에 초점을 맞추고 있으며, 정보검색 기법 이외에 자동색인, 텍스트 분류, 텍스트 요약, 질의확장 등에 관해 상세히 다루고 있다. 위에서 언급한 정보검색과 관련된 새로운 기법들에 대해서는 아래에서 간략히 설명하고자 한다.

1996년에 처음 등장한 웹 마이닝은 웹 데이터로부터 유용할 것으로 보이는 새로운 정보/지식을 발견하는 과정을 의미하며, 탐사 대상이 되는 부분에 따라 콘텐트 마이닝(content mining), 구조 마이닝(structure mining), 용도 마이닝(usage mining) 등 세 범주로 구분한다(Chen and Chau 2004; Sirmakessis 2004). 웹 콘텐트 마이닝은 웹 문서/콘텐츠/데이터로부터 유용한 정보를 찾아내는 기법으로서 정보검색과 밀접한 관계가 있다. 반면에 웹 구조 마이닝은 웹 문서 간의 하이퍼링크를 통해 웹 전체의 링크 구조를 파악하는 기법이며, 웹 용도 마이닝은 웹 이용자들의 세션 분석을 통해 이들의 웹 이용 행태를 예측하는 기법이다.

텍스트 마이닝은 구조화된 데이터베이스를 대상으로 하는 데이터 마이닝(data mining)과는 달리 구조화되지 않은 대규모의 텍스트 집단으로부터 새로운 지식을 발견하는 과정을 의미한다. 텍스트 마이닝은 텍스트로부터 기존의 정보를 찾아내는 정보검색과는 달리 아직 알려지지 않은 새로운 지식이나 패턴을 찾아내는 기법을 말한다. 그림 1.3은 검색과 마이닝 기법의 차이를 일목요연하게 보여 주고 있다(Chen and Chau 2004).

		정보 유형		
		데이터	텍스트	웹데이터/문서
목적	알려진 데이터/문헌 검색	데이터검색	정보검색	웹검색
	알려지지 않은 새로운 지식/패턴의 발견	데이터마이닝	텍스트마이닝	웹마이닝

〈그림 1.3〉 검색과 마이닝 기법의 구분

정보 필터링은 새로운 개념의 검색 기법이 아니라 디지털 도서관의 SDI(Selective Dissemination of Information) 또는 'Alert' 서비스와 같이 특정한 주제에 관련된 최신정보만을 검색하여 제공하는 기법을 총칭한다. 디지털 도서관 환경에서는 SDI/Alert 서비스를 통해 도서관에서 입수한 최신 학술자료 데이터베이스와 이용자 프로파일을 주기적으로 비교하여 개별 이용자의 관심 주제에 관한 최신정보를 제공하여 왔다. 또한 최근에는 전자저널 서비스나 상용 데이터베이스 서비스들도 다양한 Alert 기능을 제공하고 있다. 정보 필터링은 또한 끊임없이 생산되는 웹 정보자원을 대상으로 하여 이용자의 특정한 정보요구에 적합한 정보만을 걸러내는 기능을 의미한다. 다시 말해 동적인(dynamic) 정보자원을 대상으로 정적인(static) 질의를 처리하는 경우를 정보 필터링이라고 하며, 반대로 정적인 정보자원을 대상으로 동적인 질의를 처리하는 것을 일반적인 정보검색이라고 할 수 있다.

TDT(Topic Detection and Tracking)는 매일 발생하는 엄청난 양의 뉴스기사들로부터 특정한 사건과 관련된 기사들을 탐지하여 조직하는 연구들을 포함하며, 대표적인 연구과제로는 사건 트래킹(event tracking)이 있다. 사건 트래킹은 시스템이 소장하고 있는 기사들을 통해 특정한 사건을 인식하며, 이후 유입되는 기사들로부터 이 사건과 관련된 새로운 기사들을 찾아내는 기법이다(Allan 2002). 즉 사건 트래킹을 통해 특정한 사건과 관련된 새로운 뉴스기사들을 검색할 수 있다. 사건 검색을 위해 사건 트래킹 기법과 정보 필터링 기법을 실험적으로 비교한 연구(장지은 2003)에서는 kNN 분류기를 사용한 사건 트래킹 기법보다 질의 기반 정보 필터링 기법의 성능이 더 우수한 것으로 나타났다.

새로운 주제 탐지는 특정 시점을 기준으로 이전에 없던 새로운 정보를 탐지하는 신정보 탐지(novelty detection)와 시간의 흐름에 따라 새로운 경향을 파악하는 신생주제 탐지(emerging trend detection)를 포함한다(김판준 2004). 새로운 주제 탐지 기법의 응용 영역은 질의응답, 적응적 필터링, 복수문헌 요약 등 다양하다(Collins-Thompson et al. 2003).

1992년에 처음 시작된 Text REtrieval Conference(TREC-1)는 대규모의 실험집단을 대상으로 하여 수행된 검색 실험 결과들을 비교 평가하기 위한 회의이며, 최근 10여 년간 TREC을 중심으로 하여 많은 정보검색 관련 기법들이 연구되었다(http://trec.nist.gov). TREC 초기에는 정적인 데이터를 대상으로 새로운 질의를 처리하는 소급 검색(ad hoc task)과 새로운 데이터를 대상으로 똑같은 질의를 처리하는 최신 정보 검색(routing task)의 2가지 트랙(track)에서 연구가 수행되었다. 그러나 TREC-4(1995년)부터는 텍스트 검색의 하부 문제에 초점을 맞추는 여러 트랙들이 추가되었는데, 예컨대 TREC-4에서는 필터링 트랙이 추가되고, TREC-6부터는 교차언어 검색이 추가되었다. 또한 TREC-8부터는 질의응답과 웹 트랙이 추가되었고, TREC-11에는 신정보(novelty) 트랙이 추가되었다. TREC-15(2006년)부터는 블로그(blog) 트랙과 법률정보(legal) 트랙이 신설되었고, 2011년 현재 마이크로 블로그, 법률정보, 화학정보, 엔티티, 의료레코드, 세션, 웹 트랙 등 다양한 트랙이 운영되고 있다.

1.2 텍스트 처리 개요

자연언어 형태의 구조화되지 않은 텍스트를 분석하여 색인어를 비롯한 여러 유형의 정보를 추출하거나 또는 텍스트의 내용을 축약하는 작업은 간단하지가 않다. 검색을 위해 자연언어 형태로 기술된 질의를 처리하는 작업도 마찬가지이다. 텍스트로부터 단순히 키워드를 추출하여 색인어로 사용하는 검색에서는 비교적 간단한 어휘 분석이나 형태소 분석 수준의 처리가 요구되지만 정보추출, 자동요약, 질의응답, 단어의 중의성 해소 등과 같은 응용에서는 훨씬 복잡한 구문/통사 분석과 의미 분석 수준의 자연언어 처리를 필요로 한다.

초기 자연언어처리 시스템이 개발된 1960년대는 키워드 기반 패턴 매칭(pattern matching) 방법을 사용한 초보적인 시스템들이 개발되었으며, 시스템 예로는 사람과 컴퓨터 간의 대화시스템인 ELIZA와 미국 프로야구 경기에 대한 질의응답시스템인 Baseball 등이 있다. 반면에 1970년대 이후에는 구문 분석과 의미 분석이 추가된 훨씬 정교한 자연언어 시스템들이 개발되었으며, 대표적인 시스템으로는 자연언어 대화 시스템인 SHRDLU와 ATN(Augmented Transition Networks) 문법 기반 질의응답 시스템인 LUNAR 등이 있다(Tennant 1981; 김영택 외 2001). 그림 1.4는 달에서 채취한 광물 샘플에 관한 데이터를 검색하는 LUNAR 시스템의 구조이다(Salton and McGill 1983).

1990년대 들어서는 국내외적으로 대규모 말뭉치가 구축되면서 다양한 응용 영역에서 자연언어 처리에 필요한 언어학적 자원을 제공하게 되었으며, 이에 따라 텍스

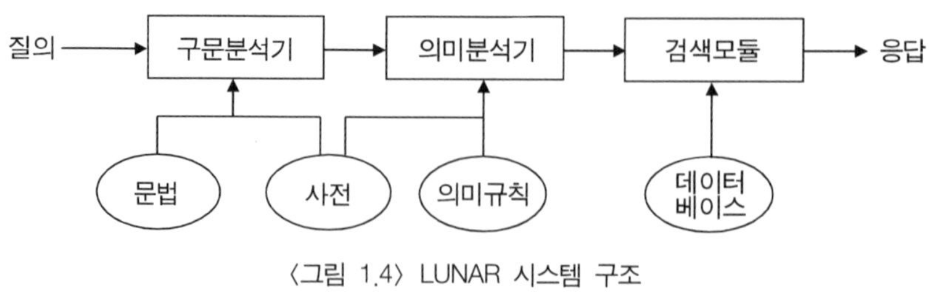

〈그림 1.4〉 LUNAR 시스템 구조

트 처리 수준도 크게 향상되었다. 검색 실험을 위한 대규모 말뭉치로는 영어 문헌을 위한 TREC 말뭉치와 한글 문헌을 위한 HANTEC 말뭉치가 있다.

미국 NIST(National Institute of Standards and Technology)가 제공하는 소급 검색(ad hoc)과 최신정보 검색(routing) 실험용 TREC 실험문헌집단은 모두 6장의 CD-ROM에 담겨 배포되며, 각 디스크는 약 1기가바이트의 데이터를 수록하고 있다. 각 디스크에 수록된 실험문헌들의 수는 대략 50만 건에서 100만 건 사이이며, 거의가 WSJ이나 AP 등의 뉴스기사들이다(Voorhees and Harman 2005). TREC 실험문헌집단은 뉴스기사들 이외에 정부문헌, 특허, 컴퓨터과학 분야의 초록들도 포함한다. 연구개발정보센터와 충남대 전산학과가 공동으로 구축한 HANTEC(version 2.0)은 12만 건의 사회과학, 과학기술, 일반종합 분야의 실험문헌들을 포함하며, 크기는 대략 237메가바이트이다. 단어 의미 중의성 해소 등 말뭉치 언어학 연구에서 어휘 자원으로 널리 사용되어 온 말뭉치로는 브라운대학교(Brown University)에서 구축한 브라운 코퍼스(Brown Corpus)가 있는데, 이 말뭉치에는 미리 품사가 태깅된 백만 단어 가량의 텍스트가 수록되어 있다(Manning and Schütze 1999).

자연언어 텍스트의 처리에는 두 가지 접근방법이 있다. 하나는 언어학적 분석(linguistic analysis)에 기반을 두는 방법으로서 문법 규칙과 같이 기호의 조작에 필요한 규칙들에 의존하므로 '기호적'(symbolic)이라는 특성을 갖는다. 다른 하나는 언어의 통계적 분석(statistical analysis)에 기반을 두는 방법으로서 대규모 말뭉치로부터 언어 관련 데이터를 추출해내므로 '경험적'(empirical)이라는 특성을 갖는다(Jackson and Moulinier 2002). 어느 접근방법을 사용하든지 일반적인 텍스트 처리 과정에서는 먼저 문장과 단어의 식별 작업이 이루어지며, 다음 단계에서는 형태소 분석과 구문 분석이 수행된다. 각 문장에 대한 형태소 분석과 구문 분석이 얼마나 정확하게 이루어졌는지에 따라 텍스트 처리 수준과 응용 시스템의 성능이 달라진다.

자연언어 처리 대상이 되는 텍스트는 문단, 문장, 단어, 형태소의 순서로 쪼개지며 각 단계에서 필요한 언어학적 도구들이 사용된다. 문장 분리기(sentence delimiter)는 영어 문장의 경우 하나의 문장이 주로 대문자 글자로 시작하며 마침표나 콜론 등의 구두점으로 끝난다는 점을 단서로 하여 문장을 분리할 수 있으나 예외적인 경우들이 있다. 예컨대 "Mr.", "Dr." 등의 호칭이나 "U.S.A."와 같은 축약어는 문장으로 인식하지 않도록 해야 한다. 다음은 어휘 분석기(lexical analyzer)에 의해 단어들을 분리하는 단계로서 기본적으로 공란(space)으로 끝나는 문자열을 단어로 인식한다. 그러나 구두점이 포함되어 있는 단어나 띄어쓰기를 하지 않은 복합명사 등은 단어 분리가 간단하지 않다. 분리된 단어들은 형태소 분석기에 의해 다시 형태소로 쪼개지게 되며 각 형태소에는 품사 정보를 비롯하여 의미자질 또는 출현빈도와 같은 기타 자질이 부여된다.

단어에 품사 정보를 부여하는 POS 태깅(part of speech tagging)에 있어서 하나의 단어/형태소에 둘 이상의 품사가 부여되었을 경우 올바른 품사를 찾아내는 일이 매우 중요하다. 다음은 국민대학교의 KLT(Korean Language Technology: HAM의 새명칭) 형태소 분석기를 이용하여 "가을에 피는 국화가 아름답다"라는 문장을 분석한 결과로서 "피는"과 "아름답다"는 각각 두 가지 다른 품사로 태깅된다(http://nlp.kookmin.ac.kr). 즉 "피는"은 (1) 명사 "피"와 조사 "는"의 결합과 (2) 동사 "피다"의 어간 "피"와 어미 "는"의 결합으로 분석되며, "아름답다"는 (1) "다"라는 어말어미를 갖는 용언과 (2) 명사 "아름"에 접미사 "답다"가 붙은 형태로 분석이 가능하다.

가을에	(N "가을") + (j "에")
피는	(V "피") + (e "는")
	(N "피") + (j "는")
국화가	(N "국화") + (j "가")
아름답다	(V "아름답") + (e "다")
	(N "아름") + (t "답") + (e "다")

정확한 품사 태깅을 위한 접근방법도 규칙기반(rule-based) 방법과 통계적(stochastic) 방법, 그리고 이 두 가지를 결합한 복합적 방법으로 구분된다(김영택 등 2001; Jackson and Moulinier 2002). 먼저 규칙기반 방법에서는 언어 정보를 생성규칙(production rule) 형태로 표현하고 이를 이용하여 태깅을 수행한다. 다음은 영어 문장에서 형태소 정보를 이용하여 태깅의 모호성을 해소하는 규칙의 예이다(Jackson and Moulinier 2002).

If an ambiguous/unknown word ends in '-ing' and is preceded by a verb, then label it a verb.

반면에 통계적 방법에서는 품사 태그가 부착된 말뭉치에서 추출한 출현 정보나 확률을 이용하여 품사를 부여한다. 가장 간단한 방법은 학습용 말뭉치로부터 하나의 단어가 특정한 품사를 부여받은 확률을 산출하여 이를 적용하는 것이다. 이 경우 단어는 단순히 가장 출현빈도가 높은 품사를 부여하게 되므로 맥락에 맞지 않는 부정확한 태깅 결과가 나올 수 있다. 보다 정확한 태깅을 위해서 은닉 마코브(hidden Markov) 모형과 같은 확률 모형이나 최대 엔트로피 개념을 적용한 더욱 정교한 태거를 사용할 수 있다(Jackson and Moulinier 2002).

1.3 자연언어 처리 과정

자연언어 텍스트의 처리 단계는 흔히 형태소 분석, 구문/통사 분석, 의미 분석, 화용 분석의 네 단계로 구분한다. 형태소 분석(morphological analysis)은 단어 단위의 어휘 분석(lexical analysis)을 포함한다. 하나의 문장은 구, 어절, 단어, 형태소의 순으로 쪼갤 수 있는데 의미를 갖는 최소의 단위가 형태소(morpheme)이다. 형태소는 자립성의 여부에 따라 자립형태소(free morpheme)와 의존형태소(bound morpheme)로 구분하거나, 의미의 허실에 따라 실질형태소(full morpheme)와 형식형태소(empty morpheme)로 구분한다(남기심, 고영근 1985). 실질형태소를 어휘형태소,

의존형태소를 문법형태소라고도 한다. 예를 들어 “철수가 책을 읽었다”에서 “철수”와 “책”은 자립형태소이면서 실질형태소이다. 또한 “이”나 “가”와 같은 조사는 의존형태소이면서 형식형태소에 해당된다. 반면에 “읽”, “었”, “다”의 세 형태소는 모두 의존형태소이나 이 가운데 “읽”은 실질형태소이고 나머지는 형식형태소가 된다.

형태소 기반 자동색인 기법에서는 접사(접두사 및 접미사), 어미, 조사 등의 형식형태소를 제거한 후 실질형태소에 해당되는 어근(root)이나 어간(stem)으로부터 색인어를 선정한다. 위의 예에서 “철수”는 어근, “가”는 조사이며, “읽”은 어간, “었”과 “다”는 어미이다. “짓밟히다”와 같은 복합적 형성어의 경우 어근은 “밟-”이며, “짓-”은 접두사, “-히-”는 접미사, “짓밟히-”는 어간, “-다”는 어미로 분해된다(남기심, 고영근 1986).

한국어 형태소 분석기 KLT에서는 이들을 어휘형태소와 문법형태소로 구분하고 있는데, 어휘형태소에는 체언, 용언, 수식언, 독립언 등이 해당되며, 문법형태소에는 조사, 어미, 접사가 포함된다(강승식 2002). 입력어절 “사랑스러웠다”에 대하여 형태소를 분리하는 과정은 다음과 같다.

어말어미 분리	: 사랑스러웠+다
선어말어미 분리	: 사랑스러우+었+다
원형 복원	: 사랑스럽+었+다
접미사 분리	: 사랑+스럽+었+다

형태소 분석기는 어휘사전(lexicon)을 사용하여 입력된 텍스트의 형태소를 식별한 다음 각 형태소가 갖는 품사 정보를 어휘사전으로부터 찾아 함께 출력한다. 예컨대 “밥을 먹었다”는 “밥(명사)+을(조사), 먹(동사)+었(과거형 선어말어미)+다(종결형 어말어미)”와 같이 분석된다.

다음은 21세기 세종계획에서 개발한 지능형 형태소 분석기가 “젊은이들이 인도에 와서”를 분석한 결과이다.

젊은이/NNG+들/XSN+이/JKS 인도/NNG+에/JKB 오/VV+아서/EC

이 지능형 형태소 분석기는 품사를 크게 체언(명사, 대명사, 수사), 용언(동사, 형용사, 보조용언 등), 수식언(관형사, 부사), 독립언(감탄사), 관계언(격조사, 보조사, 접속조사), 의존형태소(어미, 접두사, 접미사), 기호 등 7가지로 대분류하고 있다. 위의 예문에 대해 형태소 분석을 수행한 결과 세분류에 해당되는 기호가 부여된다. 즉 NNG는 일반명사, XSN은 명사파생접미사, JKS는 주격조사, JKB는 부사격조사, VV는 동사, EC는 연결어미 등을 나타낸다.

구문/통사 분석(syntactic analysis)은 형태소 분석 다음 단계에서 문법을 이용하여 문장의 구조를 분석하는 것이다. 문법은 통사 규칙들로 구성되며 분석 목적에 따라 구구조문법(phrase structure grammar) 등의 문법을 선택할 수 있다. 구문 분석 결과 문장의 문법적 구조를 파악하며, 또한 문장이 통사적으로 옳은가를 판정하게 되는데 이러한 과정을 파싱(parsing)이라고 한다. 파싱 프로그램을 파서(parser) 또는 구문분석기라고 한다. 분석결과는 흔히 구문 트리(syntax tree) 구조로 나타내며 때로는 리스트 구조로 표현하기도 한다. 예를 들어 "철수가 책을 읽었다"라는 문장을 파싱한 결과를 리스트 구조로 나타내면 아래와 같다. 여기에서 사용한 문법에서는 문장(S)은 명사구(NP)와 동사구(VP)로 이루어지고, 명사구(NP)는 다시 명사(NOUN)와 조사(JOSA)로 구성된다는 것 등을 다시쓰기 규칙들로 기술한다.

```
(S (NP (NOUN "철수")
       (JOSA "가"))
   (VP (NP (NOUN "책")
           (JOSA "을"))
       (VERB "읽었다")))
```

그림 1.5는 위의 구문 분석 결과를 구문 트리로 표현한 것이다.

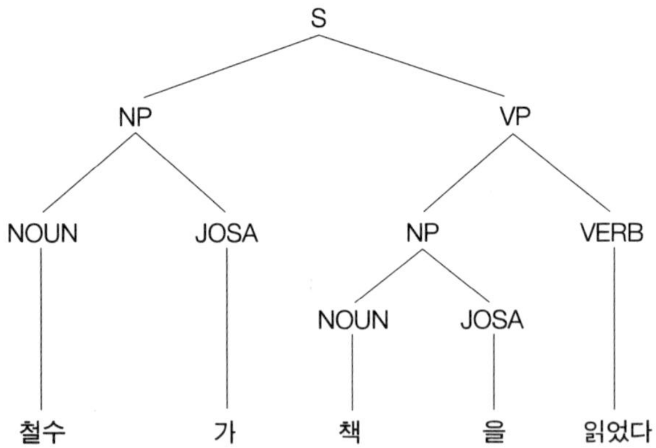

〈그림 1.5〉 구문트리

의미 분석(semantic analysis)은 구문 분석 결과 생성된 통사 구조에 의해 문장의 의미를 밝혀내는 작업으로서 구문 분석 결과가 갖는 모호성을 해소하기 위해 필요한 단계이다. 의미 분석에서는 의미해석 규칙이나 의미자질 사전 등을 이용하여 각 형태소에 의미 표지를 부여함으로써 의미적으로 맞는 문장인지의 여부를 판단한다. 예컨대 "철수가 책을 먹었다"라는 문장은 구문 분석 결과 올바른 문장으로 분석되지만 책의 의미자질이 "물건" 또는 "먹을 수 없는 것" 등으로 되어 있다면 의미 분석 결과 이 문장은 틀린 문장으로 인식된다. 의미 분석은 의미적으로 옳은 문장의 판별뿐만 아니라 문장 내 단어의 의미 중의성 해소, 생략된 표현이나 대명사 등이 무엇을 지시하는가 등을 파악하기 위해서도 필요한 단계이다.

의미 분석은 특히 동형이의어/동음이의어(homograph/homonym)나 다의어(polysemy)와 같이 중의성을 갖는 단어의 의미를 정확히 파악하기 위해 필요하다. 예컨대 "배"와 같이 형태는 같으나 어원이 달라 여러 다른 의미를 갖는 경우를 동형이의어라고 하며, "열다"(open)와 같이 한 단어가 어원적으로 관련되어 있는 다른 의미를 갖는 경우를 다의어라고 한다. 즉 "배"는 먹는 배, 타는 배, 인체의 배 등 철자만 같고 어원이 달라 전혀 관련이 없는 의미를 갖는 반면 "열다"는 문을 열다, 입을 열다 등 목적어에 따라 관련은 있지만 다른 의미를 갖는다. 중의성을 갖는 단어의 의미를 정확히 식별하는 작업을 단어 의미 중의성 해소(word sense disambiguation: WSD)라고 한다.

마지막으로 화용 분석(pragmatic analysis)은 언어의 사용에 관련된 지식에 의해 문장을 해석함으로써 화자의 의도를 파악하는 작업이라고 할 수 있다. 예컨대 "오늘 비가 온대"라는 문장은 단순히 비가 온다는 사실을 말하려는 게 아니라 듣는 사람에게 우산을 가지고 나가라는 안내를 하려는 것이다. 특히 화용 분석은 검색엔진에 입력된 질의에 대해 이용자의 정확한 정보요구가 무엇인지를 파악하기 위해 필요한 작업이다. 예컨대 "블로그"란 질의가 입력되었을 경우 이용자가 블로그의 정의를 알고자 하는 것인지, 아니면 실제 블로그들을 보고자 하는 것인지, 블로그에 관련된 참고자료들을 보고자 하는 것인지 분명하지가 않다. 이 경우 지능형 검색엔진은 이 질의의 맥락(context), 즉 이전에 입력된 다른 질의들을 참조하여 정확한 의도를 파악할 수 있을 것이다(Jackson and Moulinier 2002).

자동색인이나 자동분류 등 대부분의 검색관련 응용 분야에서는 형태소 분석 단계의 자연언어 처리를 통해서도 원하는 결과를 얻을 수 있다. 그러나 수사구조를 이용한 텍스트 요약이나 자연언어 텍스트로부터 해답을 찾아내는 질의응답과 같은 응용 분야에서는 구문 분석이나 의미 분석 등 보다 높은 단계의 처리 작업이 요구된다.

1.4 텍스트의 유형 및 구조

텍스트는 정보검색에 있어서 가장 보편적이고 중요한 정보자료의 형태이다. 이러한 텍스트는 몇 가지 기준에 의해 그 유형을 구분할 수 있다(Moens 2000). 먼저 기능(function)에 의한 구분에서는 특정한 행위를 지원하기 위해 작성한 텍스트(지도, 매뉴얼 등), 사회적 교류를 위한 텍스트(편지, 이메일 등), 정보 제공을 위한 텍스트(신문기사, 학술논문 등), 오락을 위한 텍스트(잡지기사, 소설 등) 등으로 구분한다. 다른 기준은 소설이나 뉴스기사 등과 같은 이야기체(narrative) 텍스트와 학술논문이나 기술보고서 등의 해설체(expository) 텍스트의 두 가지 유형으로 나누는 것이다. 특히 뉴스기사와 학술논문 텍스트의 구조적 특성은 텍스트 마이닝에 있어서 매우 중요하다. 왜냐하면 사건 트래킹을 비롯한 TDT의 대상이 되는 뉴스기사의 경우 대개 첫 문장이 뉴스의 핵심정보를 포함하고 있기 때문에 주요문장 선정 시 첫 문장에 큰 가중치를 부여하는 것이 바람직하다. 실제로 제4장에서 기술한 뉴스기사 자동요약 시스템 MEAD에서는 요약문장 선정에 적용한 세 가지 자질 가운데 하나인 위치 자질을 이용하여 첫 문장에 큰 가중치를 부여하고 있다(Radev, et al. 2003).

반면 학술논문이나 기술보고서와 같은 학술적 문헌들의 텍스트는 대체로 유사한 형식과 구조를 갖지만 학문 영역이나 주제 분야에 따라 차이가 있을 수 있다. 또한 응용 분야에 따른 차이도 찾아볼 수 있는데, 특히 법률 문헌이나 의료관련 문헌 등은 그 형식이 다른 주제 분야의 텍스트와 구별된다. 따라서 텍스트 요약이나 정보 추출 등 검색과 관련된 다양한 응용에서는 분석 대상 문헌집단의 특성을 반영한 텍스트 마이닝 기법들이 사용되고 있다.

앞 절에서 기술한 언어학적 분석 방법에 의해 텍스트를 문장-단어-형태소 수준으로 분석하는 것을 마이크로 수준(micro level)의 기술이라고 한다면 매크로 수준(macro level)의 기술은 텍스트 전체의 구조를 보는 것이다(Moens 2000). 매크로 수준의 텍스트 기술은 특히 텍스트 구조를 이용한 텍스트 요약 기법에서 고려되어야 한다.

매크로 수준의 텍스트 구조는 스키마 구조(schematic structure), 수사 구조(rhetorical structure), 주제 구조(thematic structure)의 세 가지로 나눌 수 있다. 스키마 구조는 텍스트의 전체적인 구조를 의미하며, 텍스트를 구성하는 부분들의 순서에 의해 정의된다. 예컨대 학술논문은 대개 연구의 목적, 방법론, 연구 결과, 결과에 대한 논의, 결론 등의 순서로 기술된다. 이러한 스키마 구조는 대개 장, 절, 문단 등과 같이 텍스트의 논리적 구조와 일치하는 경우가 많다.

수사 구조는 수사구조이론(rhetorical structure theory: RST)(Mann and Thompson 1988)에서 정의하는 텍스트 구조로서 제4장에서 기술할 구조적 응집성 기반 텍스트 요약 기법의 기초가 되고 있다. 수사 구조란 응집력 있고 연속적인 텍스트의 구조를 의미하며, 텍스트를 구성하는 문장들이나 절(clause)들 간의 관계에 기초하고 있다. 수사 구조를 파악하기 위한 단서로는 텍스트 단락들의 순서, 단서어구, 대명사와 참조(reference) 등이 있다. 예컨대 다음의 영어 문장에서 "although"는 두 절이 양보 관계에 있음을 알려 주는 단서어가 된다.

> Although we discussed text marks as micro level attributes, some of them may cause a rhetorical relation between sentences.

텍스트의 주제 구조는 주제적인 측면에서 본 텍스트의 전반적인 구조를 의미한다. 텍스트의 하위 주제들은 대개 계층적으로 조직되며, 텍스트를 구성하는 단락들의 순서에 의해 계층적인 관계가 표현된다. 일반적인 학술논문에서 전체 주제는 텍스트 전반에 걸쳐 논의되지만 하위 주제들은 장, 절, 문단, 문장 등의 단락을 통해 점차 구체적으로 표현된다. 자동색인이나 텍스트 요약에서는 이러한 텍스트의 주제 구조를 이용하여 중요한 주제 개념이 출현한 위치를 파악함으로써 키워드나 주요 문장을 선정할 수 있다. 예컨대 서론이나 결론 부분에 출현한 문장을 주제 문장으로 보거나 문헌의 첫 번째 문단과 마지막 문단 내 문장들을 주제 문장으로 보는 기법들이 이에 해당된다(Edmunson 1969).

텍스트 마이닝이나 웹 마이닝에서 그 대상이 되는 디지털 문헌은 구조화 또는 형식화를 통해 본문 텍스트(예: 학술논문이나 신문기사의 내용) 이외에 다양한 다른 정보를 포함할 수 있다. 따라서 텍스트 요약을 비롯한 다양한 텍스트 마이닝 작업에서는 우선 구조화되어 있는 문헌으로부터 구조적 정보 유형을 표현하는 태그와 기타 불필요한 정보를 제거한 후 마이닝 대상이 되는 자연언어 텍스트를 식별하는 작업이 선행되어야 한다. 예를 들어 텍스트 범주화를 위해 입력된 웹 페이지나 TREC 실험문헌은 HTML(HyperText Markup Language)이나 SGML(Standard Generalized Markup Language)과 같은 텍스트 마크업 언어로 구조화되어 있으므로 이를 먼저 구조화되지 않은 자연언어 텍스트로 변환해야 한다. 그 다음 단어들을 분리하여 분류 자질로 사용할 단어들을 선정하고, 선정된 분류 자질들의 가중치로 구성되는 문헌벡터를 생성하게 된다.

그림 1.6은 SGML과 유사한 형식을 갖는 TREC 실험문헌의 예로서 *Financial Times* 의 뉴스기사 레코드이다(Voorhees and Harman 2005).

```
〈DOC〉
〈DOCNO〉FT911-3〈/DOCNO〉
〈PROFILE〉AN-BEOA7AAIFT〈/PROFILE〉
〈DATE〉910514〈/DATE〉
〈HEADLINE〉
FT 14 MAY 91 / International Company News: Contigas plans DM900m east
German project
〈/HEADLINE〉
〈BYLINE〉
BY DAVID GOODHART
〈/BYLINE〉
〈DATELINE〉
BONN
〈/DATELINE〉
〈TEXT〉
CONTIGAS, the German gas group 81 per cent owned by the utility Bayernwerk,
said yesterday that it intends to invest DM900m (Dollars 522m) in the next four
years to build a new gas distribution system in the east German state of Thuringia.
. . .
〈/TEXT〉
〈/DOC〉
```

〈그림 1.6〉 TREC 실험문헌의 예 (*Financial Times* 뉴스기사)

TREC 실험에서 질의 생성에 사용하는 질의문(topic statement)도 실험문헌과 유사한 형식으로 구조화되어 있다. TREC-1과 TREC-2에서 사용되던 초기의 질의문은 많은 필드를 포함하였으므로 상당히 긴 편이었으나 이후 실제 이용자가 입력하는 질의의 특성을 반영하여 길이가 점점 짧아졌고, TREC-5부터는 number, title, description, narrative 등 모두 4개의 필드만으로 질의문을 구성하고 있다. 표제(title)는 주로 짧은 질의 생성에 사용되며, 디스크립션(description)은 질의로 표현하고자 하는 정보요구를 한 문장으로 기술한 것이고, 해설(narrative)은 정보요구에 대한 적합문헌과 부적합문헌을 분리하는 기준으로 사용될 수 있도록 정보요구를 보다 상세하게 기술한 부분이다. 그림 1.7은 TREC-8에서 사용된 질의문의 예이다(Voorhees and Harman 2005).

⟨top⟩
⟨num⟩ Number: 312
⟨title⟩ Hydroponics
⟨desc⟩ Description:
Document will discuss the science of growing plants in water or some substance other than soil.
⟨narr⟩ Narrative:
A relevant document will contain specific information on the necessary nutrients, experiments, types of substrates, and/or any other pertinent facts related to the science of hydroponics. Related information includes, but is not limited to, the history of hydroponics, advantages over standard soil agricultural practices, or the approach of suspending roots in a humid enclosure and spraying them periodically with a nutrient solution to promote plant growth.
⟨/top⟩

〈그림 1.7〉 TREC 질의문의 예

참고문헌

강승식. 2002. 한국어 형태소 분석과 정보 검색. 서울: 홍릉과학출판사.

김영택 외. 2001. 자연언어처리. 서울: 생능출판사.

김판준. 2004. 새로운 주제 탐지를 통한 지식구조 갱신에 관한 연구. 박사학위논문, 연세대학교 대학원, 문헌정보학과.

남기심, 고영근. 1985. 표준 국어문법론. 서울: 탑출판사.

장지은. 2003. 사건트래킹과 정보필터링 기법의 사건검색 성능 비교연구. 석사학위논문, 연세대학교 대학원, 문헌정보학과.

Allan, J. ed. 2002. *Topic Detection and Tracking: Event-based Information Organization.* Boston: Kluwer Academic Publishers.

Arasu, A. et al. 2001. "Searching the Web". *ACM Transactions on Internet Technology,* 1(1): 2-43.

Baldi, P., Frasconi, P., and Smyth, P. 2003. *Modeling the Internet and the Web.* Chischester: Wiley.

Brin, S. and Page, L. 1998. "The Anatomy of a large-scale hypertextual Web search engine". *Computer Networks and ISDN Systems,* 30: 107-117.

Chen, H. and Chau, M. 2004. "Web mining: machine learning for Web applications". *Annual Review for Information Science and Technology,* 38: 289-329.

Collins-Thompson, K., et al. 2003. "Information filtering, novelty detection, and named-page finding". *Proceedings of the Eleventh Text Retrieval Conference (TREC 2002).* NIST Special Publication 500-251. Available: http://trec.nist.gov/pubs.html.

Edmunson, H.P. 1969. "New methods in automatic extracting". *Journal of the ACM,* 16(2): 265-285.

Jackson, P. and Moulinier, I. 2002. *Natural Language Processing for Online Applications: Text Retrieval, Extraction and Categorization.* Amsterdam: John Benjamins Publishing.

Mann, W.C. and Thompson, S.A. 1988. "Rhetorical structure theory: toward a functional theory of text organization". *Text*, 8(3): 243-281.

Manning, C.D. and Schütze, H. 1999. *Foundations of Statistical Natural Language Processing.* Cambridge, MA: The MIT Press.

Moens, M.-F. 2000. *Automatic Indexing and Abstracting of Document Texts.* Boston: Kluwer Academic Publishers.

Radev, D.R, Jing, H., Stys, M., and Tam, D. 2004. "Centroid-based summarization of multiple documents". *Information Processing and Management*, 40(6): 919-938.

Salton, G. and McGill, M.J. 1983. I*ntroduction to Modern Information Retrieval.* New York: McGraw-Hill.

Sirmakessis, S. ed. 2004. *Text Mining and its Applications.* Berlin: Springer.

Tennant, H. 1981. *Natural Language Processing.* New York: PBI.

Voorhees, E.M. and Harman, D.K., ed. 2005. *TREC: Experiment and Evaluation in Information Retreival.* Cambridge: MIT Press.

제 2 장

색인 및 시소러스

2.1 색인 개요

2.1.1 색인의 개념

색인(indexing)이란 개개의 정보자료의 특성을 표현하는 데이터 요소를 추출하여 각 정보자료를 표현하는 작업을 말하며, 색인 결과 추출된 데이터 요소를 색인어(index term) 또는 메타데이터(metadata)라고 부른다. 웹 검색엔진이나 온라인 데이터베이스 서비스에서는 각 정보자료에 대한 색인 결과 색인 데이터베이스가 생산되며, 이 데이터베이스는 검색을 위한 도구로 사용된다.

색인어는 어떠한 유형의 데이터 요소를 표현하느냐에 따라서 주제색인어와 비주제색인어로 구분된다. 주제색인어는 정보자료의 주제를 나타내는 색인어로서 키워드나 디스크립터/주제명이 이에 해당되며, 비주제색인어는 저자명, 기관명, 출판년, 언어 등 주제를 직접적으로 표현하지 않는 색인어를 의미한다. 검색작업에서는 주제색인어와 비주제색인어가 다 검색어로 이용될 수 있는데, 예컨대 키워드와 언어, 또는 키워드와 출판년 등 두 가지 유형 이상의 색인어를 함께 사용하는 일이 흔하다. 표제는 전체를 하나의 색인어로 간주할 때는 비주제색인어로 볼 수 있지만 표제로부터 추출되는 키워드는 주제색인어에 해당된다.

온라인 데이터베이스 서비스의 하나인 CSA Illumina에서는 데이터베이스 레코드를 구성하는 거의 모든 필드의 데이터로부터 색인어가 추출되며, 이러한 색인어들은 검색어로 사용된다. 즉 데이터베이스 검색 시 표제, 초록, 디스크립터(descriptor) 필드에 출현한 키워드를 비롯하여 저자명, 디스크립터, 회의명, 저널명, 출판물 유형 등이 검색어로 사용된다.

온라인 목록의 서지 데이터 항목이나 전자적 정보자원의 특성을 기술하기 위해 정의되는 메타데이터 요소는 온라인 데이터베이스에서와 마찬가지로 검색 시 사용할 수 있는 색인어로 선택된다. 여기에도 앞에서 언급한 두 가지 유형의 색인어들이 포함된다. 예컨대 온라인 목록의 서명, 저자, 발행처, ISBN 등의 데이터와 서명 및 주제명 등에서 추출한 키워드가 모두 색인어로 선정될 수 있다. 마찬가지로 전자자원을 기술하는 메타데이터 요소의 표준인 더블린 코어(Dublin Core)를 채택한 디지털 도서관 시스템의 경우 각 디지털 자료를 표현하는 15개의 데이터 요소 가운데 주제명(subject), 표제(title)로부터 추출한 키워드, 저자명(creator) 등을 검색어로 사용할 수 있다.

주제색인어는 사람의 지적 작업이나 자동색인 프로그램에 의해 선정된다. 웹 검색엔진을 포함한 거의 모든 정보검색 시스템은 표제, 초록/요약, 또는 전문(full text)으로부터 자동색인 과정에 의해 키워드를 색인어로 추출한다. 대부분의 온라인 데이터베이스나 온라인 목록은 키워드 이외에 시소러스(thesaurus)나 주제명표(subject headings list)로부터 색인전문가가 선정한 디스크립터나 주제어를 추가적인 주제색인어로 수록하고 있다.

2.1.2 자연언어 색인과 통제언어 색인

색인은 색인어 선택 시 용어에 통제가 가해졌는지 여부에 따라 자연언어(natural language) 색인과 통제언어(controlled language) 색인으로 구분한다. 자연언어 색인은 자동색인 기법에 의해 텍스트에 나타난 형태 그대로의 용어를 색인어로 채택하거나 색인전문가가 임의로 색인어를 선택하는 반면 통제언어 색인은 시소러스나 주제명표 등의 통제어휘(controlled vocabulary)를 참조하여 동일한 개념은 항상 하나의 색인어로 표현한다. 일반적으로 자연언어 형태의 색인어를 키워드라고 부르며, 시소러스를 통제어휘로 사용하는 경우의 색인어를 디스크립터, 주제명표를 통제어휘로 사용하는 경우의 색인어를 주제명이라고 부른다. 자연언어 색인은 색인대상이 개념이라기보다는 텍스트에 출현한 용어이므로 용어색인(term indexing), 통제언어 색인은 색인대상이 각 개념이므로 개념색인(concept indexing)이라고 한다.

자연언어 색인은 동일한 개념이라도 색인하고자 하는 여러 텍스트에서 서로 다른 용어로 표현되어 있을 경우 각각 다른 색인어가 선택되는 결과를 가져온다. 따라서 검색 시 하나의 특정한 용어를 검색어로 사용했을 때 질의와 관련된 모든 정보자료를 찾아낼 수 없게 된다. 또한 같은 어간/어근을 갖는 용어들이라도 형태가 다를 경우 각기 다른 용어로 간주되므로 마찬가지 문제를 초래하게 된다. 결과적으로 자연언어 색인을 채택한 검색 시스템에서는 동일한 개념을 표현하는 모든 동의어들과 단수/복수 명사 등 형태가 다른 용어들을 다 검색어로 사용해야만 적합한 정보자료를 모두 검색할 수 있다.

반면 통제언어 색인은 특정한 개념은 항상 같은 용어에 의해 색인이 가능하므로 검색 시 이 용어를 검색어로 사용하면 관련된 모든 정보자료를 검색할 수 있다. 예컨대 "디지털도서관"과 "전자도서관"처럼 동일한 개념이 다른 문헌 속에서 여러 개의 다른 용어로 표현될 경우, 키워드 색인에서는 텍스트에 출현한 단어가 그대로 색인어가 되지만 통제언어 색인에서는 하나의 용어, 예컨대 "디지털도서관"으로 통일시키게 되므로 검색 시 관련된 모든 문헌의 검색이 가능한 것이다.

자연언어 색인을 채택한 검색 시스템에서는 대개 자연어 키워드 또는 자유 키워드(free keyword)를 검색어로 사용하는데, 이때 이용자는 용어절단 검색 기법이나 동의어/유의어 사전을 이용하여 검색효율을 높일 수 있다(제8장 참조). ProQuest와 같은 데이터베이스 서비스는 이용자가 복수 형태인 "digital libraries" 대신 단수 형태인 "digital library"를 입력할 경우에 "digital"과 "library"가 키워드로 출현한 논문뿐만 아니라 "digital"과 "libraries"가 출현한 논문들도 자동으로 검색해낸다.

통제언어 색인을 채택한 시스템은 검색어로도 통제어를 사용하는 것이 일반적이다. 이 경우 이용자가 적절한 검색어, 즉 디스크립터를 선정할 수 있도록 하기 위하여 흔히 온라인 시소러스가 제공된다. 예를 들어 CSA Illumina 서비스에서 이용자는 "thesaurus search"를 통해 어떠한 디스크립터를 사용할 수 있는가를 확인한 후 적절한 디스크립터를 검색어로 선택할 수 있는 것이다. 검색어로 자연어를 입력한 경우에는 컴퓨터에 내장된 사전파일을 이용하여 해당되는 통제 색인어로 자동변환한 후 검색어로 사용할 수 있다.

Dialog, ProQuest, CSA Illumina 등 대부분의 온라인 데이터베이스 서비스들은 자연언어 색인과 통제언어 색인을 함께 채택하고 있다. 이렇게 함으로써 이용자가 익숙한 언어를 선택할 수 있도록 하고 있으며, 또한 두 가지 언어를 모두 사용하여 망라적인 검색이 가능하도록 한다.

2.2 인용색인

문헌의 주제를 분석한 결과 키워드, 주제명, 분류기호 등의 주제색인어를 부여하는 색인 기법을 직접적인 주제색인이라고 한다면 문헌 말미에 수록된 피인용문헌(cited document)이나 이 문헌을 참조한 인용문헌(citing document)을 이용하여 유사한 주제의 문헌들을 묶어 주는 인용색인(citation indexing) 기법을 간접적인 주제색인이라고 할 수 있다(Sparck Jones 1974). 인용색인에서는 인용문헌과 피인용문헌의 인용사항(citation)이 색인어로서의 역할을 한다.

인용색인의 가장 기본적인 가설은 인용된 문헌은 내용에 있어 인용한 문헌과 관련이 있다는 것이다. 즉, 한 문헌의 저자가 이전의 다른 문헌을 인용하는 이유는 두 문헌의 내용이 서로 관련이 있기 때문이며, 따라서 인용한 문헌과 인용된 문헌은 서로 유사한 주제를 다루고 있을 가능성이 높다. 웹 문서의 하이퍼링크들도 관련된 다른 웹 문서나 사이트로 연결시켜주는 인용링크(citation link)이며, 이 인용링크를 일종의 색인어로 사용할 수 있다.

인용색인(citation index)은 연구대상이 되는 분야가 다학문적(multidisciplinary)이거나 학제적(interdisciplinary) 주제 분야, 융합적 분야, 또는 미성숙분야일 때 효과적인 검색도구가 될 수 있다. 즉, 여러 학문 분야에 걸쳐서 연구되는 주제인 경우 연구자의 전문 분야가 아닌 문헌은 주제색인을 통해 검색하기가 어렵지만 인용색인을 이용하면 모든 분야의 문헌을 망라적으로 검색할 수 있다. 마찬가지로 아직 적절한 색인 데이터베이스나 디스크립터 색인어가 마련되지 않은 미성숙 분야의 문헌은 인용색인을 이용하여 쉽게 찾을 수 있다.

그러나 인용색인을 비롯하여 서지결합(bibliographic coupling) 기법 및 동시인용 분석(co-citation analysis) 기법과 같이 인용정보를 사용하는 색인 기법을 주제색인으로 활용함에 있어서 장애가 되는 요인들은 다음과 같다.

- 주제적으로 밀접한 관련이 있기 때문에 인용하기보다 손쉽게 구할 수 있는 자료라서 인용하는 경우가 있다.
- 두 문헌이 제3의 같은 문헌을 인용하는 경우 인용된 문헌의 같은 부분, 즉 동일한 정보를 인용하는 것인지는 알 수 없다(Martyn 1964).
- 자신이 쓴 이전의 문헌을 과다하게 인용하는 자기인용(self-citation)과 권위 있는 문헌의 무조건 인용 등은 색인 시스템의 잡음을 초래한다.
- 인용문헌만을 이용할 경우 관련문헌을 완전히 검색해낼 수 없다. 즉, 전혀 인용되지 않는 문헌은 인용문헌망(citation network)에 나타나지 않기 때문에 인용색인만을 사용할 경우 이러한 문헌의 검색은 불가능하다. 실제로 전체문헌의 10% 정도는 전혀 인용되지 않는 것으로 분석된 바 있다(de Solla Price 1965). 웹의 경우에도 링크되어 있지 않은 웹 문서나 웹 사이트는 웹 검색엔진에 의해 검색되기 어렵다.
- Web of Science 서비스를 통해 제공되는 ISI사의 SCI, SSCI, A&HCI 등의 인용색인 데이터베이스는 미국을 비롯한 영어권의 출판물에 집중되어 있으며, 미국 내 저자들이 인용하는 문헌의 95%가 미국 출판물인 것으로 나타나 있다(Egghe and Rousseau 1990). Scopus의 인용색인 데이터베이스는 ISI 데이터베이스보다는 비영어권 출판물을 많이 포함하고 있다고 하지만 여전히 영어권 출판물이 다수를 차지하고 있다. 최근 자료에 의하면 ISI 데이터베이스는 등재학술지의 87%가 영어 학술지인 반면 Scopus 데이터베이스는 81% 정도가 영어 학술지인 것으로 나타나 있다(Leydesdorff, Moya-Anegón, and Guerrero-Bote 2010).

2.2.1 SCI

SCI(Science Citation Index)는 미국의 ISI사(Institute for Scientific Information)가 제작하는 과학기술 전분야의 인용색인으로서 사회과학 분야의 SSCI(Social Science Citation Index), 인문학 분야의 A&HCI(Arts & Humanities Citation Index)와 함께 전세계적으로 이용되고 있다. SCI는 초기에는 책자 형태로 출판되다가 1970년대 중반 이후 온라인 데이터베이스(SciSearch)와 CD-ROM 데이터베이스로 제작되기 시작했으며, 최근에는 웹이 대중화하면서 웹 데이터베이스(Web of Science)로 제공되고 있다.

Dialog와 같은 온라인 데이터베이스 서비스를 통해 검색할 수 있는 SciSearch는 SCI의 모든 레코드와 Current Contents 데이터베이스의 레코드들을 수록하고 있다. SciSearch 레코드는 다른 일반 데이터베이스 레코드와 마찬가지로 title, author, corporate source, journal, language, document type, geographic location, journal subject category 등의 서지 데이터와 초록을 수록하고 있으며, 주제색인어인 디스크립터와 식별어(identifier)를 포함한다. 레코드의 마지막에는 피인용문헌의 저자명, 출판년, 저널 권번호, 면번호, 저널명 등이 다음 형식과 같이 수록되어 있다.

Cited References:

ABRAHAM EC, 1983, V102, P187, J LAB CLIN MED

ARO A, 1981, V21, P29, DIABETOLOGIA

....

검색 시 'Cited References'(CR=) 필드는 특정한 문헌을 인용한 다른 문헌을 찾기 위해 사용된다. 예컨대 "E.C. Abraham"이 1983년에 쓴 논문을 인용한 다른 문헌을 Dialog를 통해 검색하고자 한다면 다음과 같은 형식의 검색문을 입력한다. 검색문의 마지막 의문부호는 검색문의 나머지 부분을 절단하였다는 표시이다.

Select CR=Abraham EC, 1983?

또한 인용사항의 일부인 피인용저자명(CA=)과 피인용논문 출판년(CY=)도 검색어로 사용할 수 있다.

Web of Science의 'Full Search' 기능은 주제어, 저자명 등의 검색어를 사용하는 'General Search'와 인용사항을 검색어로 사용하는 'Cited Reference Search'로 구성된다. 'Cited Reference Search'는 SciSearch에서 'Cited References' 필드를 검색하는 것과 같으며, 검색어로 피인용저자명(cited author), 피인용저널 표제(cited work), 피인용논문 출판년(cited year) 등을 입력한다.

Web of Science의 특별한 기능으로는 'Related Records' 검색 기능이 있다. 즉, 특정한 논문을 인용한 다른 논문들을 찾은 후 각 인용문헌(citing document)의 완전 레코드(full record)를 출력하면 화면상에 'Related Records' 버튼이 나타나며, 이 버튼을 선택할 경우 방금 검색된 논문과 공통된 피인용문헌을 하나 이상 갖는 다른 논문들의 리스트가 출력된다. 즉, 검색한 논문과 서지적으로 결합되어 있는 다른 논문들을 검색해내는 기능을 제공한다.

2.2.2 Scopus

Scopus는 Elsevier사가 2004년부터 서비스하고 있는 웹 데이터베이스로서 인용색인의 기능을 제공한다. Scopus는 2011년 7월 현재 전세계 5,000여 개의 출판사가 발행하는 18,500개 이상의 학술지에 게재된 논문에 대한 초록을 수록하고 있으며, 최근 논문에 대해서는 참고문헌(references)도 제공하고 있다. 이 참고문헌 정보를 통해 특정한 논문의 피인용횟수와 이를 인용한 논문들을 찾아낼 수 있다.

다음 예는 특정한 논문을 인용한 다른 논문을 검색하기 위하여 저자명과 논문표제의 일부를 입력하여 검색한 결과이며, 검색 결과 줄의 마지막에 나오는 피인용횟수를 클릭하면 인용한 문헌들을 볼 수 있다.

검색문: (AUTHOR-NAME(Chung) AND TITLE(statistical term associations))

검색결과:

Document title	Author(s)	Date	Source title	citations
A corpus-based approach...	Chung, Y.M., Lee, J.Y.	2001	*Journal of the American...*	23

2.2.3 CiteSeer

NEC Research Institute가 개발한 CiteSeer(Scientific Literature Digital Library)는 전자적 형태의 논문자료로부터 자동적으로 생산되는 자율적 인용색인(autonomous citation index)으로서 2011년 현재 75만 건 이상의 문헌을 색인하고 있다(http://citeseer.ist.psu.edu/). 웹 인용색인인 CiteSeer는 PDF나 PS 형식의 웹 문서들을 색인할 수 있는 소프트웨어를 사용하며, 논문자료의 소재 파악, 인용문헌 및 인용문맥(citation context)의 추출, 동일한 인용문헌의 식별 등의 모든 작업을 자동적으로 처리한다(Giles, Bollacker, and Lawrence 1998; Lawrence, Giles, and Bollacker 1999). 최근에는 차세대 CiteSeer인 CiteSeerX가 개발되어 베타 버전이 운영되고 있다.

CiteSeer에서는 피인용문헌의 저자명이나 표제에 출현한 단어나 구를 키워드 검색어로 사용하여 인용문헌을 검색한다. 예컨대 "Quinlan"이란 성을 입력하여 'Citations'를 선택하게 되면 다음과 같은 형식으로 "Quinlan"의 저작들의 인용사항이 각 저작을 인용한 문헌 수 및 인용문맥 링크 등과 함께 출력된다.

Context Doc 349.8 353 (1): J.R. Quinlan, Induction of Decision Trees. Machine Learning, 1. 81-106, 1986.

위 출력 형식에서 'Context' 링크를 클릭하게 되면 "Quinlan"의 이 저작을 인용한 문헌들의 실제 인용 부분 텍스트가 출력된다. 또한 각 저작 앞에 나와 있는 세 개의 수는 각각 논문의 최신성 가중치가 반영된 인용문헌 수(weighted number of citations), 인용문헌 수, 그리고 자기인용 수를 나타낸다.

또한 특정한 문헌에 대한 상세정보 화면에는 초록, 인용문맥, 인용문헌 리스트, 관련문헌(related documents) 리스트, 문장 및 텍스트 기반 유사문헌(similar documents) 리스트, 동시인용(co-citation) 기반 관련문헌 리스트 등이 출력된다. 관련문헌과 유사문헌 선정을 위한 기준으로는 두 문헌 간 일치하는 문장의 수, 텍스트에 출현한 용어들로 표현된 문헌벡터들 간의 유사도, 공통 인용문헌 수에 인용문헌의 역문헌빈도를 곱한 값(Common Citation×IDF) 등이 사용된다.

2.2.4 서지결합 기법과 동시인용 분석 기법

인용문헌을 이용하여 문헌들 간 주제적 관계를 설정하는 기법으로 서지결합(bibliographic coupling) 기법과 동시인용 분석(co-citation analysis) 기법이 있다. 두 기법 모두 문헌의 인용패턴에 근거하여 문헌들 간의 관계를 측정하며, 일차적으로 검색된 문헌과 관련된 다른 문헌들(related documents)을 검색하기 위한 기준으로 사용하거나 유사한 문헌의 군집화(clustering)를 위한 기준으로 사용할 수 있다.

문헌들 간의 인용관계는 각 노드가 문헌을 나타내고 링크는 인용 방향을 나타내는 인용문헌망(citation network)으로 표현할 수 있다. 예를 들어 그림 2.1의 간단한 인용문헌망에서 문헌 A는 문헌 B, C, D에 의해 인용되고 있으며, 문헌 B는 다시 E와 G에 의해 인용되고 있음을 볼 수 있다.

서지결합 기법은 여러 개의 문헌이 공통되는 인용문헌(reference)을 하나 이상 가지고 있을 때 서로 주제적으로 관련되어 있다고 보는 기법으로서 이때 이 문헌들은 서지적으로 결합되어 있다고 말한다(Kessler 1963). 서지적으로 결합된 문헌들 간 결합 강도, 즉 서지결합도는 공통으로 인용된 문헌 수로 측정한다. 따라서 서지결합도가 높을수록 두 문헌의 주제는 유사하다고 보는 것이다.

그림 2.1에서 문헌 E와 F는 문헌 C와 D를 공통적으로 인용하고 있으므로 서지적

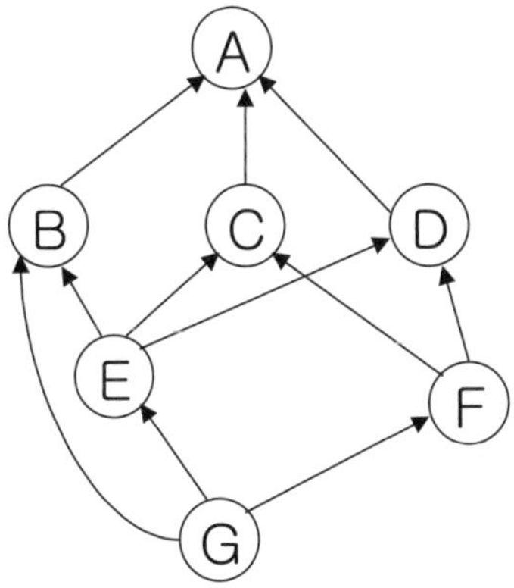

〈그림 2.1〉 인용문헌망

으로 결합되어 있으며, 두 문헌의 서지결합도는 공통된 인용문헌 수인 2가 된다. 또한 이 그림에서 특정 문헌 E와 서지적으로 결합된 문헌들은 공통 인용문헌을 하나 이상 갖고 있는 문헌 F와 G로서 이 두 문헌은 문헌 E의 관련문헌이 된다. 서지결합 기법을 정보검색에 적용한 사례인 Web of Science에서는 일차로 검색된 특정 문헌과 서지적으로 결합되어 있는 문헌들을 관련문헌(related documents)으로 제공하며 서지결합도가 높은 문헌 순으로 출력한다.

동시인용 분석 기법은 인용문헌을 통한 문헌들 간의 관계를 서지결합 기법과는 다른 관점에서 파악하는 기법이다. 즉, 두 편의 문헌이 후에 출판된 제3의 문헌 속에서 동시에 인용되었을 때 이 두 문헌은 주제적으로 관련이 있으며, 관련성의 정도를 나타내는 동시인용도는 동시인용 횟수로 나타낸다. 앞의 인용문헌망에서 문헌 E와 F는 문헌 G에 의해 동시에 인용되었기 때문에 주제적으로 관련이 있다고 보며, 이 경우 동시인용도는 1이 된다. 2편의 문헌을 동시인용하고 있는 문헌을 찾아내기 위해서는 SciSearch와 같은 인용색인 데이터베이스를 사용하며, 검색문은 "(CR=yang y, 1999?) and (CR=cohen ww, 1995?)"와 같은 형식으로 피인용논문의 저자명, 출판년, 권번호, 면번호, 잡지명 등을 입력한다. 생략된 요소가 있는 경우 생략부호로서 〈?〉를 입력한다. 저자들 간의 관계 분석을 통해 학문 분야의 지식 구조를 파악하기 위한 저자 동시인용 분석에서는 "(CA=yang y) and (CA=cohen ww)"와 같이 저자명만을 입력한다.

이미 출판된 두 편의 논문은 새로 출판되는 논문 속에서 계속 함께 인용될 수 있기 때문에 동시인용도는 서지결합도와는 달리 고정되어 있지 않고 동적이다. 앞 절에서 언급했듯이 웹 인용색인 CiteSeer는 특정한 문헌에 대해 동시인용에 기반한 관련문헌 리스트를 제공한다.

2.2.5 인용링크 분석 기법

웹 페이지(문서/사이트)는 페이지의 내용과 관련된 다른 문서나 사이트를 연결하는 하이퍼링크(hyperlink)들을 포함하고 있다. 따라서 인용문헌을 이용하여 문헌들 간의 연관성을 파악하는 것과 마찬가지로 인용링크를 통해 상호 관련된 웹 페이지들을 찾아낼 수 있다.

2개의 웹 페이지가 제3의 웹 페이지에 의해 동시에 링크되고 있을 때 이 두 웹 페이지는 동시링크된(co-linked) 상태가 되며, 동시링크된 페이지(co-linked page)라고 부른다. 제3의 웹 페이지에 의해 동시링크된 횟수가 많을수록 2개의 웹 페이지는 연관성이 높은 것으로 판정할 수 있다. 'co-linked'는 인용문헌 분석의 동시인용에 해당된다.

반면 2개의 웹 페이지가 동일한 웹 페이지를 공통으로 링크하고 있을 경우 두 웹 페이지는 동시링크하고 있는(co-linking) 상태가 되며, 공통으로 링크하고 있는 웹 페이지가 많을수록 두 웹 페이지는 연관성이 큰 것으로 판정한다. 'co-linking'은 인용문헌 분석의 서지결합에 해당된다.

그림 2.1의 인용문헌망을 인용링크망(citation link network)으로 바꾸어 설명하면 각 노드는 웹 페이지가 되며, 화살표는 링크하고 있는 방향을 나타낸다. 즉 웹 페이지 A는 웹 페이지 B, C, D로부터 링크를 받고 있으며, E는 B, C, D에 대한 링크를 갖고 있다. 따라서 웹 페이지 E와 F는 웹 페이지 G에 의해 'co-linked'된 상태이며,

또한 웹 페이지 E와 F는 각각 웹 페이지 C와 D를 'co-linking'하고 있다. 서지적으로 표현하면 웹 페이지 E와 F는 동시인용된 상태이며, 또한 서지결합된 상태가 된다.

2개의 웹 문서/사이트를 동시링크하고 있는 웹 문서/사이트를 찾아내기 위해서는 웹 검색엔진을 사용한다. 웹 검색엔진에 따라 차이가 있지만 탐색 대상 필드로 링크(link) 필드를 지정할 수 있으며, 검색어로 사용되는 2개의 URL을 AND 연산자로 조합한다. 최근에는 대부분의 웹 검색엔진들이 링크 검색을 포함한 고급검색 기능을 제공하지 않고 있다. 링크 기능을 최근까지 제공하던 Yahoo! 검색엔진도 마이크로소프트사에 인수되면서 2012년부터는 링크 검색이 불가능할 것으로 보인다. 다음은 과거 AltaVista에서 사용가능했던 검색문 형식이다.

〈link: URL AND link: URL〉

동시링크와는 달리 〈link: URL〉 형식의 단일링크 검색 결과 얻은 링크문서(linking document)의 수를 특정한 분야에서 인기 있는 웹 문서/사이트를 판단하기 위한 척도로 사용할 수 있다. 즉, 이미 파악된 정보원 가운데 다른 웹 문서/사이트에 의해 가장 많이 링크되고 있는 웹 페이지(피링크 페이지: linked page)를 가장 인기 있는 허브(hub) 정보원으로 판정하는 방법이다. 예컨대 〈link: dublincore.org/documents/dces/〉라고 입력하면 "Dublin Core Metadata Element Set, Version 1.1: Reference Description"이란 표제의 문서를 링크하고 있는 다른 웹 페이지들이 검색된다. 링크 검색이 불가능할 경우 URL 인용횟수로 대체하여 특정한 웹 페이지의 영향력을 측정할 수 있다(Thelwall and Sud 2011). 즉, 특정한 웹 페이지의 URL을 구 검색(phrase search) 기능을 이용하여 "www.yonsei.ac.kr"과 같이 입력할 경우 다른 웹 페이지들 속에서 이 URL이 인용된 횟수를 산출할 수 있다.

Thelwall and Wilkinson(2004)은 직접링크(direct link), 서지결합 및 동시링크 기법을 각각 사용하여 유사한 웹 페이지들을 찾아내는 실험을 수행하였다. 실험 결과 직접링크의 성능이 가장 좋았고 그 다음이 서지결합 기법이었으며, 동시링크 기법의 성능은 현저히 낮은 것으로 나타났다.

2.3 시소러스 개요

2.3.1 시소러스의 활용

시소러스는 개념을 나타내는 단어나 단어구 및 이들 간의 관계로 구성되는 일종의 사전이다. 우선 시소러스는 수작업 구축 시소러스(manual thesaurus: 이하 수작업 시소러스)와 자동 구축 시소러스(automatic thesaurus: 이하 자동 시소러스)의 두 가지 유형으로 구분할 수 있다. 수작업 시소러스는 다시 *Roget's Thesaurus*와 *WordNet*과 같은 범용의 일반 시소러스와 *INSPEC Thesaurus*나 *MeSH(Medical Subject Headings)* 등과 같은 특정 주제 분야의 전문 시소러스로 구분된다. 실제 상용 온라인 데이터베이스 서비스에서 흔히 사용되는 시소러스는 후자에 해당되며, 이러한 전문 시소러스들은 *TEST(Thesaurus of Engineering and Scientific Terms)*와 같이 과학기술 전 분야를 망라하거나 또는 문헌정보학 분야의 *LISA Thesaurus*와 같이 특정한 학문 분야를 다루고 있다.

자동 시소러스는 주로 실험용 말뭉치나 문헌집단에 출현한 단어들의 연관성을 측정함으로써 구축되며, 이를 유사도 시소러스(similarity thesaurus)라고도 한다. 용어들 간의 유사도에 기반하여 자동으로 구축되는 유사도 시소러스는 유사도가 일정한 수준을 넘는 용어들을 묶어 클러스터/군집을 형성하게 되며, 동일한 클러스터에 속하는 용어들 간에는 상호 연관관계가 있는 것으로 정의하는 시소러스이다. 따라서 이러한 유사도 시소러스를 활용하는 경우 초기 검색어와 동일한 클러스터에 속하는된 용어들을 새로운 검색어로 추가할 수 있다.

시소러스는 색인 시 적절한 색인어의 선택을 위해서 사용될 뿐만 아니라 검색 시 효과적인 검색어의 선택을 위해서도 사용된다. 대부분의 온라인 데이터베이스에서는 기본적으로 통제되지 않은 자연어 키워드를 색인어 및 검색어로 사용하며, 추가적으로 시소러스에 기반한 디스크립터를 색인과 검색 시 사용하도록 하고 있다. 따라서 온라인 데이터베이스 서비스들은 색인과 검색 단계에서의 시소러스 도입여부에 따라 다음의 네 가지 유형으로 구분된다.

- 색인과 검색 단계에서 모두 시소러스를 사용하는 경우
- 색인 단계에서만 시소러스를 사용하는 경우
- 검색 단계에서만 시소러스를 사용하는 경우
- 색인과 검색 단계에서 모두 시소러스를 사용하지 않는 경우

첫 번째 경우는 시소러스를 색인과 검색에서 모두 사용하는 것으로서 전통적인 시소러스의 활용 방법이다. 이 방법은 특정한 개념을 동일한 색인어와 검색어에 의해 표현하게 되므로 높은 검색 성능을 가져올 수 있으며, 특히 시소러스에 익숙한 정보전문가가 검색할 경우에 효과적이다.

두 번째 경우는 색인전문가가 색인어 선정을 위해서 시소러스를 사용하고, 시소러스에 대해 잘 모르는 일반 이용자는 자연어 키워드를 검색어로 사용하는 방법이다. 이 경우에는 자연어 키워드에 의한 검색 이외에 이용자가 입력한 키워드가 디스크립터나 디스크립터 일부와 일치하는 경우 해당 디스크립터 아래 색인되어 있는 문헌의 검색을 기대할 수 있다. 만일 입력된 검색어를 접근점(access point)으로 사용할 수 있는 전자적 형태의 시소러스 파일이 구축되어 있다면 검색어로 입력된 키워드를 동일한 의미의 디스크립터로 자동 맵핑(mapping)하거나 또는 해당 디스크립터와 특정한 의미 관계에 있는 다른 디스크립터들을 검색어로 추가하여 검색 성능의 향상을 도모할 수 있다.

세 번째 경우는 자동색인에 의해 부여된 키워드를 색인어로 사용하며, 검색 시 이용자가 입력한 자연어 키워드 이외에 시소러스에 수록된 유사한 다른 용어나 개념적으로 계층관계에 있는 용어들을 검색어로 사용할 수 있도록 하는 방법을 말한다.

이용자에게 온라인으로 제공되는 검색용 시소러스(search thesaurus 또는 search aid thesaurus)는 동의어사전과 유사하게 매우 간단한 구조를 가질 수도 있고, 전통적인 시소러스처럼 동의어 이외에 다른 어의적 관계가 정의되어 있을 수 있다.

이용자는 검색용 시소러스를 통해 보다 적절한 검색어를 선택하거나 또는 유사한 검색어를 추가하여 질의를 확장할 수 있다. 이러한 질의정련(query refinement)이나 질의확장(query expansion) 과정은 온라인 데이터베이스 서비스의 'thesaurus search'나 웹 검색엔진의 'related search'에서와 같이 시스템이 이용자에게 관련용어를 보여 준 후 이용자가 바로 선택하게 함으로써 반자동적으로 이루어지거나, 또는 시스템에 의해 완전히 자동적으로 수행될 수 있다.

2.3.2 시소러스의 구성

정보검색용 전문 시소러스들은 색인어휘(indexing vocabulary)와 도입어휘(entry vocabulary)로 구성되는 통제어휘(controlled vocabulary)로서, 디스크립터(descriptor) 상호간의 어의적 관계 및 도입어와 디스크립터간의 관계가 나타나 있다(Soergel 1974). 색인어휘는 색인어가 되는 디스크립터 또는 주제명들의 집합이며, 도입어휘는 색인어로 채택되지 않은 도입어(lead-in term) 또는 비디스크립터(non-descriptor)들로 구성되는데, 도입어로부터는 같은 개념을 나타내는 디스크립터로의 참조가 주어진다. 시소러스에 따라서 디스크립터는 우선어(preferred term), 비디스크립터는 비우선어(non-preferred term)라고도 부른다.

대부분의 온라인 데이터베이스에는 색인어 필드로서 디스크립터/주제명 필드 외에 식별어(identifier) 필드가 포함되어 있다. 식별어는 검색 시 접근점으로 사용될 수 있는 인명, 지명, 기관명, 제품명 등의 고유명(proper name)을 포함하며, 일반적으로 시소러스에는 수록하지 않고 색인전문가에 의해 임의로 부여하거나 제한된 수의 용어만 시소러스에 수록한다. 시소러스에 따라서는 *The Unesco: IBE Education Thesaurus*와 같이 식별어를 별도의 파일에 수록하여 형태를 통제하기도 한다(Unesco:

IBE 1973). 그러나 국제관계 분야에서의 국가명과 같이 특정한 유형의 고유명이 접근점으로 자주 사용되는 분야의 시소러스에는 식별어를 시소러스에 포함시키는 것이 좋다(Aitchison, Gilchrist, and Bawden 2000).

시소러스 작성을 위한 국제적인 표준인 ISO 2788에서는 영어 용어의 형식, 용어 간 관계의 설정 및 표시 등에 관한 지침을 제공한다(International Organization for Standardization 1986). 한국어 시소러스 개발을 위해서는 국립중앙도서관의 주제명표목표 개발 지침을 참조할 수 있다(국립중앙도서관 2002). 시소러스에 수록되는 용어는 품사, 단수/복수형, 기입형식, 약어 및 외래어, 동형이의어/동음이의어, 고유명, 복합어 등의 표기 및 선택에 관한 규칙에 의해 표준화가 이루어진다. 표준화된 용어들에 대해서는 용어 상호간의 의미 관계(semantic relationship)가 결정된 다음 각 관계를 표현하는 기호(예: USE/UF, BT/NT, RT)를 사용하여 시소러스 엔트리를 작성하게 된다.

시소러스에서 정의되는 용어들 간의 의미 관계로는 등가관계, 계층관계, 연관관계가 있으며, 각 관계는 다음과 같은 경우 설정한다.

(1) **등가관계**(equivalence relationship)

등가관계 혹은 동의관계는 동일하거나 유사한 개념을 나타내는 용어들이 갖는 관계이며, 이러한 관계에서 한 용어는 우선어, 다른 용어는 비우선어로 선정된다. 등가관계는 동의어와 유사동의어의 경우 설정되며 관계기호로는 USE/UF(Used For)가 사용된다. 동의어에는 다음과 같은 경우가 포함된다.

- 동일한 의미의 용어 (예: Continuous learning / Lifetime learning)
- 별도의 철자 (예: Moslems / Muslims)
- 별도의 어순 (예: Chemistry, analytical / Analytical Chemistry)
- 약어와 완전어 (예: TQM / Total quality management)

- 일반명과 상품명 (예: Vacuum flasks / Thermos flasks)
- 표준명과 속명 (예: High fidelity equipment / Hi-Fi equipment)

유사동의어는 의미가 중복되는 용어(예: Urban areas / Cities)와 같은 성질을 나타내지만 다른 관점을 표현한 반의어(예: Dryness / Wetness)를 포함된다.

(2) **계층관계**(hierarchical relationship)

계층관계는 개념적으로 상위에 오는 용어와 이에 종속되는 용어들 간의 관계를 말하며, 관계기호로는 일반적으로 BT(Broader Term: 상위어)/NT(Narrower Term: 하위어)가 사용된다. 시소러스에 따라서는 엔트리 용어가 속하는 계층의 맨 위에 오는 최상위어를 관계기호 TT(Top Term) 아래 수록하기도 한다(예: *INSPEC Thesaurus*). 또한 한 엔트리 속에 동일한 계층에 속하는 여러 수준의 용어를 모두 수록하고자 할 때에는 BT1, BT2, NT1, NT2 등과 같이 수준 번호를 부여하기도 한다(예: *INIS Thesaurus*).

계층관계에는 다음과 같은 경우 설정된다.

- 속/종관계(generic relationship): 카테고리/구성원, 속(류)/종 관계를 나타낸다.

  예: One parent families

  NT Fatherless families

  Motherless families

- 계층적 전체/부분 관계(hierarchical whole-part relationship): 신체의 부위, 지리적 명칭, 학문 영역, 계층적 사회구조 등에 적용된다.

  예: Ear

  NT External ear

Labyrinth

Middle ear

- 사례관계(instance relationship)

예: Seas

NT Baltic Sea

Caspian Sea

Mediterranean Sea

(3) **연관관계(associative relationship)**

등가관계나 계층관계에 있지 않으면서 개념적으로 연관성을 갖는 용어들의 관계를 말하며, 관계기호로는 RT(Related Term: 관련어)를 사용한다. ISO 2788에서는 여러 가지 유형의 연관관계를 정의하고 있으나 그대로 적용하기가 쉽지 않으며 대개는 시소러스 작성자가 판단하여 관계를 설정한다. 연관관계는 용어 클러스터링 기법을 통해 시소러스를 자동 생성할 경우 같은 클러스터 안에 속한 용어들을 대상으로 설정할 수 있다. 이 경우 같은 텍스트에서 함께 출현한 빈도가 높은 용어들은 서로 연관되어 있다고 보는 것인데, 통계적 연관성이 반드시 어의적 연관성을 의미하지는 않는다는 문제점이 있다.

시소러스의 출력 형태는 매우 다양하며, 대부분의 경우 기본이 되는 자모순 디스플레이(alphabetical display) 부분과 이로부터 생성되는 용어 계층(term hierarchy) 부분으로 구성된다. 용어 계층에는 최상위어들이 자모순으로 배열되고 각 최상위어 아래 이 용어에 종속되는 용어들이 단계적으로 디스플레이된다. 이외에 용어들을 주제범주나 패싯(facet) 별로 집단화하거나 또는 트리구조나 분류체계에 의해 구조화시키는 체계적 디스플레이(systematic display) 부분이 추가되기도 한다. 구체적인 사례는 *Thesaurus Construction and Use: A Practical Manual* (Aitchison, Gilchrist, and Bawden 2000)에 나와 있다.

그림 2.2는 책자 형태로 출판된 *INSPEC Thesaurus*의 자모순 디스플레이 부분의 엔트리 예이다. 그림 2.3은 온라인 데이터베이스 서비스인 ProQuest가 제공하는 온라인 시소러스의 엔트리 예이며, 각 관련 용어는 밑줄로 표시된 링크에 의해 해당되는 엔트리로 연결된다.

우선어	**database management systems**	
비우선어	UF	data dictionaries
		data models
		database machines
		databases
		DBMS
		fourth-generation languages
하위어	NT	distributed databases
		relational databases
		deductive databases
		object-oriented databases
상위어	BT	file organisation
		management information systems
최상위어	TT	computer applications
		file organisation
관련어	RT	application generators
		.
		.
		multimedia systems
분류코드	CC	C6160 C7100 C7250L
입력일	DI	January 1977
이전용어	PT	file organisation
		management information systems

〈그림 2.2〉 *INSPEC Thesaurus* 엔트리 예

우선어	**Information management**
분류코드	*Classification code:*
	5200
비우선어	*Used For:*
	Information resource management
상위어	*Broader Terms:*
	Information control
	Management
하위어	*Narrower Terms:*
	CAR
	Data base management
	Data bases
	Document management
	Information dissemination
	Information retrieval
	Information storage
	Systems management
관련어	*Related Terms:*
	Business process reengineering
	.
	.
	Metadata

〈그림 2.3〉 ProQuest 온라인 시소러스 엔트리 예

2.4 시소러스의 자동 구축

자동 시소러스는 대개 실험용 정보검색 시스템에서 검색 성능의 향상을 목적으로 구축된다. 이러한 시소러스는 일차 검색 결과가 만족스럽지 않을 때 원래의 질의(query)에 새로운 질의어(query term)를 자동적으로 추가하여 질의확장을 하고자 할 때 사용되고 있으며, 대부분의 경우 검색 성능의 정확률 보다는 재현율을 향상시키는 수단으로 이용한다.

자동 시소러스는 주로 실험용 문헌집단 또는 말뭉치에 출현한 용어들의 공기정보(co-occurrence information)를 이용하여 서로 연관된 용어들의 클러스터/군집을 형성함으로써 만들어진다. 따라서 자동 시소러스는 말뭉치 내에서 용어들이 어떻게 사용되었는가를 반영하는 용어 클래스들(term classes)로 구성되며, 이러한 용어 클래스는 통계적으로 유사한 용어들의 집단을 나타낸다.

말뭉치 내 단어들의 출현빈도에 근거하여 시소러스를 구축하는 방법은 다음과 같은 가설에 기반한다.

- 두 단어가 같은 문맥(context)에 출현하면 이 단어들은 서로 관련되어 있다.
- 두 단어가 같은 문맥에 함께 출현하는 횟수가 많을수록 더 깊이 관련되어 있다.

위의 가설에서 일반적으로 문맥은 문헌 전체를 의미하지만 같은 문헌이라도 서로 멀리 떨어진 다른 부분에 출현한 경우에는 같은 문맥이라고 보기가 어려운 경우가 있으므로 두 단어가 함께 출현하는 문맥을 같은 문단, 같은 문장 등과 같이 보다 작은 단위로 제한할 수 있다.

특정한 문맥에서 공기하는 통계적 특성 이외에 특정한 언어학적 또는 문법적 관계에서 출현한 경우를 고려하여 단어들 간의 연관성을 정의할 수도 있다(Mandala, Tokunaga, and Tanaka 2000; Grefenstette 1992; Jing and Croft 1994; Ruge 1992). 언어학적 관계를 반영한 시소러스는 유사한 문법적 문맥에서 출현한 단어들은 유사하다는 가설에 근거한다. 단어들의 공기빈도(co-occurrence frequency: 동시출현빈도)를 이용하여 시소러스를 자동 구축하는 기본 과정은 다음과 같다.

- 자동색인 기법에 의해 문헌집단으로부터 색인어가 될 수 있는 단어들을 추출한 다음 각 단어의 출현빈도를 산출한다.
- 추출한 단어 쌍들의 공기빈도를 계산한다.
- 공기빈도에 근거하여 단어 간 유사도(similarity)를 산출한다.

- 단어 간 유사도를 이용하여 단어들을 군집화/클러스터링 한다.
- 하나의 동일한 클러스터 또는 클래스에 속한 단어들은 연관성이 있는 것으로 정의한다.

위의 과정에서 단어들 간 유사도 산출에는 내적 계수, 다이스 계수, 자카드 계수, 코사인 계수 등 다양한 유사계수 또는 거리계수 공식이 사용된다(5.3 참조). 예컨대 각 단어의 출현빈도를 고려하지 않고 단어 a와 단어 b의 유사도를 산출할 경우, f_a와 f_b가 각각 두 단어가 출현한 문헌 수이고, f_c는 두 단어가 함께 출현한 문헌 수라면 다이스 계수 공식은 다음과 같다.

$$Dice = \frac{2 \cdot f_c}{f_a + f_b}$$

간단한 예를 들어 클러스터링 과정에 의해 용어 클래스가 생성되는 과정을 설명해 보자(8.3 참조). 6개의 용어 t_i가 3개의 문헌에 각각 출현한 빈도를 나타내는 문헌-용어 행렬(그림 2.4a)이 있을 경우 용어 클래스는 다음과 같이 생성된다. 먼저 용어-문헌 행렬로부터 두 용어벡터의 유사도를 산출한 다음 용어-용어 유사도 행렬(그림 2.4b)을 생성하고, 이 유사도 행렬에 대해 유사도 임계치로 10을 적용하여 새로운 이원행렬(그림 2.4c)을 생성한다. 길이가 n이고, 벡터의 요소가 출현빈도 가중치인 두 용어벡터 t_i, t_j의 유사도는 내적 계수를 사용할 경우 다음과 같이 산출한다.

$$t_i = (w_{i1}, w_{i2}, \cdots, w_{in})$$

$$t_j = (w_{j1}, w_{j2}, \cdots, w_{jn})$$

$$S(t_i, t_j) = \sum_{k=1}^{n} w_{ik} \cdot w_{jk}$$

	t_1	t_2	t_3	t_4	t_5	t_6
D_1	0	4	0	1	0	2
D_2	3	1	4	0	1	2
D_3	3	0	0	2	3	0

(a) 문헌-용어 행렬

	t_1	t_2	t_3	t_4	t_5	t_6
t_1						
t_2	3					
t_3	12	4				
t_4	6	4	0			
t_5	10	1	4	6		
t_6	6	10	8	2	2	

(b) 용어-용어 유사도행렬

	t_1	t_2	t_3	t_4	t_5	t_6
t_1						
t_2	0					
t_3	1	0				
t_4	0	0	0			
t_5	1	0	0	0		
t_6	0	1	0	0	0	

(c) 용어-용어 이원행렬

〈그림 2.4〉 용어-용어 유사도 행렬 생성 예

그림 2.4(a)의 이원행렬에서 1의 값을 갖는 용어들끼리 연결한 결과 다음과 같이 3개의 용어클래스가 생성된다.

용어클래스(1) = $\{t_1, t_3, t_5\}$
용어클래스(2) = $\{t_2, t_6\}$
용어클래스(3) = $\{t_4\}$

언어학적 관계를 반영하여 단어 간 연관성을 측정할 경우 동일한 문헌에서 공기한 단어라고 하더라도 다른 구문관계 속에서 출현하였다면 이 단어들의 연관성은 낮아지게 된다. 예를 들어 "호랑이"와 "독수리"가 공기한 문헌 수가 많더라도 "독수리"는 "호랑이"와는 달리 "걷는다"나 "뛴다" 등의 동사와는 함께 출현하지 않으므로 두 단어의 연관성이 낮아지게 된다.

Mandala 등(Mandala, Tokunaga, and Tanaka 2000)은 언어학적 관계를 반영하여 단어들 간의 유사도를 산출하였으며, 다음 과정에 의해 시소러스를 구축하였다.

1. 말뭉치를 구문분석하여 subject-verb, verb-object, adjective-noun 등 세 가지 구문구조(syntactic structure)를 추출한다. 이 구문구조에서 subject, object, noun은 각각 동사의 주어가 되는 명사, 동사의 목적어가 되는 명사, 형용사 다음에 오는 명사를 의미한다.
2. 구문분석 결과 각 명사는 공기하는 동사와 형용사 집합을 갖게 되며, 각 관계에 대한 다이스 계수 값, 즉 $DC_{sbj}(v_i, n_j)$, $DC_{obj}(v_i, n_j)$, $DC_{adj}(v_i, n_j)$를 산출한다. 다음은 subject-verb 관계에 있는 명사와 동사에 대한 다이스 계수 공식으로서, 명사 n_j가 동사 v_i의 주어로 출현한 경우를 나타낸다. 이 식에서 $f_{sbj}(v_i, n_j)$는 명사 n_j가 동사 v_i의 주어로 출현한 빈도를, $f_{sbj}(n_j)$는 명사 n_j가 모든 동사의 주어로 출현한 빈도를, $f(v_i)$는 동사 v_i의 출현빈도를 나타낸다. 나머지 관계에 대해서도 유사한 공식이 적용된다.

$$DC_{sbj}(v_i, n_j) = \frac{2 \cdot f_{sbj}(v_i, n_j)}{f(v_i) + f_{sbj}(n_j)}$$

3. 하나의 술어(predicate), 즉 동일한 동사나 형용사에 대해 갖는 두 명사의 유사도로는 두 계수 값 중 최소값을 선택한다. 예컨대 동일한 동사 v_i의 주어가 되는 두 개의 명사 n_j와 n_k의 유사도는 다음과 같이 정의된다.

$$SIM_{sbj}(v_i, n_j, n_k) = \min\{DC_{sbj}(v_i, n_j), DC_{sbj}(v_i, n_k)\}$$

4. 명사 n_j, n_k의 최종 유사도는 앞에서 정의한 세 가지 유형의 술어–논항(predicate-argument) 관계에 대한 유사도들의 평균으로 정의한다. 유사도가 높은 단어

들은 서로 비슷한 구문구조에서 출현하였음을 의미하여, 이러한 단어들이 하나의 클러스터를 형성하게 된다.

2.5 시소러스의 통합

2.5.1 시소러스 통합 방법

지난 수십 년간 수많은 시소러스와 주제명표가 개발되었고 각기 다양한 환경에서 운영되어 왔다. 이러한 통제언어들은 주제적으로 서로 관련이 있더라도 대부분 구조가 상이하고 핵심영역에 있어 차이가 있기 때문에 호환성이 떨어지며, 결과적으로 시스템들 간 레코드의 이전이나 복수의 데이터베이스를 교차 검색하는 데 있어 문제를 야기한다. 특히 인터넷 환경에서는 다기능적이고(multifunctional) 다언어적인(multilingual) 통합된 개념 지식베이스에 대한 요구가 커지고 있다.

비호환적인 통제언어들을 통합하는 방법은 다음과 같다(Aitchison, Gilchrist, and Bawden 2000).

- 한 언어에서 다른 언어로 1:1 맵핑한다. 대표적인 사례로는 *Art and Architecture Thesaurus*, *MeSH*(*Medical Subject Headings*) 등 전문적인 시소러스를 *LCSH* (*Library of Congress Subject Headings*)로 맵핑하는 프로젝트들이 있다.
- 중간언어(intermediate language)를 사용하여 맵핑한다. 예컨대 통제언어 A는 중간언어 X를 통해 다른 통제언어 B, C 등으로 맵핑되는 것이다. 중간언어의 사례로는 포괄적인 패싯분류체계인 *BSO*(*Broad System of Ordering*)와 *ICC* (*Information Coding Classification*) 등이 제안된 바 있다.
- 매크로 시소러스(macrothesaurus)에 기반하여 하위 주제분야의 마이크로 시소러스(microthesaurus)들을 개발한다. 이는 포괄적인 주제를 다루는 매크로 시

소러스의 일부로서 또는 별개의 실체로서 하위 주제분야의 전문적인 시소러스가 존재하는 경우를 말한다. 앞에서 언급한 *BSO*를 매크로 시소러스로 활용하여 통합된 구조 속에서 마이크로 시소러스들을 개발할 수 있다.

- 여러 시소러스의 용어들을 합병하여 하나의 통합 시소러스를 개발한다. 여기에는 동일한 주제 분야의 여러 시소러스를 합병하는 경우, 대규모 온라인 목록이나 온라인 데이터베이스 서비스에서 여러 유형의 데이터베이스를 일괄적으로 검색하기 위하여 다양한 통제언어를 합병하는 경우 등이 포함된다. 대표적인 사례로는 농학분야의 *Unified Agricultural Thesaurus*와 의학분야의 UMLS가 있다. *Unified Agricultural Thesaurus*는 AGRICOLA 및 CAB ABSTRACTS 데이터베이스에서 사용하는 *CAB Thesaurus*와 AGRIS 데이터베이스에서 사용하는 *AGROVOC*을 통합한 것으로서 먼저 두 시소러스를 위한 분류구조를 생성한 후 각 시소러스의 용어를 재조직하는 방법을 사용하였다.

2.5.2 UMLS

UMLS(Unified Medical Language System)는 미국의 국립의학도서관(National Library of Medicine)이 1986년 이후 장기적으로 추진하고 있는 프로젝트로서 이종의 어휘를 사용하는 별개의 데이터베이스들에 대해 통일된 접근 방식을 제공하는 것을 목적으로 하고 있다(NLM 2004).

UMLS 프로젝트를 통해 UMLS 메타시소러스(Metathesaurus), UMLS 의미망(Semantic Network), SPECIALIST 사전(Lexicon) 등 세 가지 유형의 지식원(knowledge sources)이 개발되었고, 이들은 상이한 어휘의 사용으로 인해 발생하는 검색 문제를 해결할 수 있도록 다양한 응용 프로그램과 함께 제공된다.

UMLS 메타시소러스는 100개 이상의 생의학(biomedical) 분야 통제어휘와 분류체계를 통합한 시소러스로서 2004년 11월 현재 1백만 개 이상의 생의학 관련 개념과 5백만 개에 달하는 개념명에 대한 정보를 수록하고 있다. 이 메타시소러스는 각 소스어휘(source vocabulary) 속에 존재하는 용어들의 이름, 의미, 계층적 관계, 속성, 용어 간 관계 등을 유지한다. 뿐만 아니라 각 개념에는 기본적인 정보가 추가되고, 통합된 소스어휘를 구성하는 용어들 간 새로운 관계가 설정된다. 예컨대 하나의 시소러스에 등록된 모든 개념은 다른 시소러스들에 수록된 동일한 개념들과 연결됨으로써 여러 시소러스들 간에 상호 맵핑이 이루어지고 있다. 이렇게 함으로써 이용자가 입력한 질의는 이용자가 알지 못하는 시소러스를 사용하는 데이터베이스에서도 처리가 가능한 질의로 변환될 수 있다.

UMLS 메타시소러스는 개념에 의해 조직되며, 각 엔트리를 구성하는 데이터는 물리적으로 20개 이상의 관계(relation)라고 부르는 파일들에 소장된다. 하나의 개념(concept) 또는 의미(meaning)는 개념고유번호(unique concept identifier: CUI)에 의해 표현되며, 고유한 개념명에 해당되는 각 문자열(string)은 문자열고유번호(unique string identifier: SUI)를 갖는다. 또한 용어(term)는 모든 변형을 포함한 문자열의 집단을 말하며 공통용어번호(common term identifier: LUI)에 의해 표현된다. 메타시소러스에서 문자열은 용어에, 그리고 문자열과 용어는 모두 개념에 연결된다. 그림 2.5는 개념, 용어, 문자열 간의 연결 관계를 보여준다.

<table>
<tr><th>Concept(CUI)</th><th>Terms(LUIs)</th><th>Strings(SUIs)</th></tr>
<tr><td rowspan="4">C0004238
Atrial Fibrillation
(preferred)
Atrial Fibrillations
Auricular Fibrillation
Auricular Fibrillations</td><td rowspan="2">L0004238
Atrial Fibrillation
(preferred)
Atrial Fibrillations</td><td>S0016668
Atrial Fibrillation
(preferred)</td></tr>
<tr><td>S0016669
Atrial Fibrillations</td></tr>
<tr><td rowspan="2">L0004327
(synonym)
Auricular Fibrillation
Auricular Fibrillations</td><td>S0016899
Auricular Fibrillation
(preferred)</td></tr>
<tr><td>S0016900
(plural variant)
Auricular fibrillations</td></tr>
</table>

〈그림 2.5〉 UMLS 메타시소러스의 개념-용어-문자열 관계

그림 2.5에서 문자열 "Atrial Fibrillation"과 이의 복수형인 "Atrial Fibrillations"는 다른 문자열고유번호를 갖지만 동일한 공통용어번호에 연결된다. 또한 다른 공통용어번호에 연결된 문자열 "Atrial Fibrillation"과 "Auricular Fibrillation"은 같은 의미를 갖기 때문에 동일한 개념고유번호에 연결되는 것이다. 이때 우선어 형태(PF), 복수형(VP), 대소문자변형(VC), 다른 변형(VO) 등의 문자열 유형(string type)과 우선어(P), 동의어(S) 등의 용어상태(term status)가 관련파일의 레코드에 함께 표기된다.

기본파일 중 하나인 개념명(concept names) 파일은 개념고유번호, 언어, 용어상태, 공통용어번호, 문자열 유형, 문자열고유번호, 문자열, 최소제한수준(least restriction level) 등의 정보를 수록한다. 다음의 예시 레코드들은 문자열 "anemia"와 이의 변형에 대해 생성되는 레코드들로서 모두 동일한 개념고유번호(C0002871)를 갖고 있다.

C0002871/ENG/P/L0002871/PF/S0013742/Anemia/0/

C0002871/ENG/P/L0002871/VP/S0013787/Anemias/0/

C0002871/ENG/P/L0002871/VC/S0352787/ANEMIA/0/

C0002871/ENG/P/L0002871/VC/S0414880/anemia/0/

C0002871/ENG/S/L0280031/PF/S0803242/Anaemia/3/

또 하나의 기본파일은 관련개념(related concepts) 파일로서 메타시소러스에 수록된 개념들 간의 관계를 보여 준다. 이 파일의 레코드에는 제2개념이 제1개념에 대해 갖는 관계가 표시되어 있다. 개념 간 관계에는 계층관계에 해당되는 RB(상위어)와 RN(하위어), 연관관계에 해당되는 RO(기타 관련어), 유사동의어와 같이 유사한 관계를 나타내는 RL, 그리고 부모, 자식, 형제 관계를 각각 나타내는 PAR, CHD, SIB 등이 있다. 또한 이 레코드에 포함되는 관계 속성(relationship attribute)은 관계의 성질을 나타내는 속성으로서 UMLS 의미망에 정의된 isa, part_of, branch_of 등의 관계나 clinically_associated_with와 같이 특정한 소스어휘에 수록된 보다 구체적인 관계를 포함한다.

관련개념 레코드에는 제1개념의 고유번호, 개념 관계(REL), 제2개념의 고유번호, 관계 속성(RELA), 관계가 표시된 소스어휘 약어, 관계가 표시된 소스어휘 레이블 등이 순서대로 수록되어 있다. 다음은 예시 레코드로서 "Anemia, Neonatal (C0002891) has CHILD REL and isa RELA to Anemia (C0002871)"에 해당된다.

C0002871/CHD/C0002891/isa/MSH2001/MSH2001/

UMLS 의미망은 메타시소러스에 수록된 개념을 범주화시키기 위한 135개의 기본적인 의미유형(semantic type) 또는 범주(category)와 의미유형 간 존재하는 54개의 관계(relationship)에 대한 정보를 제공한다. 메타시소러스의 각 개념에는 최소한 하나 이상의 의미유형이 부여되며, 의미유형 계층에서 가장 특정한 유형이 선택된다. 의미망에서 의미유형은 노드에, 관계는 링크에 해당된다. 의미유형은 계층적으로 구성되는데 상위 수준의 주요 범주로는 organisms, anatomical structures, biologic function, chemicals, events, physical, objects, concepts/ideas 등이 있다. 주요 링크로는 계층적인 관계를 나타내는 'isa' 링크가 있으며, 다수의 비계층적인 관계를 나타내는 링크들이 5개의 주요 관계 집단인 물리적(physical) 관계, 공간적(spatial) 관계, 시간적(temporal) 관계, 기능적(functional) 관계, 개념적(conceptual) 관계 아래 정의되어 있다. 예컨대 의미유형 'biologic function'과 'physiologic function'은 'isa' 링크에 의해 연결되며, 물리적 관계에 속하는 'part of' 링크는 상위 수준의 의미유형인 'organism'과 'anatomical structure'를 연결한다.

SPECIALIST 사전은 SPECIALIST라는 자연언어처리 시스템에서 필요한 언어정보를 제공하기 위해 개발되었다. 이 사전은 일반적인 영어 단어와 생의학 분야 용어, MEDLINE 용어, UMLS 메타시소러스 용어 등에 관한 정보를 수록하며, 각 단어 엔트리는 자연언어 처리에 필요한 구문, 형태소, 철자 등에 관한 정보를 포함한다.

2.6 WordNet

WordNet은 인간의 어휘 기억(lexical memory)에 관한 심리언어학적 이론을 토대로 설계된 온라인 어휘 데이터베이스로서 온라인 시소러스의 역할을 하고 있다. WordNet은 1990년대 이후 다양한 정보검색 관련 기법의 실험에 활용되고 있다(Fellbaum 1998; Jing and Croft 1994; Mandala, Tokunage, and Tanaka 2000; Prager and Chu-Carroll 2001).

WordNet 데이터베이스에는 영어의 명사, 동사, 형용사, 부사 등 네 가지 범주에 속하는 단어들이 단어의 의미 또는 개념 단위로 조직되며, 각 개념은 'synset'이라 부르는 동의어 집합(synonym set)으로 표현된다(Miller, et al. 1990). 즉 하나의 개념을 표현하는 동의어 집합은 {F1, F2, ...}와 같은 형식을 갖게 되며, 각 엔트리는 개념의 정의와 예제 문장을 포함한다. 예컨대 명사 "country"는 다의어로서 다음과 같이 각기 다른 의미를 표현하는 5개의 synset을 구성한다.

{country, state, land}

{state, nation, country, land, commonwealth, res publica, body politic}

{nation, land, country, a people}

{country, rural area}

{area, country}

WordNet은 관계(relation)에 의해 조직되는데 각 단어들 간의 관계를 어휘 관계(lexical relation), synset들 간의 관계를 의미 관계(semantic relation)라고 한다. 예를 들어 명사의 의미 관계로는 동의관계(synonymy), 반의관계(antonymy), 의미계층관계(hyponymy/hypernymy), 전체-부분관계(meronymy/holonymy) 등이 정의되어 있다. 단어들 간의 동의관계는 이미 synset 안에 함께 열거됨으로써 표현된다. 나머지 의미 관계는 synset들 간에 존재하며, 특수한 부호에 의해 그 관계를 나타낸다.

예컨대 명사 단어인 "apple"에 관한 synset에서 "edible_fruit"은 "apple"의 상위 개념어(hypernym)로서 이 관계는 해당 단어 뒤에 @ 부호를 사용하여 표시한다.

{apple, edible_fruit,@ (fruit with red or yellow or green skin and crisp whitish flesh)}

다음은 WordNet 데이터베이스를 "country"란 단어로 검색한 결과의 일부를 보여 준다(http://wordnetweb.princeton.edu/perl/webwn).

- S:(n) country, state, land --(the territory occupied by a nation; "he returned to the land of his birth"; "he visited several European countries")
- S:(n) state, nation, country, land, commonwealth, res publica, body politic --(a politically organised body of people under a single government; "the state has elected a new president"; "African nations"; "students who had come to the nation's capitol"; "the country's largest manufacturer"; "an industrialized land")

또한 온라인 WordNet을 통해 synset들 간의 의미 관계를 나타내는 hypernym (country is a kind of ...), hyponym(... is a kind of country), holonym(country is a part of ...), meronym(parts of country) 등을 찾아볼 수 있다. 예컨대 첫 번째 의미인 "country"의 상위개념어인 hypernym은 해당 계층의 각기 다른 단계에 속하는 {administrative district, administrative division, territorial division}, {district, territory}, {region}, {location}, {entity, physical thing} 등이며, 하위개념어인 hyponym으로는 개별 국가명이 열거되어 있다. 또한 "country"의 전체-부분관계 상위어인 holonym은 없는 반면, 전체-부분관계 하위어인 meronym에 해당되는 synset들은 다음과 같다.

{country, state, land}

HAS MEMBER: {department}

HAS MEMBER: {state, province}

HAS PART: {domain, demesne, land}

HAS PART: {midland}

2011년 현재 가동 중인 WordNet 3.1 버전에서는 meronym을 member meronym과 part meronym으로 나누어 보여 주고 있다.

WordNet도 일반 시소러스와 마찬가지로 각 개념의 성격에 따라 품사별로 미리 정의된 범주가 부여된다. 명사의 경우 25개의 범주로 분류되며, 각 범주는 더 세분화되어 다양한 깊이의 계층구조로 조직화된다. 따라서 하위에 오는 명사는 상위 명사의 속성을 계승받게 된다. 여기에서 최상위 범주를 'beginner'라고 하며 이에 해당되는 명사 synset들은 다음과 같다(Miller 1998).

{act, action, activity}
{animal, fauna}
{artifact}
{attribute, property}
{body, corpus}
{cognition, knowledge}
{communication}
{event, happening}
{feeling, emotion}
{food}
{group, collection}
{location, place}
{motive}
{natural object}
{natural phenomenon}
{person, human being}
{plant, flora}
{possession}
{process}
{quantity, amount}
{relation}
{shape}
{state, condition}
{substance}
{time}

명사의 범주 계층과 동일한 계층에 속하는 하위 명사들의 속성 계승성은 다음의 예에서 살펴볼 수 있다. 예컨대 새의 일종인 "canary"는 canary @-〉 finch @-〉 passerine @-〉 bird @-〉 vertebrate @-〉 animal 과 같은 계층에 속하게 되어 상위 명사인 "bird"의 속성인 "can fly"란 속성을 계승하며, 마찬가지로 "animal"의 속성 중 하나인 "has skin"이란 속성을 갖는다.

참고문헌

국립중앙도서관. 2002. 국립중앙도서관 주제명표목표 개발. 서울: 국립중앙도서관.

Aitchison, J., Gilchrist, A., and Bawden, D. 2000. *Thesaurus Construction and Use: A Practical Manual*, 4th ed. Chicago: Fitzroy Dearborn Publishers.

de Solla Price, D.J. 1965. "Networks of scientific papers". *Science*, 149(3683): 510-515.

Egghe, L., and Rousseau, R. 1990. *Introduction to Informetrics: Quantitative Methods in Library*, Documentation and Information Science. Amsterdam: Elsevier.

Fellbaum C., ed. 1998. *WordNet: An Electronic Lexical Database*. Cambridge: The MIT Press.

Giles, C.L., Bollacker, K.D., and Lawrence, S. 1998. "CiteSeer: an automatic citation indexing system". *Digital Libraries 98 - Third ACM Conference on Digital Libraries*, 89-98.

Grefenstette, G. 1992. "Use of syntactic context to produce term association lists for text retrieval". *Proceedings of the 15th Annual International ACM SIGIR Conference on Research and Development in Information Retrieval*, 89-97.

International Organization for Standardization. 1986. *ISO 2788: Guidelines for the Establishment and Development of Monolingual Thesauri*. 2nd ed. Geneva: ISO.

Jing, Y., and Croft, W.B. 1994. "An association thesaurus for information retrieval". *Proceedings of RIAO'94 Conference*, 146-160.

Kessler, M.M. 1963. "Bibliocoupling between scientific papers". *American Documentation*, 14(1): 10-15.

Lawrence, S., Giles, C.L., and Bollacker, K. 1999. "Digital libraries and autonomous citation indexing". *IEEE Computer*, 32(6): 67-71.

Leydesdorff, L., De Moya-Anegón, F., and Guerrero-Bote, V.P. 2010. "Journal maps on the basis of Scopus data: A comparison with the Journal Citation Reports of the ISI". *Journal of the American Society of Information Science and Technology*, 61(2): 352-369.

Mandala, R., Tokunaga, T., and Tanaka, H. 2000. "Query expansion using heterogeneous thesauri". *Information Processing & Management*, 36: 361-378.

Martyn, J. 1964. "Bibliographic coupling". *Journal of Documentation*, 20(3): 236.

Miller, G.A. 1998. *Nouns in WordNet*. In Fellbaum C., ed., WordNet: An Electronic Lexical Database. Cambridge: The MIT Press.

Miller, G.A., Beckwith, R., Fellbaum, C., Gross, D., and Miller, K. 1990. "Introduction to WordNet: an on-line lexical database". *International Journal of Lexicography*, 3(4): 235-244.

NLM. 2005. *Unified Medical Language System* [online]. Available: http://www.nlm.nih.gov/research/umls/

Prager, J. and Chu-Carroll, J. 2002. "Use of WordNet hypernyms for answering what-is questions". *Proceedings of the TREC-10 Conference*. NIST, Gaithersburg, MD, 309-316.

Ruge, G. 1992. "Experiments on linguistically-based term association". *Information Processing and Management*, 28(3):317-332.

Sparck Jones, K. 1974. "Automatic indexing". *Journal of Documentation*, 30(4): 393-432.

Thelwall, M. and Sud, P. 2011. "A comparison of methods for collecting Web citation data for academic organizations". *Journal of the American Society for Information Science and Technology*, 62(8): 1488-1497.

Thelwall, M. and Wilkinson, D. 2004. "Finding similar academic Web sites with links, bibliometric couplings and colinks". *Information Processing and Management*, 40: 515-526.

Unesco: IBE. 1973. *The Unesco: IBE Education Thesaurus*.

제 3 장

텍스트의 자동색인

3.1 자동색인 개요

자동색인은 컴퓨터에 입력된 문헌의 텍스트를 분석한 후 문헌의 내용을 대표할 수 있는 단어나 단어구를 일정한 기준에 의해 추출하여 색인어로 선정하는 작업을 의미한다. 일반적으로 자동색인 알고리즘은 텍스트를 구성하는 단어들을 먼저 주제어와 비주제어로 구분한 후 주제어를 모두 색인어로 선택하거나 또는 이 주제어들 가운데 핵심 주제어만을 색인어로 선정하게 된다. 비주제어는 많은 문헌들 속에서 공통적으로 출현하는 일반명사나 형용사, 부사 등과 같이 특정한 문헌의 주제를 표현하기에 부적합한 용어들을 말하며, 흔히 자동색인 과정에서 불용어(stop words)로 처리한다.

색인어를 추출하기 위해 분석되는 텍스트는 흔히 논문의 표제, 초록, 또는 전문이 되며, 온라인 데이터베이스의 경우에는 이미 색인전문가에 의해 색인어로 부여된 디스크립터들도 포함된다. 가장 간단한 형태의 자동색인 시스템은 정보자료의 표제로부터 불용어를 제외한 나머지 단어를 모두 색인어로 선정하며, 이 색인어들은 검색용 키워드로 사용된다. 이미 전문파일(full text file)이 생성되어 있는 논문이나 웹 문서들은 전체 텍스트가 색인어 추출을 위해 사용된다.

자동색인의 기본 가설은 다음과 같다.

- 문헌에 출현한 단어들은 문헌의 내용 분석을 위해 사용될 수 있다.
- 단어의 출현빈도가 주제어로서의 중요성을 측정하는 기준이 된다.
- 특정한 구문적 기능을 수행하는 단어나 단어구가 문헌의 내용을 대표한다.
- 문헌 내 특정한 위치에 출현한 단어나 단어구가 문헌의 내용을 대표한다.

첫 번째 가설은 현재 채택되고 있는 자동색인 기법 전반에 적용되는 가설인 반면 두 번째 가설은 통계적 기법, 세 번째 가설은 언어학적 기법, 네 번째 가설은 문헌구조적 기법에 적용되는 가설이라 할 수 있다.

자동색인 알고리즘은 크게 두 가지 요소로 구성된다. 첫째는 색인어 선정 기준으로서 통계적, 언어학적, 문헌구조적 기준 등이 사용된다. 둘째는 선정된 색인어에 부여되는 가중치로서 이 가중치는 색인어가 해당 문헌의 주제를 표현하는 정도, 즉 색인어로서의 중요도를 나타내며 색인어 선정 시 사용될 뿐만 아니라 검색 시 문헌벡터(document vector)를 구성하는 각 용어의 가중치(term weight)로 사용된다.

다음은 앞의 두 가지 요소를 포함하는 전형적인 자동색인 과정이다(Salton 1989).

1. 색인대상 문헌집단에 출현한 단어들을 식별한다.
2. 불용어 리스트(stop words list)를 사용하여 빈도가 높은 기능어 및 주제어로서 가치가 없는 기타 고빈도어들을 제거한다.
3. 형태소 분석기(예: 한국어 형태소 분석기 KLT)나 어간/어근 분리 프로그램(예: Porter stemmer)을 사용하여 단어의 어간/어근(stem/root)을 분리하여 색인어로 채택한다. 예컨대 analysis, analyzer, analyzing 등은 모두 어근 "analy"로 변형된다.
4. 문헌 D_i를 표현하는 어간/어근 형태의 각 단어 t_j에 대해 가중치를 부여한다. 다음 예는 문헌내 단어빈도(TF)와 역문헌빈도(IDF)의 두 요소로 구성된 가중치이다.

$$w_{ij} = tf_{ij} \cdot \log(N/df_j)$$

5. 어간/어근 형태의 색인어와 가중치 쌍의 집합으로 각 문헌을 표현한다.

$$D_i = (t_1, w_{i1};\ t_2, w_{i2};\ \cdots;\ t_n, w_{in})$$

자동색인 기법은 색인어를 선정하는 기준에 따라 통계적 기법, 언어학적 기법, 문헌구조적 기법의 세 가지로 구분할 수 있다. 통계적 기법은 자동색인의 효시가 되는 Luhn(1957)의 연구에서 제안된 기법이며, 오늘날 상업적 시스템에서 가장 보편적으로 채택되고 있다. 언어학적 기법은 텍스트 처리의 복잡성에 따라 몇 단계로 나눌 수 있는데, 단어 단위로 처리되는 어휘 분석 단계에서 시작하여 어간/어근 형태의 색인어 선정이 가능한 형태소 분석 단계, 특정한 기능을 갖는 단어나 단어구를 색인어로 선정할 수 있는 통사/구문 분석 단계, 그리고 단어의 의미까지 고려하는 의미 분석 단계로까지 확장할 수 있다. 문헌구조적 기법은 문헌 속에 단어가 나타난 위치에 의해 색인어를 선정하는 기법으로 서론, 결론, 요약 등의 제목을 갖는 특정한 부분에 나타난 주제어들을 색인어로 선정하는 방법과, 각 문단의 첫 문장 및 마지막 문장과 같은 주제적 문장을 선택하여 이들 문장 속에 나타난 주제어를 색인어로 선정하는 방법이 있다(Baxendale 1958). 또한 이러한 자동색인 기법들을 혼합하여 사용함으로써 검색 성능을 극대화할 수 있다.

3.2 통계적 기법

Luhn(1957)은 텍스트에 출현한 단어들의 통계적 특성에 의해 색인어를 선정하는 방안을 처음 제시하였다. Luhn의 가설은 문헌에 출현한 단어들은 문헌의 내용분석을 위해 사용될 수 있으며, 단어의 출현빈도가 이 단어의 주제어로서의 중요성을 측정하는 기준이 된다는 것이었다. 즉 가장 빈번히 나타나는 고빈도의 단어는 너무 일반적인 단어이므로 주제어로서의 가치가 없으며, 너무 빈도가 낮은 단어 또한 주제어로서 의미가 없다고 보고 이러한 무의미어를 제외한 나머지 단어가 색인어 후보가 되는 주제어라고 보았다.

Luhn은 그림 3.1에 나와 있는 단어의 빈도분포에서 최고 한계빈도와 최저 한계빈도를 정한 후 두 한계빈도 안에 속하는 중간빈도의 단어들이 문헌 내용의 식별력이 크다고 보고 이러한 중간빈도어를 색인어로 선정하도록 제안하였다. 그러나 두 한계빈도의 구체적인 산출 방법은 제시하지 않았다.

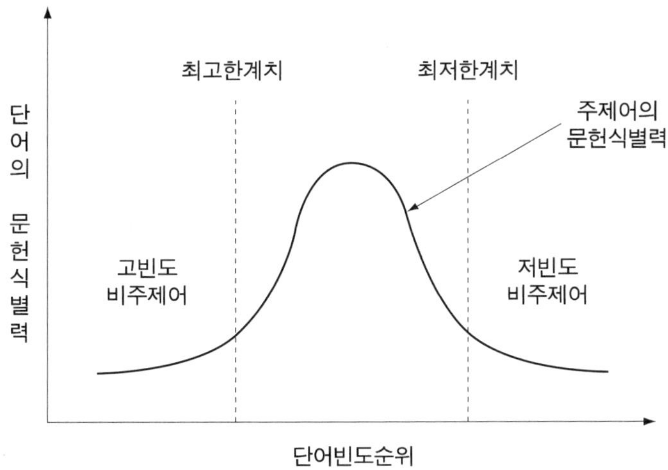

〈그림 3.1〉 단어의 빈도와 문헌식별력과의 관계

통계적 기법은 단어의 출현빈도에 근거하여 주제어로서의 중요도를 측정한 다음 색인어를 선정하는 색인 기법들을 망라한다. 주제어로서의 중요성을 측정하는 방법은 다양하며, 다음과 같이 몇 가지 유형으로 구분할 수 있다.

- 출현빈도를 직접 이용하는 방법으로 단어의 빈도 산출방식에 따라 단순빈도와 정규화 빈도(normalized frequency)가 사용된다.
- 출현빈도나 출현확률에 근거하여 색인어로서의 가치를 측정하는 방법으로 단어의 문헌분리값(term discrimination value), 신호량 가중치(signal weight), 적합성 가중치(relevance weight) 등이 이에 해당된다.
- 단어의 출현빈도에 따른 확률분포를 이용하는 방법으로 포아송 분포(Poisson distribution) 모형, 2-포아송 분포 모형, 점유분포(occupation distribution)에 기반한 단어 집중도 모형 등이 제시되어 있다(Harter 1975a; Harter 1975b; Bookstein and Swanson 1974). 확률분포를 이용한 색인어 선정 기법들은 비주제어는 전체 문헌집단에 랜덤하게 분포하지만 주제어는 몇 개의 문헌 속에 집중적으로 분포한다는 가설에 근거하고 있다.

색인어 선정 기준으로 출현빈도를 직접 이용하는 통계적 기법의 처리 과정은 다음과 같다.

1. 텍스트를 구성하는 각 단어들을 분리한 후 먼저 불용어 리스트와 대조하여 비주제어를 제거한다. 이때 제거되는 불용어들은 대개 고빈도 기능어들이다.
2. 나머지 단어들은 그대로 또는 어간/어근 형태로 변환하여 각 단어의 출현빈도를 산출한다.
3. 각 단어를 출현빈도 가중치 순으로 배열한 후 일정한 기준치 이상의 값을 갖는 단어를 색인어로 선정한다.
4. 검색 결과를 순위화하는 검색 모형에서는 색인어에 가중치를 부여하여 검색 시 검색문헌의 적합성 값 산출에 사용한다.

3.2.1 단순빈도와 정규화빈도 가중치

단순빈도는 단어의 출현빈도를 산출하는 근거에 따라 문헌 내 단어빈도(term frequency: TF), 문헌빈도(document frequency: DF), 장서빈도(collection frequency: CF)로 구분하며, 대부분의 용어 가중치는 이 세 가지 빈도로부터 산출된다.

단어의 출현빈도를 색인어 선정 기준으로 사용하는 자동색인에서는 컴퓨터가 산출해낸 빈도가 바로 색인어 가중치가 된다. 색인어로는 이 가중치의 값이 일정한 범위에 드는 단어를 선택하여 검색 시 가중치 없이 사용하거나 아니면 단어와 가중치를 함께 사용한다. 가중치 없이 색인어를 선택하는 것을 이원색인(binary indexing)이라고 하고, 색인어에 가중치를 부여하는 색인을 가중치색인(weighted indexing)이라고 한다.

단어빈도(TF)는 색인대상이 되는 각 문헌 D_i에 특정한 단어 k가 출현한 횟수로서 tf_{ik}로 표현한다. 단어빈도는 표현상의 모호성을 없애기 위해 문헌내 빈도(within-document frequency)라고도 한다. 문헌빈도(DF)는 단어 k가 출현한 문헌의 수를 나타낸다. 장서빈도(CF)는 단어 k가 전체 문헌집단에 출현한 총 빈도를 나타낸다.

출현빈도를 정규화하지 않은 단순빈도는 문헌집단의 크기, 분석대상 텍스트의 길이, 또는 단어의 일반적인 사용빈도 등을 고려하지 않은 것이므로 단순빈도 그대로를 색인어 선정 기준으로 사용하는 것은 문제가 있다. 정규화빈도는 단어빈도를 문헌빈도, 장서빈도, 텍스트 길이 등에 의해 정규화한 빈도를 의미하며, 다양한 공식에 의해 정규화한 단어빈도(normalized TF)를 개별 문헌의 색인어 선정 기준 또는 색인어 가중치로 사용하고 있다. 다음은 단어빈도(TF)를 간단히 정규화한 예로서 w_{ik}는 문헌 D_i에 출현한 단어 k의 가중치를 의미한다.

$$w_{ik} = tf_i / DF$$
$$w_{ik} = tf_i / CF$$
$$w_{ik} = tf_i / P_i \quad (P_i\text{는 텍스트 길이를 나타내는 단어 수})$$
$$w_{ik} = tf_i / DF \cdot P_i$$

단어빈도(TF)의 정규화 요소로서 특히 문헌빈도(DF)를 많이 사용하는데 단어빈도에 곱해지는 문헌빈도의 역의 값을 역문헌빈도(inverse document frequency: IDF)라고 한다. 이렇게 역문헌빈도에 의해 단어빈도를 정규화한 가중치를 TF · IDF 가중치라고 하며, 검색 실험에서 용어 가중치로 가장 많이 사용되고 있다.

1990년대에 들어 TREC 실험을 중심으로 다양한 색인어 가중치들이 검색 실험에 사용되기 시작하였는데 이들 가중치는 단어빈도(TF), 역문헌빈도(IDF), 문헌길이 정규화(document length normalization) 등 세 가지 요소의 결합으로 이루어진다(Singhal 1997). 이러한 용어 가중치들은 각 요소를 영어 알파벳의 한 문자로 기호화하여 결합하는 코드체계에 의해 간단히 표현되고 있다. 이 코드체계는 질의어 가중치를 표현할 때도 사용된다. 즉, TF 요소는 각각 b, n, a, l 등으로, IDF 요소는 n, t 등으로, 문헌길이 정규화 요소는 n, c, b, u 등으로 표현한다. 예컨대 ltn으로 표현되는 색인어 가중치는 로그 TF와 IDF의 두 가지 요소로 구성되며 그 공식은 다음과 같다.

$$w_{ik} = (1 + \log\ tf) \cdot \log(N/df)$$

(1) 단어빈도(TF) 요소

단어빈도 요소로는 실제 출현빈도 이외에 다양한 공식에 의한 값을 사용할 수 있다. 다음에 예시한 단어빈도 유형들은 TREC 실험을 비롯한 최근 연구에서 주로 언급되고 있는 TF 유형이다.

유형	코드	공식/값
이진 TF	b	1,0
단순 TF	n	실제 출현빈도
로그 TF	l	$1+\log tf$
보정 TF	a	$(1-b)+b(tf/\max\_tf)$

단어의 문헌 내 출현여부만을 표현하는 이원색인의 경우 이진(binary) TF가 사용되며, 흔히 검색 결과 평가에서 단어빈도 요소의 유용성을 측정하는 베이스라인으로 사용된다. 보정(augmented) TF는 단어빈도를 문헌 내 최대빈도로 정규화한 효과를 갖게 되며, 파라미터 b 값으로 SMART 시스템에서는 0.5를(Salton and Buckley 1988), INQUERY 시스템에서는 0.6을 사용한다(Turtle 1991). 위의 TF 유형 가운데 대규모 문헌집단에서는 로그 TF가 검색문헌들의 순위화에 있어서 가장 좋은 성능을 보이는 것으로 나타나 있다(Singhal 1997).

(2) 역문헌빈도(IDF) 요소

역문헌빈도 요소를 사용하지 않을 경우의 코드는 n이며, 사용할 경우의 코드는 t이다. 가장 흔히 사용되는 역문헌빈도 공식은 Sparck Jones(1972)가 제안한 $\log(N/df)$

이다. 이 공식에서 N은 문헌집단 내 전체 문헌 수이며, 모든 문헌에서 출현한 단어의 경우 $df = N$이 되어 가중치 값이 0이 되므로 위의 공식에 1을 더해서 값의 범위를 조정해 줄 수 있다. 문헌길이 정규화 요소를 사용하지 않는 TF · IDF 가중치 공식은 btn, ntn, ltn, atn 등으로 표현한다.

역문헌빈도는 문헌빈도가 낮은 단어, 즉 적은 수의 문헌에 출현한 단어에 높은 중요도를 부여하는 것으로서 많은 문헌에 출현한 단어는 문헌들을 식별하는 능력이 낮다는 가설에 기초한다. 즉, 역문헌빈도는 하나의 문헌에서가 아니라 전체 문헌집단 내에서 특정한 단어가 갖는 문헌 식별 능력을 측정하는 가중치이다. 따라서 정규화 TF 가중치에서 역문헌빈도 요소 대신 문헌분리값(term discrimination value)이나 확률검색에서의 적합성 가중치(relevance weight) 등을 사용할 수 있다.

(3) 문헌길이 정규화 요소

단어빈도에 역문헌빈도를 곱함으로써 단순 TF를 일차적으로 정규화하는 효과가 있지만 이차적으로 문헌길이에 의한 정규화가 필요한 이유는 다음과 같다(Singhal, Buckley, and Mitra 1996).

- 일반적으로 긴 문헌의 경우 단어의 출현빈도가 높아지므로 긴 문헌에 출현한 단어들의 가중치가 평균적으로 커지고 이로 인해 질의와의 유사도가 커진다.
- 긴 문헌은 더 많은 수의 고유한 단어를 포함하므로 긴 문헌이 짧은 문헌보다 질의와의 유사도가 커지게 되고 따라서 긴 문헌이 검색될 확률이 높아진다.

자주 언급되는 문헌길이 정규화 방법으로는 코사인 정규화(cosine normalization: 코드 c), 최대_TF 정규화(maximum TF normalization: 코드 a), 바이트 크기 정규화(byte size normalization: 코드 b), 피벗 고유단어 정규화(pivoted unique normalization: 코드 u) 등이 있다. 정규화 요소가 없을 경우의 코드는 n이다. 최대_TF 정규화는 이미 앞에서 언급한 단어빈도 요소 가운데 보정 TF에 해당된다. 예컨대 코드 ltc는 로그 TF, IDF, 코사인 정규화의 세 가지 요소를 갖는 용어 가중치를 표현한다.

코사인 정규화는 SMART 시스템과 같은 벡터공간 검색 시스템에서 채택되고 있으며, w_i가 TF · IDF 가중치일 때 코사인 정규화된 가중치 w_{norm}은 다음 공식으로 표현된다. 이 공식의 분모는 문헌벡터의 크기를 나타내는 유클리드 놈(Euclidean norm)으로서 벡터를 구성하는 각 용어 가중치의 자승을 더한 값의 제곱근을 구한 것이다. 이 공식에서 정규화 이전의 용어 가중치 w_i는 단순 TF나 보정 TF일 수도 있다.

$$w_{norm} = \frac{w_i}{\sqrt{w_1^2 + w_2^2 + \ldots + w_t^2}}$$

바이트 크기 정규화를 적용한 Okapi TF 가중치는 2-포아송 확률모형에 기반하여 개발한 공식이며, 이 TF 가중치는 Okapi 시스템의 확률검색 모형에서 사용된다. Okapi TF 가중치는 검색문헌의 적합성 값 산출을 위해 사용되는 BM25 함수에서 적합성 가중치 및 질의어 가중치와 함께 사용된다(Robertson and Walker 1994). TREC 검색 실험에서는 다음과 같은 Okapi TF 공식이 사용되었는데, 특히 TREC-6 실험에서는 파라미터 k_1과 b의 값으로 각각 1.2와 0.75를 사용하였다(Walker et al. 1998).

$$w_{norm} = \frac{(k_1 + 1)tf}{k_1((1-b) + b \cdot \frac{doc.length}{average\ \ doc.\ length}) + tf}$$

Singhal 등(Singhal, Buckley, and Mitra 1996)은 검색 성능을 향상시킬 수 있는 새로운 정규화 방법으로 피벗 정규화(pivoted normalization: PN)를 제안하였다. 피벗 정규화는 문헌길이 정규화로 인해 긴 문헌의 검색 확률이 지나치게 낮아지는 점을 보완하기 위한 것이다. 실제로 TREC 집단을 대상으로 한 실험에서 코사인 정규화를 적용할 경우 짧은 길이의 문헌은 긴 길이의 문헌에 비해 질의에 대한 실제 적합 확률보다 검색확률이 더 큰 것으로 분석되었다. 다시 말해 짧은 길이의 문헌은 부적합 문헌일 경우에도 검색될 가능성이 더 크다는 것이다.

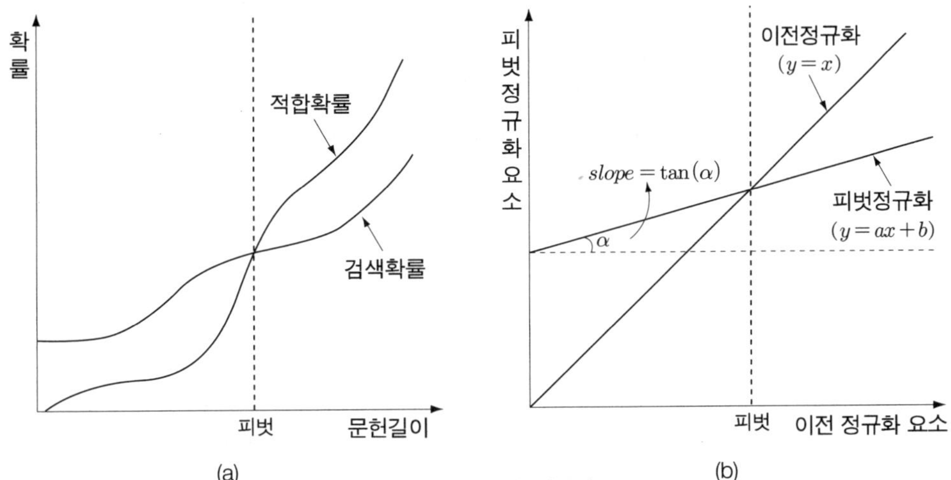

〈그림 3.2〉 피벗 정규화

피벗(pivot)은 그림 3.2(a)에서와 같이 문헌의 길이를 X-축으로 하고 검색확률과 적합확률을 Y-축으로 하여 두 개의 확률 곡선을 그렸을 때 적합확률과 검색확률이 똑같아지는 X-축의 중간 지점을 의미한다(Singal, Buckley, and Mitra 1996). 즉 문헌길이 정규화를 적용하였을 경우 길이가 긴 문헌은 실제 적합확률에 비해 검색확률이 낮아지는 경향이 있으므로 이 그림에서 피벗 지점 이후에는 적합확률 곡선이 검색확률 곡선의 위쪽에 위치하게 된다. 피벗 정규화 곡선의 기울기(slope)는 검색확률과 적합확률이 차이가 나는 부분을 교정하기 위한 것이며, 교정의 목적은 그림 3.2(b)에서와 같이 검색확률을 반영하는 이전 정규화 곡선을 새로운 피벗 정규화 곡선에 가까이 가도록 하는 것이다(Hersh 2003; Manning, Raghavan, Schütze 2009). 이를 위해 다음과 같은 피벗 정규화 요소로 TF 가중치나 TF · IDF 가중치를 나누어 줌으로써 색인어 선정 기준에서 문헌길이 정규화에 의한 영향을 감소시키게 되는 것이다. 피벗 정규화 공식의 이전 정규화(old normalization) 요소에는 코사인 정규화, 고유단어 수, 또는 바이트 크기 등이 해당된다.

$$PN = (1.0 - slope) \times pivot + slope \times old\ normalization$$

위의 정규화 공식은 피벗을 이전 정규화 요소의 평균(average old normalization)으로 대체함으로써 다음과 같이 slope 하나만을 파라미터로 갖는 공식으로 변환된다.

$$PN = (1.0 - slope) + slope\ \frac{old\ normalization}{average\ old\ normalization}$$

피벗 정규화에서 가장 좋은 성능을 보인 것은 고유단어 수에 의한 피벗 정규화(pivoted unique normalization)로서 TREC-4 SMART 실험에서는 다음과 같은 색인어 가중치 공식을 사용하였다(Buckley, Singhal, and Mitra 1995). 이 식은 로그 TF를 평균 로그 TF로 나누어 준 가중치 값에 피벗 고유단어 정규화를 적용한 것이다.

$$w = \frac{\dfrac{1 + \log(tf)}{1 + \log(average\ tf)}}{0.8 + 0.2\ \dfrac{no.\ of\ unique\ terms}{average\ no.\ of\ unique\ terms}}$$

3.2.2 단어의 문헌분리값

단어의 문헌분리값(term discrimination value)은 특정한 단어가 한 문헌집단 속에서 상호 관련없는 문헌들을 분리시키는 능력을 측정한 것이다(Salton, and Yang 1973; Salton, Yang, and Yu 1975; Salton 1975). 이 기준은 좋은 색인어는 문헌집단에서 서로 주제가 다른 문헌들을 가능한 한 분리시키며, 나쁜 색인어는 반대로 이러한 문헌들을 무리짓게 한다는 색인이론에 기초한 것이다. 즉, 좋은 색인어일수록 문헌집단의 밀도를 낮춤으로써, 다시 말해 서로 멀리 떨어지게 함으로써, 이 색인어로 표현된 주제를 다루고 있는 문헌들을 그렇지 않은 이웃문헌들로부터 쉽게 구별되도록 하여 검색을 용이하게 한다는 것이다.

특정한 단어의 문헌분리값은 이 단어가 색인어로 부여되기 이전과 부여된 이후의 문헌들 간 평균 유사도의 차이를 측정하는 것이다. 그러므로 좋은 색인어는 이 단어를 문헌집단에서 제거했을 때 문헌들 간 평균 유사도를 증가시키는 결과를 가져온다.

단어 k의 문헌분리값 산출과정을 살펴보면 다음과 같다. 먼저 아래와 같이 문헌 D_i를 용어들의 벡터로 표현한다. 이 문헌벡터에서 w_{ik}는 각 단어의 가중치로서 단순 TF를 사용할 수 있다.

$$D_i = (w_{i1}, w_{i2}, \cdots, w_{ik})$$

두 문헌의 주제적 관련성은 두 문헌벡터의 유사도에 의해 측정한다. 각 문헌 쌍의 유사도 $S(D_{i,}\ D_j)$를 $i = j$인 경우를 제외하고 모두 산출하여 평균을 내면 이것이 문헌집단의 평균 유사도가 된다(Salton and McGill 1983).

$$\text{평균유사도} = \text{상수} \sum_{i=1}^{n} \sum_{j=1}^{n} S(D_i, D_j) \qquad (i \neq j)$$

위 공식에서 상수는 모두 더해진 유사도의 평균을 내기 위한 것으로 $1/n(n-1)$을 사용하면 된다. 이렇게 산출된 평균 유사도는 문헌집단의 밀도를 나타내므로 평균 유사도가 클수록 문헌들이 밀집해 있음을 나타낸다. 따라서 단어 k의 문헌분리값은 이 단어를 색인어로 부여했을 때의 평균 유사도 Q와 각 문헌벡터로부터 이 단어를 제거한 후의 평균 유사도 Q_k의 차이로 산출한다.

$$문헌분리값_k = Q_k - Q$$

Q_k가 Q보다 크다는 것은 단어 k를 제거한 후 문헌이 밀집된다는 것이므로 이 단어를 색인어로 부여하면 밀도를 낮출 수 있다는 것을 의미한다. 즉, 좋은 색인어는 밀도를 낮추는 단어이므로 단어 k가 좋은 색인어라면 $Q_k - Q$는 양수가 되며, 나쁜 색인어라면 이 값은 음수가 된다. 즉, 문헌분리값이 큰 단어일수록 좋은 색인어가 된다는 것이다.

문헌분리값 자체는 한 문헌집단 내에서 특정한 단어가 색인어로 적합한지를 결정하는 기준이 된다. 문헌분리값을 색인어 선정 기준으로 사용하기 위해서는 다음의 가중치를 사용하면 된다.

$$w_{ik} = TF_{ik} \cdot 문헌분리값_k$$

3.2.3 신호량 가중치

단어의 신호량(signal) 가중치는 단어의 출현확률이 높을수록 이 단어가 전달하는 정보량은 적어진다는 Shannon의 정보이론에 기초한 것으로서 문헌집단에서의 평균정보량이 적은 단어를 색인어로 선정하기 위한 기준이다(Salton and Mcgill 1983; Kowalski and Maybury 2000).

Shannon은 정보의 개념을 선택의 자유로 보았는데 이것은 정보원이 생산해낼 수 있는 다양한 메시지로부터 하나의 메시지를 선택할 때 부여되는 선택의 자유를 의미한다(Shannon and Weaver 1949). 선택의 자유가 클수록 어느 메시지가 선택될 것인가에 대한 불확실성은 커지게 되며 이 불확실성의 크기를 엔트로피로 측정한다. 엔트로피는 선택 대상이 되는 메시지들이 갖는 평균정보량을 나타낸다.

다음의 엔트로피 공식에서 발생 확률이 p_i인 메시지 i가 갖는 정보량은 $-\log_2 p_i$이며, H는 n개의 메시지가 갖는 평균정보량을 나타낸다.

$$H = -\sum_{i=1}^{n} p_i \log_2\ p_i$$

Shannon의 엔트로피 공식을 적용하여 n개의 문헌으로 구성된 문헌집단에서 특정한 단어 k가 갖는 잡음을 다음과 같이 산출한다.

$$\text{잡음}_k = -\sum_{i=1}^{n} \frac{tf_{ik}}{CF_k}\ \log_2 \frac{tf_{ik}}{CF_k}$$

위 공식에서 tf_{ik}는 각 문헌 D_i 내 단어 k의 출현빈도이며 이를 전체 문헌집단 내 출현빈도인 장서빈도(CF)로 나누어줌으로써 단어 k의 각 문헌 내 출현확률(P_{ik})을 계산한 것이다. 잡음은 단어 k가 전체 문헌들 속에 고르게 분포되어 있을 때, 즉 각 문헌 내 출현빈도가 똑같을 때 큰 값을 갖는다. 잡음이 큰 단어는 문헌들을 식별하는 능력이 적으므로 색인어로 적합하지 않음을 알 수 있다. 따라서 다음과 같이 잡음 공식의 역함수를 취하여 색인어로서의 가치를 결정하는 기준으로 사용한다. 이 공식에 의해 문헌집단에서의 총 출현빈도는 크면서 소수의 문헌에 집중적으로 출현한 단어가 큰 값의 신호량을 갖게 되어 색인어로 선정되는 것이다.

$$\text{신호량}_k = \log_2 CF_k - \text{잡음}_k$$

간단한 예를 들어 10개 문헌에서의 출현빈도(TF)가 각각 5인 단어가 있다고 하자. 이 단어가 각 문헌에서 출현할 확률은 5/50이므로 잡음은 $-10 \times (1/10 \times \log_2 1/10) = \log_2 10$이 되며, 신호량은 $\log_2 50 - \log_2 10$이 된다. 잡음이 최대가 되는 경우는 단어 k가 n개의 문헌에 각각 한 번씩 출현함으로써 $tf_{ik} = 1$, $CF = n$이 되어 잡음이 $\log_2 n$이 될 때이며, 이때 신호량은 $\log_2 n - \log_2 n$, 즉 0이 된다.

신호량 가중치를 단어 k의 색인어 가중치로 사용하기 위해서는 문헌분리값과 마찬가지로 TF와 결합한다.

$$w_{ik} = TF_{ik} \cdot \text{신호량}_k$$

3.2.4 적합성 가중치

앞에서 기술한 문헌분리값과 신호량 가중치는 특정한 단어가 전체 문헌집단 내에서 출현한 빈도를 반영하여 이 단어가 특정한 문헌집단에서 색인어로서 어느 정도의 가치를 갖는지를 측정하는 척도이다. 반면 적합성 가중치는 문헌집단을 구성하는 문헌들을 특정한 질의에 대해 적합문헌과 부적합문헌으로 구별한 후 각 집합에서의 출현빈도를 반영하여 산출하는 단어 가중치이다(Robertson and Sparck Jones 1976). 즉, 적합성 가중치는 문헌의 적합성 정보를 이용한 척도로서 단어의 출현빈도뿐만이 아니라 단어가 출현한 문헌의 클래스도 고려한 것이다.

질의 Q를 구성하는 단어 k에 대하여 N, n, R, r이 각각 아래와 같다면 이 문헌집단을 구성하는 문헌의 적합성 분포는 그림 3.3과 같다.

N = 문헌집단 내 문헌 총 수
n = 단어 k를 색인어로 갖는 문헌 수 (즉, 검색될 문헌 수)
R = 질의 Q에 대한 문헌집단 내 적합문헌 수
r = 질의 Q에 대한 적합문헌 수 (즉, 검색될 적합문헌 수)

	적합문헌	부적합문헌	
색인어 k가 부여된 문헌	r	$n-r$	n
색인어 k가 부여되지 않은 문헌	$R-r$	$N-n-R+r$	$N-n$
	R	$N-R$	N

〈그림 3.3〉 문헌의 적합성 분포

위의 적합성 분포를 다양하게 이용한 가중치 공식은 다음과 같다(Robertson and Spark Jones 1976).

$$W_1 = \log \frac{r/R}{n/N}$$

$$W_2 = \log \frac{r/R}{(n-r)/(N-R)}$$

$$W_3 = \log \frac{r/(R-r)}{n/(N-n)}$$

$$W_4 = \log \frac{r/(R-r)}{(n-r)/(N-n-R+r)}$$

W_1과 W_3은 단어 k의 적합문헌 집합 내 분포와 전체 문헌집단 내 분포를 비교한 것인 반면 W_2와 W_4는 적합문헌 집합 내 분포와 부적합문헌 집합 내 분포를 비교한 것이다. 실제 검색 실험 결과 W_4가 가장 높은 성능을 보이는 가중치로 나타났으며, W_3과 W_4는 다른 두 가중치에 비해 훨씬 좋은 성능을 보였다.

W_4는 제7장에서 기술될 확률검색에서 각 검색어에 부여하는 가중치와 동일한 가중치이며, 초기 검색 이전에는 적합성 정보를 얻을 수 없으므로 적합성 가중치를 산출할 수 없다. 따라서 처음에는 모든 검색어가 적합문헌에 출현할 확률이 똑같다고 가정하고 다음과 같은 공식을 사용하여 초기 값을 구할 수 있다(Croft and Harper 1979). 이 초기 값은 문헌집단의 크기가 아주 클 때에는 전체 문헌 수 N의 값이 문헌빈도(DF)에 비해 월등히 큰 값을 갖게 됨으로써 원래의 역문헌빈도 공식에 의한 가중치 값과 비슷해진다.

$$W_4 \approx \log((N-df)/df)$$

3.2.5 2-포아송 분포 모형

확률색인은 기본적으로 주제어와 비주제어의 분포 패턴이 다르다는 가설에 근거하고 있다. 포아송 분포 모형은 단어들이 문헌집단 속에 랜덤하게 분포되어 있는 현상을 설명하는 모형이며, 두 개의 포아송 분포를 결합한 2-포아송 분포 모형은 주제어의 분포 현상을 설명해 준다.

(1) 포아송 분포 모형

포아송 분포 모형은 문헌집단 내 총 출현빈도가 R인 단어가 A개의 문헌들 속에 랜덤하게 분포되어 있는 현상을 포아송 분포함수로 나타낸 것으로, 특정한 단어 w가 한 문헌에 k번 출현할 확률 $P(k)$는 다음과 같다.

$$P_k = \frac{e^{-\lambda}\lambda^k}{k\,!}$$

위 공식에서 λ는 단어 w가 문헌집단 내 각 문헌에 출현한 평균빈도로서 R/A가 된다. 예를 들어 "경제"라는 단어가 100개의 문헌 속에 200번 출현했다면 λ 값은 2이며, $e^{-\lambda}$는 0.135가 된다. 따라서 한 문헌에 0번 출현할 확률 P(0)은 0.135, P(1)은 0.270, P(2)는 0.270, P(3)은 0.180이 된다.

전체 문헌집단에 랜덤하게 분포되어 있는 단어는 색인어로는 부적합한 단어이므로 포아송 분포 모형은 실질적으로 색인어로는 부적합한 비주제어의 분포 모형이다. 단어 w가 좋은 색인어가 되기 위해서는 가능한 한 적은 수의 문헌에 집중적으로 분포되어야 하기 때문이다. Bookstein and Swanson(1974)은 비주제어는 전체 문헌집단에 랜덤하게 분포하지만 주제어는 몇 개의 문헌 속에 집중적으로 출현한다는 가설 아래 단어의 집중도를 이용한 색인어 선정 기준을 제시한 바 있다.

(2) 2-포아송 분포 모형

단일 포아송 분포 모형은 단어가 전체 문헌집단에 랜덤하게 출현하는 패턴을 설명하는 모형으로서 주제어 선정을 위해 직접 사용할 수 없으므로 복수 포아송 분포 모형을 이용하여 단어의 주제어로서의 가치를 측정한 연구들이 있다(Harter 1975a; Harter 1975b; Robertson and Walker 1994). 즉, 한 문헌이 어떤 개념을 얼마나 깊이있게 다루고 있는가는 이 개념을 표현하는 단어의 출현빈도에 의해 결정된다고 가정하고, 특정한 개념을 다루고 있는 정도에 따라 전체 문헌집단을 여러 개의 다른 수준의 문헌 클래스로 구분하면 각 클래스 내에서의 단어들의 출현빈도는 포아송 분포를 따른다는 것이다.

복수 포아송 분포 모형에서 전체 문헌집단은 특정한 개념의 취급 정도에 따라 질문 주제에 가장 적합한 클래스, 두 번째로 적합한 클래스, 세 번째로 적합한 클래스 등과 같이 여러 수준으로 구분될 수 있다. 그러나 실제로 문헌집단을 세 개 이상의 클래스로 나누면 여러 개의 파라미터를 갖게 되어 계산상의 어려움이 따른다. 따라서 문헌집단을 특정한 주제에 적합한 클래스와 부적합한 클래스의 두 개의 클래스로 나눈 2-포아송 모형이 채택되었다.

특정한 주제어 w가 한 문헌에 k번 출현할 확률은 다음과 같이 π, λ_1, λ_2의 세 파라미터를 갖는 2-포아송 분포로 설명된다.

$$P(k) = \pi \frac{\lambda_1^k e^{-\lambda_1}}{k!} + (1-\pi)\frac{\lambda_2^k e^{-\lambda_2}}{k!}$$

위 공식에서 λ_1과 λ_2는 각각 문헌 클래스 I(적합문헌 클래스)과 문헌 클래스 II(부적합문헌 클래스)에서의 단어 w의 평균 출현빈도이며, π는 문헌 클래스 I에 속하는 문헌의 비율을 나타낸다. 클래스 I에 속하는 문헌들은 단어 w로 표현되는 특정한 개념을 중심 주제로 다루고 있는 반면 클래스 II에는 이 개념을 주변적으로 다루는 문헌들이 포함되는 것으로 본다.

2-포아송 분포의 세 파라미터 π, λ_1, λ_2 값은 샘플 문헌의 빈도 데이터로부터 샘플 모멘트를 계산한 다음 2-포아송 분포의 모멘트 산출 공식에 대입함으로써 추정할 수 있다. λ_1과 λ_2 값이 산출되면 다음과 같이 두 문헌 클래스의 중복도(degree of overlap)를 측정하는 z 값에 의해 색인어를 선정한다.

$$z = \frac{\lambda_1 - \lambda_2}{\sqrt{\lambda_1 + \lambda_2}}$$

단어 w의 색인어로서의 가치는 적합문헌 클래스와 부적합문헌 클래스를 가능한 한 멀리 분리시키는 능력에 의해 판정된다. 즉, 클래스 I과 클래스 II가 중복되는 정도가 적을수록 좋은 색인어가 될 수 있음을 의미한다. 이 중복도는 두 클래스의 분포함수의 평균인 λ_1과 λ_2의 차이가 클수록 적어지므로 λ_1이 λ_2보다 훨씬 큰 값을 가질 때 단어 w는 좋은 색인어로 판정된다.

z 값은 단어의 문헌분리값과 마찬가지로 단어 w가 갖는 색인어로서의 전반적인 가치를 나타내므로 특정한 문헌의 색인어를 선정할 때에는 단어빈도(TF)와 같이 특정 문헌 내에서 이 단어의 중요도를 나타내는 요소와 함께 사용하여야 한다. Harter(1975b)는 단어 w가 문헌 D_i에 k번 출현할 때 D_i가 클래스 I에 속할 확률 $\beta = P(d \in I \mid k)$을 구한 다음 이 확률 값에 z 값을 더한 값을 색인어 가중치로 사용하였다.

Robertson and Walker(1994)는 2-포아송 분포 모형을 이용하여 적합성 가중치에 단어빈도와 문헌길이 요소를 추가한 새로운 가중치 공식을 개발하였다. 앞에서 이미 기술한 Okapi TF 가중치는 TREC 실험에 참여한 Okapi 시스템에서 사용되어 그 우수한 성능이 입증되었다(Robertson et al. 1995; Robertson et al. 1996; Robertson and Walker 2001). 여기에서 2-포아송 분포를 적용하여 Okapi 가중치 및 BM25 함수 공식을 유도해낸 과정을 기술하면 다음과 같다.

먼저 확률색인에서 색인어의 가중치는 다음 공식에 의해 산출되며(van Rijsbergen 1979), 이 가중치 값은 Robertson and Sparck Jones(1976)가 제안한 적합성 가중치 공식 W_4에 의해 그 어림치를 계산할 수 있다(3.2.4 참조).

$$w^{(1)} = \log \frac{p(1-q)}{q(1-p)} \approx \log \frac{r/(R-r)}{(n-r)/(N-n-R+r)}$$

위의 공식에서 p는 적합문헌에 단어 i가 출현할 확률, q는 부적합문헌에 단어 i가 출현할 확률을 나타낸다. 위의 가중치에 단어빈도(TF)를 반영하여 수정한 아래의 가중치 공식에서 p_{tf}는 특정한 TF를 갖는 단어가 적합문헌에 출현할 확률을, q_{tf}는 부적합문헌에 이 단어가 출현할 확률을 나타내며, p_0와 q_0는 각각 적합문헌과 부적합문헌에 이 단어가 출현하지 않을 확률을 나타낸다.

$$w = \log \frac{p_{tf}\, q_0}{q_{tf}\, p_0}$$

2-포아송 분포 모형을 위의 가중치 공식에 결합하면 매우 복잡한 새로운 가중치 공식이 만들어지는데 이 공식으로부터는 파라미터 값들을 구하기가 어렵다. 대신에 단어빈도(TF) 요소를 통합하여 다음과 같이 훨씬 간단한 근사식(approximation function)을 유도해낼 수 있다.

$$w' = w^{(1)} \frac{tf}{k_1 + tf}$$

위의 공식에 문헌길이(dl) 요소를 추가로 반영하면 다음과 같은 가중치 공식이 생성된다.

$$w' = w^{(1)}\left(\frac{tf}{\frac{(k_1)(dl)}{avdl}+tf}\right)$$

Okapi 시스템에서는 TREC-3 이후 위의 가중치 공식을 사용하였으며, 이 가중치에 다음과 같이 질의어 가중치를 결합한 BM25 함수를 사용하여 질의와 문헌 간 유사도를 측정하였다(Walker et al. 1998).

$$S(Q,D) = \sum_{t\in Q} w^{(1)}\left(\frac{(k_1+1)tf}{K+tf}\right)\left(\frac{(k_3+1)qtf}{k_3+qtf}\right)+\left(k_2|Q|\ \frac{avdl-dl}{avdl+dl}\right)$$

위의 공식에서 tf는 특정한 질의어가 문헌 D_i에 출현한 빈도를, qtf는 이 단어의 질의문 내 출현빈도를 각각 나타내며, dl은 문헌길이를, $avdl$은 평균 문헌길이를 나타낸다. $K=k_1((1-b)+b(dl/avdl))$이며, 파라미터 k_1, b, k_2, k_3의 값은 질의나 데이터베이스의 특성에 따라 결정된다. TREC-6 실험에서는 k_1=1.2, b=0.75, k_2=0, k_3=0~1000 등으로 설정하였으며(Walker et al. 1998), TREC-4 실험에서는 k_1=1, b=0.6, k_2=0, k_3=8로 설정하였다(Robertson et al. 1996). 이 공식을 사용한 유사도는 k_2의 값이 0일 때 마지막 항의 값은 0이 되어 결국 색인어 가중치(적합성 가중치와 TF 요소)와 질의어 가중치를 곱한 값의 합이 된다. 적합성 가중치인 $w^{(1)}$은 검색 이전에 적합성 정보를 확보하기 어려우므로 역문헌빈도와 유사한 초기 값을 사용하면 된다(3.2.4 참조). 실제 Okapi 시스템에서는 다음과 같은 공식의 초기 값을 사용하였다(Zhai 2009).

$$w^{(1)} = \ln\frac{N-df+0.5}{df+0.5}$$

예컨대 질의 Q가 3개의 질의어 qt_1, qt_2, qt_3으로 구성되어 있고 검색대상 문헌

D_1이 t_1과 t_2를 색인어로 갖고 있다면 질의 Q와 문헌 D_1의 유사도는 용어 t_1, t_2에 대한 적합성 가중치, 색인어 가중치, 질의어 가중치를 각각 곱한 값의 합이 된다. 위의 BM25 함수는 TREC-5 이후 많은 TREC 검색 실험에서 질의에 대한 문헌의 적합성을 측정하기 위한 함수로 사용되고 있다(Voorhees and Harman 2005).

3.3 언어학적 기법

자동색인의 언어학적 기법은 작거나 크거나 간에 단어사전 파일을 활용하며, 자연언어 처리 단계에 따라 어휘 분석, 형태소 분석, 구문 분석, 의미 분석 등 여러 수준에서 정의될 수 있다. 가장 기초적인 어휘 분석 수준에서의 자동색인 기법으로는 띄어쓰기에 의해 단순히 어절을 분리한 후 불용어 사전이나 기타 단어사전에 의해 색인어를 선정하는 기법들이 있다. 한국어의 경우에는 어절이 곧 단어가 되지 않으므로 어절 분리 후 이차적인 처리가 필요하다. 따라서 한국어의 자동색인에서는 주로 형태소 분석 기법이나 최소한의 구문분석 기법을 도입한다. 구문 분석 기법은 단어 형태뿐만 아니라 단어구(phrase) 형태의 색인어를 선정하고자 할 때 필요하며, 일반적으로 자동색인을 위해서는 문법에 의한 완전한 구문분석보다는 품사가 수록된 단어사전과 색인어 생성 규칙을 적용하는 비교적 간단한 구문 분석을 수행한다.

3.3.1 불용어 제거 기법

가장 간단한 어휘 분석 수준의 색인 기법으로는 불용어 제거 기법이 있다. 불용어 제거 기법은 텍스트 내의 각 어절을 분리한 다음 불용어 리스트와 비교하여 불용어를 제외한 나머지 단어들을 색인어로 선택하는 기법이다. 불용어(stop words)는 여러 텍스트에 공통적으로 출현하는 고빈도어들로서 주제어로서의 가치가 없는 단어들을 의미한다. 영어의 경우 불용어로는 대명사, 전치사, 접속사, 관사 등과 주제와는 상관없이 일반적으로 많이 사용되는 형용사와 부사 등을 포함하며, 한국어의 경우에는 대명사, 의존명사, 관형사, 조사, 부사, 감탄사, 수사 등과 용언을 포함한다. 일반적으로 색인어로 선정되는 명사 가운데에도 일반적인 의미의 단어들은 불용어로 정의할 수 있다.

한국어는 영어와는 달리 띄어쓰기를 기준으로 분리되는 어절에 '체언+조사' 형태가 포함되므로 조사, 의존명사, 대명사 등의 불용어를 분리하여 제거하기가 어렵다. 따라서 한국어의 경우 기초적인 불용어 제거 알고리즘으로는 색인어로 선정되는 명사를 효과적으로 분리해 내기가 쉽지 않다.

어휘 분석 수준의 간단한 자동색인 기법에서는 소규모의 조사 사전, 접미사 사전, 불용어 사전 등을 활용하여 주제어가 될 만한 명사를 찾아낸다. 즉, 조사나 용언화 접미사(하다/이다 등)가 붙는 어절을 찾아내 체언을 식별한 다음 "때문, 것, 방법, 이, 그, …" 등과 같은 고빈도 불용어를 제거하는 방법이다. 이 방법에서는 용언 어미가 조사와 일치한다든가(예: "가는/하는"), 명사의 일부분이 조사와 일치할 경우(예: "벨기에/광양만")에는 오인식 확률이 아주 높다. 또한 띄어 쓴 복합명사의 경우에서처럼 조사가 없이 하나의 어절이 된 명사는 추출이 불가능하다. 따라서 한국어의 자동색인에서는 불용어 사전을 사용하더라도 흔히 다음에서 설명할 형태소 분석 기법을 함께 사용하든가 아니면 조사가 붙은 형태의 어절(예: "경제를")을 그대로 색인어로 추출하고, 검색 시 입력된 검색어(예: "경제")와 부분적으로 일치할 경우 해당 색인어가 출현한 문헌을 검색하도록 한다.

영어의 경우 일반적으로 불용어를 제거함으로써 전체 텍스트의 30% 내지는 50%를 줄일 수 있기 때문에 색인어 선정을 위한 텍스트 처리가 한결 수월해진다(van Rijsbergen 1979; Lancaster 1968). 따라서 불용어 제거 기법은 표제만을 대상으로 한 키워드 색인이나 Dialog와 같은 온라인 데이터베이스 서비스의 키워드 색인 시스템에서 단독으로 사용될 뿐만 아니라 통계적 기법이나 형태소 분석 기법 등 다른 색인 기법들과 함께 사용함으로써 색인작업의 효율성을 높일 수 있다.

불용어 리스트에 수록되는 불용어의 종류와 수는 검색 시스템에 따라 달라진다.

예컨대 온라인 데이터베이스 서비스인 Dialog 시스템은 an, and, by, for, from, of, the, to, with의 9개 불용어 이외에는 표제, 초록, 디스크립터 필드에 출현한 모든 단어를 색인어로 채택한다. 반면 다른 온라인 데이터베이스 서비스인 ProQuest 서비스는 Dialog 보다 훨씬 많은 수인 76개의 불용어를 지정해 놓고 있다(그림 3.4 참조). TREC-4 실험에 참여한 InTEXT 검색 시스템에서는 전문을 대상으로 한 색인의 정확성을 높이기 위해 2,000여 개의 단어로 구성된 대규모 불용어 리스트를 사용하였다(Burnett, Fisher, and Jones 1996).

about	can	just	out	those
after	could	like	said	through
also	do	make	should	to
an	each	many	so	use
and	for	more	some	was
any	from	most	such	we
are	had	much	than	were
as	has	no	that	what
at	have	not	the	when
be	how	now	their	which
because	if	of	them	while
been	into	only	there	who
between	is	or	these	will
both	it	other	they	with
but	its	our	this	would
by				

〈그림 3.4〉 ProQuest 서비스의 불용어 리스트

3.3.2 형태소 분석 기법

형태소 분석 기법은 텍스트 내 단어들을 형태소 단위로 분리한 다음 색인어를 선정하는 기법을 말한다. 형태소 분석을 위해 어간/어근 분리 알고리즘(stemming algorithm)을 사용하여 용언의 어미나 체언의 접사(접미사/접두사) 등을 제거하며,

분리된 형태소인 어근/어간이 색인어 후보가 된다. 많이 사용되는 형태소 분석기로는 웹에서 쉽게 구할 수 있는 것으로 영어 텍스트를 위한 포터 스테머(Porter stemmer: Porter stemming algorithm)와 한국어를 위한 KLT(Korean Language Technology)가 있다.

간단한 어간/어근 분리 알고리즘은 대개 어미/접미사 리스트(suffix list)와 텍스트의 각 단어를 대조하여 일정한 규칙에 의해 어미/접미사를 제거한다. 예컨대 포터 알고리즘에서 "relational"은 "relate"(규칙 ational→ate), "conditional"은 "condition"(규칙 tional→tion), "caresses"는 "caress"(규칙 sses→ss) 등과 같이 변환된다(Porter 1980).

포터 스테머와 같이 알고리즘에 기반을 둔 형태소 분석기는 접사를 제거하는 규칙에 의해 형태소를 분리하게 되므로 오류 발생 확률이 높은 편이다. 이러한 오류를 줄이기 위해 사전 기반 형태소 분석기를 사용할 수 있으나 모든 단어를 수록할 경우 사전이 너무 커지는 문제가 있다. 따라서 크로베츠 스테머(Krovetz stemmer)와 같이

Original text:
Document will describe marketing strategies carried out by U.S. companies for their agricultural chemicals, report predictions for market share of such chemicals, or report market statistics for agrochemicals, pesticide, herbicide, fungicide, insecticide, fertilizer, predicted sales, market share, stimulate demand, price cut, volume of sales.

Porter stemmer:
document describ market strategi carri compani agricultur chemic report predict market share chemic report market statist agrochem pesticid herbicid fungicid insecticid fertil predict sale market share stimul demand price cut volum sale

Krovetz stemmer:
document describe marketing strategy carry company agriculture chemical report prediction market share chemical report market statistic agrochemic pesticide herbicide fungicide insecticide fertilizer predict sale stimulate demand price cut volume sale

---

〈그림 3.5〉 형태소 분석 결과 비교

사전과 규칙을 함께 사용하는 혼합형 분석기를 사용하여 분석의 오류와 사전의 규모를 줄이는 방법을 선택할 수 있다(Croft et al. 2010). 그림 3.5는 TREC의 질의문에서 불용어를 제거한 후 각각 포터 스테머와 크로베츠 스테머를 사용하여 분석한 결과를 보여 준다(Crovetz et al. 2010).

강승식(2002)이 KLT를 통해 구현한 한국어 형태소 분석 과정을 정리하면 다음과 같다.

- 전처리: 형태소 분석에서 전처리란 입력된 텍스트로부터 문장 부호나 숫자 등 형태소 분석 대상이 되지 않는 문자들을 제거한 후 문장을 단어나 어절 단위로 분리하는 작업을 말한다.
- 형태소 분리: 형태소 분리 단계에서 어절을 구성하는 형태소들을 분리하게 되는데 KLT에서는 형태소를 문법형태소와 어휘형태소로 구분하였다. 문법형태소로는 조사, 어미, 접미사 등이 있으며 이들은 문법형태소 사전에 수록되어 있다. 문법형태소를 단서로 하여 형태소를 분리한 결과 불규칙 활용 용언의 경우에는 어휘형태소의 원형을 추정하게 된다.
- 체언 분석: 체언 분석 단계에서는 조사가 분리된 명사에 대해 어휘형태소 사전과의 대조를 통해 체언임을 확인한다.
- 용언 분석: 용언 분석 단계에서는 어미가 분리된 용언 후보에 대해 어휘형태소 사전에서 용언임을 확인하고, 어간이 용언이 아닌 경우에는 용언화 접미사(하다/되다/시키다/이다)를 분리하여 체언 분석을 수행한다.
- 단일 형태소 분석: 형태소 분석 단계에서 조사나 어미가 발견되지 않은 단어는 단일 형태소로 추정하고 어휘형태소 사전에서 품사(체언, 부사, 감탄사, 관형사 등)를 확인한다. 이상의 과정에서 발견된 체언들 가운데 명사 단어는 색인어 후보가 되며, 불용어 사전에 등록된 불용어를 제거한 후 최종 색인어로 선정할 수 있다.
- 복합어 추정: KLT에서는 체언으로 추정된 형태소가 체언으로 분석되지 않을

경우 복합명사 분석을 시도하여 명사와 명사의 조합으로 구성된 것은 복합명사로 인식한다. 붙여 쓴 복합명사의 경우에는 분해하여 추가 색인어를 선정하고, 띄어 쓴 복합명사는 결합한 형태의 추가 색인어를 선정할 수 있다. 예컨대 텍스트에 출현한 "정보검색"으로부터는 "정보검색", "정보", "검색" 등의 세 색인어를 추출한다.

- 준말 및 미등록어 처리: 준말의 경우 준말의 유형에 따라 본딧말 규칙으로 처리할 수 없는 것은 분석결과를 미리 기분석 사전에 수록하여 처리한다. 또한 분석 결과 사전에 수록되어 있지 않은 전문용어나 신조어 등의 형태소는 미등록어로 추정하여 전문용어 사전이나 사용자 정의사전에 수록한다.

KLT를 사용한 자동색인 과정을 그림으로 간단히 표현하면 그림 3.6과 같다.

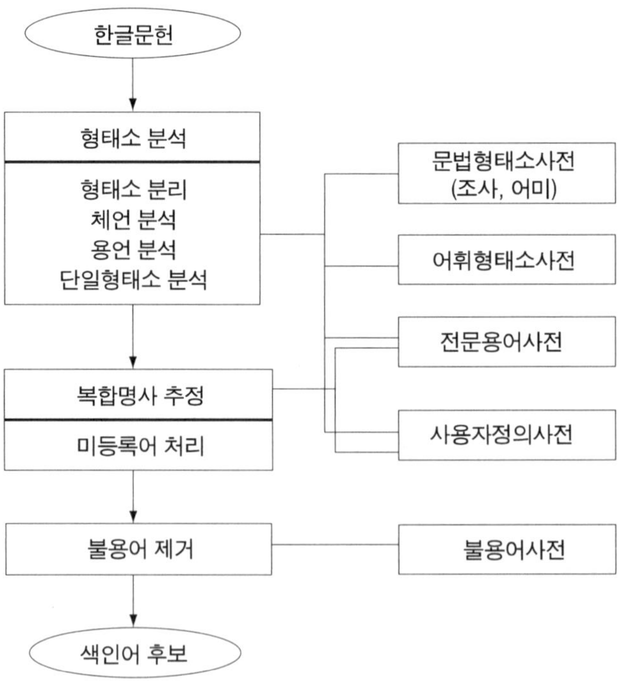

〈그림 3.6〉 KLT의 자동색인 과정

3.3.3 구문 분석 기법

구문/통사 분석은 형태소를 분석한 후 문법을 이용하여 문장의 구조를 분석하는 작업이다. 구문 분석에는 구구조문법(phrase structure grammar), FDG(functional dependency grammar), 격문법(case grammar) 등이 사용되며, 분석 결과는 구문트리(syntax tree)나 격프레임(case frame) 등으로 표현된다. 다음은 자동색인 과정에서 FDG 파서를 사용하여 "Marx suggested."라는 간단한 문장의 구문을 분석한 예이다(Lahtinen 2000).

"〈Marx〉"　　"Marx" 〈Proper〉 N NOM SG @SUBJ subj:〉2 〈/+INDEX-TERM〉

"〈suggested〉"　"suggest" V PAST VFIN @+FMAINV #2 main:〉0

"Marx"에 대한 분석 결과는 태그가 기재된 순서대로 원형, 고유명사, 명사, 주격, 단수, 주어, 주동사인 suggest(#2 main:〉0)에 대한 링크(subj:〉2) 등의 정보를 제공한다. 〈+INDEX-TERM〉 태그는 태그 리스트가 자동 생성된 후 사람에 의해 부여된 색인어 표시 태그이다. "suggested"에 대한 분석 결과도 원형, 동사, 과거시제, 유한동사, "Marx"에 대한 주술어(main predicator) 등의 정보를 제공한다. 위의 색인 시스템에서는 파서가 자동으로 태깅을 한 후 단어가 출현한 위치를 나타내는 위치 태그(예: 〈HEADLINE〉)를 다른 프로그램에 의해 자동으로 추가한다.

완전한 구문 분석은 문법과 의미사전/의미규칙 등을 이용하여 문장을 완전히 분석하는 것으로서 이러한 수준의 구문 분석은 자동색인의 경우 그 복잡성에 비해 큰 효과가 없는 것으로 나타나 있다(Salton 1968). 대개의 자동색인 시스템에서는 최소한의 구문분석을 통해 효과적으로 색인어를 선정하는 방법을 채택하고 있다.

자동색인에서의 구문 분석은 특정한 구문적 기능을 수행하는 구문단위, 즉 단어나 단어구가 문헌의 내용을 나타낸다는 가정 아래 이러한 구문단위를 식별하는 작업을 의미한다(Sparck Jones 1974). 대부분의 구문 분석 기법은 크거나 작거나 간에 단어의 구문 범주(품사나 기타 특수한 범주)를 담아둔 사전을 사용하여 구문 분석을 수행한다(Travis and Fidel 1982). 구문 분석 기법에 의한 단어구 색인에서는 먼저 문장 내 각 단어를 사전과 대조하여 구문 범주 또는 품사 태그를 부여한 다음 색인어 선정 기준에 따라 단어/단어구를 색인어로 선정하며, 여기에 표준 형식으로의 정규화, 가중치 부여 등의 작업이 추가된다. 이 과정을 정리하면 다음과 같다.

- 각 단어의 품사(N: 명사, A: 형용사 등)를 결정한 후 N, NN, AN, ANN 등 특정한 구문 형식을 갖는 단어/단어구를 색인어로 선정한다.
- 다양한 구문형식의 단어구를 추출한 후 구 정규화(phrase normalization) 과정을 거쳐 최종 색인어로 선정한다.
- 선정된 단어/단어구의 출현빈도나 출현위치를 반영하여 가중치를 부여한다.
- 격문법에 의해 구문 분석을 하는 경우 특정한 격을 갖는 명사/명사구를 색인어로 선정한다.

특정한 구문 형식에 의해 색인어를 선정하는 시스템들은 사용하는 단어사전의 구성에 따라 단어/단어구 선정 알고리즘이 달라진다. 예컨대 Maeda 등(Maeda, Momouchi, and Sawamura 1980)이 제안한 '의미있는 명사구' 선정 기법에서는 2,400개 정도의 단어를 수록한 단어사전과 단어 끝부분 일치규칙을 사용하여 각 단어의 구문 범주를 결정한 후 특정한 패턴의 명사구를 선정하였는데, 이 단어사전에는 무조건 삭제해야 할 단어(불용어), 일정한 조건에서만 삭제할 단어(특정한 형용사와 명사), 어느 경우에도 삭제하지 말아야 할 단어 등 세 부류의 단어들을 수록하였다. 반면 MAI 시스템에서는 엄청난 수의 단어를 수록한 단어사전(recognition dictionary)을 사용하여 각 단어에 구문 범주를 부여하는데, 이 사전에는 불용어를 포함하여 어형이 통제되지 않은 모든 단어가 구문 범주와 함께 수록되어 있다(Klingbiel 1973).

FASIT 시스템에서도 기능어와 일반적 개념의 명사/형용사 등의 불용어를 수록한 예외단어사전(exception dictionary)과 어미/접미사사전(suffix dictionary)을 사용하여 각 단어에 구문 범주를 부여하는 방법을 채택하였다(Dillon and Gray 1983; Burgin and Dillon 1992). FASIT에서 위의 두 사전에 의해 구문 범주가 부여되지 않은 단어에 대해서는 형용사/명사/동사의 복합 태그를 준 다음 이 단어 전후에 오는 단어가 갖는 범주 태그에 따라 올바른 구문 범주를 선정하도록 하였다. 또한 FASIT 시스템에서는 추출된 단어구에 출현한 by, in, of 등의 불용어를 제거함으로써 표준 형태의 색인어를 선정하도록 하였다. 예컨대 "review of books"는 "of"를 제거한 결과 "review books"로 정규화된다. FASIT 시스템에서는 검색 시 질의에 대해서도 동일한 색인 절차를 적용한 다음 벡터공간 검색 모형을 사용하였다.

구 정규화 과정을 강조한 단어구 색인 방식은 TREC-6 실험에 참여한 스트림 기반 검색 모형(stream-based information retrieval model)에서 구현되었다(Strzalkowski, Lin, and Carballo 1998). 이 모형에서 스트림(stream)이란 통계적 기법, 언어학적 기법 등의 다양한 색인 방식을 의미하며, 실험에서는 어간/어근 스트림(stem stream), 단순 명사구 스트림(simple phrase stream), 정규화된 단어구 스트림(normalized phrase stream), 고유명 스트림(proper name stream) 등 각 스트림에서의 색인 결과를 결합함으로써 성능을 향상시키고자 하였다.

스트림 모형의 전체적인 색인 과정은 다음과 같다.

1. 불용어를 제거한다
2. 어간/어근 분리 프로그램을 사용하여 형태소를 분리한 다음 사전에 수록된 원형으로 변환한다. 예컨대 proliferation, proliferate, proliferating 등은 proliferate로 정규화한다.(어간/어근 스트림)
3. 품사 태깅 후 일정한 구문 형식을 갖는 단어구를 추출한다.(단순 명사구 스트림)
4. 구문분석기인 TTP(Tagged Text Parser)에 의한 구문분석 결과 〈Head+Modifier〉 형식의 정규화된 단어구가 추출된다. 주동사나 주명사와 같이 구의 중심요소가 Head가 되며, Head의 수식 논항(adjunct argument)이 Modifier가 된다.

예컨대 weapon proliferation, proliferation of weapons 등은 공통 개념인 "weapon+proliferate" 형태로 정규화된다.(H+M 정규화 단어구 스트림)

5. 인명, 지명, 기관명 등의 고유명을 추출한다.(고유명 스트림)

TREC-6 검색 실험에서 형태소, 단순 명사구, 정규화 단어구, 고유명 등 다른 색인어 유형의 검색 성능을 비교한 결과 형태소〉단순_명사구〉정규화_단어구〉고유명의 순으로 성능이 좋게 나타남으로써 과거 연구에서와 같이 자동색인에서는 간단한 구문 분석 기법이 더 효과적임이 입증되었다. 또한 형태소 스트림에 다른 스트림들을 결합함으로써 성능을 더욱 향상시킬 수 있었는데, 형태소에 단순 명사구를 결합하였을 경우의 성능이 가장 높게 나타났다.

그림 3.7은 길이에 따라 질의를 두 집단으로 나누어 실험한 결과 다른 유형의 색인어들을 결합하였을 경우의 검색 성능을 형태소만을 사용하였을 경우와 비교한 것으로서 11-지점 평균 정확률 값(%)의 변화를 보여 준다(Strzalkowski et al. 1998).

색인어 결합	짧은 질의	긴 질의
모든 스트림	+5.4	+20.94
형태소+단순명사구+정규화단어구	+6.6	+22.85
형태소+단순명사구	+7.0	+24.94
형태소+정규화단어구	+2.2	+15.27
형태소+고유명	+0.6	+2.59

〈그림 3.7〉 색인 기법의 결합에 의한 성능 향상

구문 분석 결과 색인어로 선정된 단어나 단어구에 가중치를 부여할 수 있는데 가중치 유형으로는 단어의 출현빈도에 근거한 통계적 가중치와 색인어의 출현위치에 따른 위치 가중치가 있다. InText 시스템은 TREC-4 실험에서 각 단어구의 출현빈도, 길이, 문헌 내 위치(제목, 문단의 첫 문장 등)를 고려하여 가중치를 부여하였다

(Burnett et al. 1996).

색인어 말뭉치에 기반한 자동색인 기법(Lahtinen 2000)에서는 구문 분석 결과 추출된 단어/단어구에 확률정보를 이용한 태그 가중치(tag weight: TW)를 부여하였다. 이 기법에서는 각 단어에 부여한 품사와 주어/술어 등의 구문범주 태그 이외에 단어의 출현위치 태그(제목, 첫 문단, 문단의 첫 문장과 마지막 문장 등), 어미 태그(-ism, -al 등) 등을 이용하여 다음과 같이 색인어 가중치를 산출하였다.

1. 학습용 말뭉치를 이용하여 특정한 패턴(예: 명사/주어/-ism/제목)의 단어가 텍스트에서 출현한 총 빈도(n_p)를 계산한다. 예컨대 "-ism으로 끝나는 명사"가 말뭉치에서 792번 출현했다면 n_p=792가 된다.
2. 학습용 말뭉치에서 (1)의 패턴을 갖는 단어가 색인어로 사용된 빈도(n_i)를 계산한다. 즉, "-ism으로 끝나는 명사" 색인어가 453번 출현했다면 n_i=453이 된다.
3. 특정한 패턴을 갖는 색인어의 출현확률을 계산한다. 앞의 예에서 "-ism으로 끝나는 명사" 색인어의 출현확률(n_i/n_p)은 0.572이다. 예컨대 "Marxism"이 색인어가 될 확률이 0.572이라면 이 확률 값이 이 단어의 태그 가중치(TW)가 된다.
4. 실제 문헌의 자동색인 과정에서는 색인 대상 문헌 텍스트에 출현한 특정한 색인어의 TW를 모두 합한 STW(summed TW)를 구한 다음 STW · IDF 가중치를 산출한다. 예를 들어 "gender"가 텍스트의 표제와 본문에 각각 한 번씩 출현한 경우 표제에 출현한 "gender"의 TW가 0.541, 본문에 출현한 "gender"의 TW가 0.375라면 이 텍스트에서 "gender"가 갖는 STW는 0.916이 된다.

격문법을 제안한 Fillmore(1967)는 하나의 문장은 동사(verb)와 하나 이상의 명사구(noun phrase)로 구성되며, 각 명사구는 동사와 특정한 격관계(case relationship)를 갖는다고 보았다.

자동색인에서 격문법을 사용하여 구문 분석을 하는 경우에는 흔히 각 술어가 갖는

격 가운데 특정한 격을 필수격으로 지정하고 이러한 필수격을 갖는 명사/명사구를 색인어로 선정한다. 영어 텍스트에서는 주어나 목적어처럼 표지가 없는 격(unmarked case)을 갖는 명사구를 제외하고는 대개 전치사에 의해 명사구가 갖는 격이 결정되지만 한국어 텍스트에서는 주로 조사를 단서로 하여 격을 결정한다.

격문법을 사용한 한국어 텍스트의 구문 분석 규칙은 다음과 같다.

- S ⇒ P+M (S: 문장, P: 명제, M: 양태)
- P ⇒ $V+C_1+\ldots+C_n$ (C_j: 격범주, V: 술어)
- C ⇒ NP+K (NP: 명사구, K: 조사)

한국어의 경우 조사를 단서로 하여 명사구를 추출하게 되므로 색인어가 되는 명사구를 비교적 쉽게 식별할 수 있다. 그림 3.7은 예제 문장을 격문법에 의해 분석한 결과 생성된 격프레임으로서 미리 필수격으로 지정한 격을 갖는 명사구들을 색인어로 선정할 수 있다.

"한편 부산 경기장에서는 자이언츠가 9회말 대타 정학수의 끝내기 안타로 베어스를 3대2로 제압하였다"

〈술어: 제압하다〉	
행위격: 자이언츠	(필수격)
상대격: 베어스	(필수격)
시간격: ?	(필수격)
장소격: 부산 경기장	(필수격)
결과격: 3대2	
도구격: 대타 정학수의 끝내기 안타	

〈그림 3.7〉 격프레임 예

3.4 N-gram 색인 기법

N-gram은 텍스트 문자열(string)로부터 추출한 n 글자의 하부문자열(substring)을 의미한다. 예컨대 "정보검색론"이라는 문자열로부터 문자열 전후에 오는 공란까지 포함하여 2-gram(bigram)과 3-gram(trigram)을 추출하면 아래와 같다. 추출된 n-gram에서 밑줄로 표시된 문자는 문자열 전후에 오는 공란을 의미한다.

2-grams (bigrams): _정, 정보, 보검, 검색, 색론, 론_

3-grams (trigrams): _정보, 정보검, 보검색, 검색론, 색론_

N-gram 방식에 의해 표현한 두 단어의 유사도를 측정하기 위해서 다양한 유사계수 공식을 사용할 수 있다. 예를 들어 다이스 계수(Dice coefficient)를 사용하여 2-gram으로 표현된 "substring"과 "superstring"의 두 단어의 유사도를 산출하는 과정을 설명하면 다음과 같다(Robertson and Willett 1998).

SUPERSTRING : _S, SU, UP, PE, ER, RS, ST, TR, RI, IN, NG, G_

SUBSTRING : _S, SU, UB, BS, ST, TR, RI, IN, NG, G_

A개의 2-gram을 포함한 단어와 B개의 2-gram을 포함한 다른 단어가 C개의 공통된 2-gram을 갖는 경우 다이스 계수 공식은 아래와 같으며, 위의 두 단어에 적용할 경우 산출된 유사계수 값은 대략 0.73이 된다.

$$DC = \frac{2C}{A+B} = \frac{2 \cdot 8}{12+10} = \frac{16}{22} = 0.73$$

N-gram 색인은 단어 색인과 비교할 때 다음과 같은 특성을 갖는다(Cavnar 1995;

Cohen 1995).

- 형태소 분석이나 불용어 제거와 같은 언어학적 처리가 불필요하다.
- 특정 언어나 주제 분야에 의존적이 아니라는 특성을 갖는다. 따라서 다중언어 처리를 필요로 하는 상황에 매우 적합하다.
- 텍스트에 출현한 단어들의 철자 오류를 수용할 수 있다.

N-gram 색인 기법을 채택할 경우 검색 시 입력한 질의어와 색인어가 정확히 일치하지 않거나 또는 입력한 질의어에 철자상의 오류가 있더라도 질의어와 가장 유사한 색인어를 갖는 문헌을 검색할 수 있다. 예컨대 “retrieve”, “retrieval”, “retrieving” 등 어간이 같은 단어들은 형태소 분석을 하지 않고도 유사성이 높은 단어로 인식되며, “retreive”와 같이 잘못 타자된 단어도 거의 대부분의 n-gram을 공유하게 되므로 처리가 가능하다.

N-gram 색인과 벡터공간 검색 모형을 결합한 Cavnar(1995)의 연구에서는 각 단어의 앞과 뒤에 오는 공란을 포함한 4-gram(quadgram)을 사용하여 색인어와 질의어를 표현하였으며, 각 문헌은 4-gram 벡터로 표현하였다. 이 시스템의 처리 과정은 다음과 같다.

1. 텍스트 데이터베이스의 문헌들을 읽어 4-gram 사전을 구축한다. 각 4-gram에는 IDF가 부여된다.
2. 출현빈도가 1인 4-gram은 제거한다.
3. 각 문헌은 분석되어 코사인 정규화된 로그_TF · IDF를 색인어 가중치로 갖는 4-gram 벡터로 표현된다.
4. IDF 값이 2.75이상인 4-gram만을 포함하도록 하여 문헌벡터의 길이를 축소한다.
5. 질의문을 문헌과 마찬가지로 처리하여 코사인 정규화된 로그_TF · IDF를 질의

어 가중치로 갖는 4-gram 벡터로 표현한다.

6. 유사계수 공식에 의해 문헌벡터와 질의벡터 간의 유사도를 산출하여 상위 1,000개의 문헌을 검색한다.

TREC-7 실험에 참여하여 n-gram 색인과 단어 색인의 성능을 비교한 연구(Mayfield and McNamee 1999)에서는 각 문헌을 단어와 5-gram에 의해 색인하였다. 이 시스템에서는 입력되는 문자열 가운데 "the"나 "with" 등의 불용어는 한 글자의 대문자나 라틴 문자로 대체하였다. 예컨대 "statue_of_liberty"는 "e_Ł_l"과 같은 5-gram을 포함한다. 검색 실험 결과 어간/어근 처리를 하지 않은 단어에 비해 5-gram의 성능이 훨씬 높았고, 또한 각 경우 TF 가중치보다는 Okapi 가중치가 부여된 경우가 성능이 우수한 것으로 나타났다.

N-gram은 자동색인, 질의확장, 문헌 클러스터링 및 범주화 등 정보검색 분야에서 뿐만 아니라 철자오류 발견 및 수정, 텍스트 압축, 언어 식별 등 다양한 분야에서 응용되고 있다(Robertson and Willet 1998).

참고문헌

강승식. 2002. 한국어 형태소 분석과 정보검색. 서울: 홍릉과학출판사.

Baxendale, P.B. 1958. "Machine-made index for technical literature - an experiment". *IBM Journal of Research and Development*, 2(4): 354-361.

Bookstein, A., and Swansson, D.R. 1974. "Probabilistic models for automatic indexing". *Journal of the American Society for Information Science*, 25(5): 312-318.

Buckley, C., Singhal, A., and Mitra, M. 1996. "New retrieval approaches using SMART: TREC 4". *Proceedings of the Fourth Text Retrieval Conference (TREC-4)*. NIST Special Publication 500-236. Available: http://trec.nist.gov/pubs.html.

Burgin, R., and Dillon, M. 1992. "Improving disambiguation in FASIT". *Journal of the American Society for Information Science*, 43(2): 101-114.

Burnett, M., Fisher, C., and Jones, R. 1996. "InTEXT precision indexing in TREC 4". *Proceedings of the Fourth Text Retrieval Conference (TREC-4)*. NIST Special Publication 500-236. Available: http://trec.nist.gov/pubs.html.

Cavnar, W.B. 1995. "Using an N-gram-based document representation with a vector processing retrieval model". *Overview of the Third Text Retrieval Conference (TREC-3)*. NIST Special Publication 500-226. Available: http://trec.nist.gov/pubs.html.

Cohen, J.D. 1995. "Highlights: language- and domain-independent automatic indexing terms for abstracting". *Journal of the American Society for Information Science*, 46(3): 162-174.

Croft, W.B. and Harper, D.J. 1979. "Using probabilistic models of document retrieval without relevance information". *Journal of Documentation*, 35(4):

285-295.

Croft, W.B., Metzler, D., and Strohman, T. 2010. *Search Engines: Information Retrieval in Practice*. Boston: Addison Wesley.

Dillon, M., Gray, A.S. 1983. "FASIT: a fully automatic syntactically based indexing system". *Journal of the American Society for Information Science*, 34(2): 99-108.

Fillmore, C. 1969. *The Case for Case*. In Boch, E. and Harms, R., ed. Universals in Linguistic Theory. New York: Holt, Reinhart and Winston.

Grossman, D.A., and Frieder, O. 1998. *Information Retrieval: Algorithms and Heuristics*. Boston: Kluwer Academic Publishers.

Harter, S.P. 1975a. "A probabilistic approach to automatic keyword indexing: Part I, on the distribution of specialty words in a technical literature". *Journal of the American Society for Information Science*, 26(4): 197-206.

Harter, S.P. 1975b. "A probabilistic approach to automatic keyword indexing: Part II, an algorithm for probabilistic indexing". *Journal of the American Society for Information Science*, 26(5): 280-289.

Hersh, W.R. 2003. *Information Retrieval: A Health and Biomedical Perspective*. 2nd ed. New York: Springer.

Klinbiel, P.H. 1973. "Machine-aided indexing of technical literature". *Information Storage and Retrieval*, 9(2): 79-84.

Kowalski, G. and Maybury, M.T. 2000. *Information Storage and Retrieval Systems: Theory and Implementation*. 2nd ed. Boston: Kluwer Academic Publishers.

Lahtinen, T. 2000. *Automatic Indexing: An Approach Using an Index Term Corpus and Combining Linguistic and Statistical Methods*. Ph.D. dissertation, University of Helsinki.

Lancaster, F.W. 1968. *Information Retrieval Systems: Characteristics, Testing and*

Evaluation. New York: Wiley.

Luhn, H.P. 1957. "A statistical approach to mechanized encoding and searching of library information". *IBM Journal of Research and Development*, 1(4): 309-317.

Maeda, T., Momouchi, Y., and Sawamura, H. 1980. "An automatic method for extracting significant phrases in scientific or technical documents". *Information Processing and Management*, 16(3): 119-127.

Manning, C.D., Raghavan, P., and Schűtze, H. 2006. *Introduction to Information Retrieval*. Singapore: Cambridge University Press.

Mayfield, J., and McNamee, P. 1999. "Indexing using both N-grams and words". *Proceedings of the Seventh Text Retrieval Conference (TREC-7)*. NIST Special Publication 500-242. Available: http://trec.nist.gov/pubs.html.

Porter, M.F. 1980. "An algorithm for suffix stripping". *Program*, 14: 130-137.

Robertson, S.E., and Sparck Jones, K. 1976. "Relevance weighting of search terms". *Journal of the American Society for Information Science*, 27(3): 129-146.

Robertson, S.E., and Walker, S. 1994. "Some simple effective approximations to the 2-poisson model for probabilistic weighted retrieval". *Proceedings of the Seventeenth Annual International ACM SIGIR Conference on Research and Development in Information Retrieval*, 231-242.

Robertson, S.E., and Walker, S. 2001. "Microsoft Cambridge at TREC-9: filtering track". *Proceedings of the Ninth Text Retrieval Conference (TREC-9)*. NIST Special Publication 500-249. Available: http://trec.nist.gov/pubs.html.

Robertson, S.E., Walker, S., Beaulieu, M.M., Gatford, M., and Payne, A. 1996. "Okapi at TREC-4". *Proceedings of the Fourth Text Retrieval Conference (TREC-4)*. NIST Special Publication 500-236. Available: http://trec.nist.gov/pubs.html.

Robertson, S.E., Walker, S., Jones, S., Hancock-Beaulieu, M.M., and Gatford, M. 1995. "Okapi at TREC-3". *Overview of the Third Text Retrieval Conference (TREC-3).* NIST Special Publication 500-225. Available: http://trec.nist.gov/pubs.html.

Robertson, S.E., and Willett, P. 1998. "Applications of N-grams in textual information systems". *Journal of Documentation.* 54(1): 48-69.

Salton, G. 1968. *Automatic Information Organization and Retrieval.* New York: McGraw-Hill.

Salton, G. 1975. *A Theory of Indexing.* Regional Conference Series in Applied Mathematics, No. 18. Philadelphia: Society for Industrial and Applied Mathematics.

Salton, G. 1989. *Automatic Text Processing: The Transformation, Analysis, and Retrieval of Information by Computer.* Reading, MA: Addison-Wesley.

Salton, G., and Buckley, C. 1988. "Term-weighting approaches in automatic text retrieval". *Information Processing and Management.* 24(5): 513-523.

Salton, G., and McGill, M.J. 1983. *Introduction to Modern Information Retrieval.* New York: McGraw-Hill.

Salton, G., and Yang, C.S. 1973. "On the specification of term values in automatic indexing". *Journal of Documentation*, 29(4): 351-372.

Salton, G., Yang, C.S., and Yu, C.T. 1975. "A theory of term importance in automatic text analysis". *Journal of the American Society for Information Science*, 26(1): 33-44.

Shannon, C.E., and Weaver, W. 1949. *The Mathematical Theory of Communication.* Urbana: Univ. of Illinois Press.

Singhal, A.K. 1997. *Term Weighting Revisited.* Ph.D. dissertation, Cornell University.

Singhal, A.K., Buckley, C., and Mitra, M. 1996. "Pivoted document length normalization". *Proceedings of the Nineteenth annual International ACM SIGIR Conference on Research and Development in Information Retrieval*, 21-29.

Spark Jones, K. 1974. "Automatic indexing". *Journal of Documentation*, 30(4): 393-432.

Strzalkowski, T., Lin, F., and Perez-Carballo, J. 1998. "Natural language information retrieval TREC-6 report". *Proceedings of the Sixth Text Retrieval Conference (TREC-6)*. NIST Special Publication 500-240. Available: http://trec.nist.gov/pubs.html.

Travis, I.L., and Fidel, R. 1982. "Subject analysis". *Annual Review for Information Science and Technology*, 12: 219-248.

Turtle, H. 1991. *Inference Networks for Document Retrieval*. Ph.D. dissertation, University of Massachusetts.

van Rijsbergen, C.J. 1979. *Information Retrieval*, 2nd ed. London: Butterworths.

Walker, S., Robertson, S.E., Boughanem, M., Jones, G.J.F., and Sparck Jones, K. 1998. "Okapi at TREC-6 automatic ad hoc, VLC, routing, filtering and QSDR". *Proceedings of the Sixth Text Retrieval Conference (TREC-6)*. Available: http://trec.nist.gov/pubs.html.

Voorhees, E.M. and Harman, D.K., ed. 2005. *TREC: Experiment and Evaluation in Information Retreival*. Cambridge: MIT Press.

Zhai, C. 2009. *Statistical Language Models for Information Retrieval*. Morgan & Claypool Publishers.

제 4 장

텍스트 요약

4.1 텍스트 요약 개요

텍스트의 자동요약에 관한 연구는 1958년 Luhn(1958)의 연구로부터 시작하여 1960년대에는 연구자들의 큰 관심을 끌었으나 1970년 이후로는 인공지능 분야의 응용 연구를 제외하고는 별다른 성과가 없었다. 그러나 1990년대 이후 전문(full text) 정보가 넘쳐나면서 텍스트 요약에 관한 연구가 다시 활발하게 진행되고 있다. 특히 미국 DARPA(The Defense Advanced Research Projects Agency)의 TIPSTER-III라는 프로그램을 통해 1996년부터 텍스트 자동요약에 관한 체계적인 평가가 시작되었으며(Jackson and Moulinier 2002), 2000년 이후에는 DARPA의 TIDES(Translingual Information Detection, Extraction, and Summarization) 프로그램이 지원하는 DUC (Document Understanding Conference) 워크숍을 통해 텍스트 요약 시스템에 대한 평가가 이루어지고 있다.

텍스트 요약(text summarization)은 전문 형태의 텍스트 내용을 축약된 형태로 표현하는 작업을 말한다. Mani and Maybury(1999)는 텍스트 요약을 "정보원으로부터 가장 중요한 정보를 추출하여 특정한 이용자(user)나 작업(task)을 위해 축약된 형태를 생산하는 과정"이라고 정의하고 있다.

일반적으로 요약문(summary)은 텍스트를 대표하는 중요한 문장이나 문단을 추출하여 구성하며, 이를 발췌문(extract)이라고 부른다. 반면에 추출된 문장을 수정하거나 새로운 문장을 추가하여 작성한 요약문을 초록(abstract)이라고 한다. 이외에 정보 추출(information extraction) 기법에 의해 텍스트로부터 추출한 정보로 채워진 템플리트(template)도 요약의 한 형태로 볼 수 있으며, 이 템플리트로부터 텍스트 생성 프로그램에 의해 자동으로 작성된 문장들은 초록 형태의 요약문을 구성하게 된다.

요약문은 기능에 따라 지시적(indicative), 통보적(informative), 비평적(critical) 요약으로 구분되는데(Lancaster 1991), 자동요약 결과 생성되는 요약문은 대개 지시적이거나 통보적인 성격을 띠게 된다. 지시적 요약은 원문을 읽을 것인지를 판단하기에 필요한 만큼의 정보를 수록한 요약으로 논문의 존재를 알리는 기능을 갖는다.

반면 통보적 요약은 원문을 읽지 않아도 원문의 내용을 알 수 있도록 충분한 정보를 수록한 요약이다. 비평적 요약은 원문에 대한 비평을 포함한 요약을 말한다.

자동요약에 의해 생성된 요약문은 그 목적에 따라 일반 요약(generic summary)과 이용자 중심 요약(user-focused summary)으로 구분한다. 이용자 중심 요약은 주제 중심(topic-focused) 또는 질의 중심(query-focused) 요약이라고도 부른다(Mani and Maybury 1999). 일반 요약은 전통적으로 초록전문가나 저자 등 사람에 의해 작성된 요약의 유형으로서 원문의 대용물 역할을 하는 요약을 말한다. 반면에 이용자 중심 요약은 정보 검색이나 정보 필터링 과정에서 이용자의 정보요구를 나타내는 질의나 관심주제 등에 맞추어 자동 생성되는 요약으로서 웹 환경에서 특히 중요한 의미를 갖는다.

텍스트 요약 과정은 대체로 텍스트 분석, 변환, 통합의 세 단계로 구성된다(Mani 2001a).

1. 분석(analysis): 입력된 텍스트를 분석하여 시스템의 내부 형식으로 표현한다.
2. 변환(transformation): 내부적인 표현을 요약문의 표현으로 변환한다. 이 단계는 주로 초록의 생성이나 복수 문헌 요약 과정에 적용된다. 텍스트에서 추출된 문장 그대로 발췌문 형태의 요약을 생성하는 시스템에서는 이 단계를 거치지 않고 분석 단계에서 바로 출력물이 생산된다.
3. 통합(synthesis): 요약문을 보다 자연스럽게 표현한다.

4.2 텍스트 요약에 관한 초기 연구

텍스트 자동요약의 효시가 되는 Luhn(1958)의 연구를 비롯하여 1960년대에 수행된 초기 연구들은 최근의 연구들에 비하면 비교적 간단한 문장 추출 기준을 적용하고 있지만 이후의 텍스트 요약에 대한 기본 틀을 제공하고 있다는 점에서 매우 중요하다. 초기 텍스트 요약에서 문장 추출을 위해 사용한 기준은 크게 통계적 기준, 언어학적 기준, 문장구조적 기준의 세 가지 유형으로 구분된다. 통계적 기준은 단어의 출현빈도를 이용하는 것으로 빈도가 높은 주요어들이 출현한 문장을 선택하는 방법이며, 언어학적 기준의 하나인 단서어 기법은 특정한 단어가 갖는 의미를 사용하는 것으로 단서어가 출현한 문장을 선택하는 방법이다. 문장구조적 기준으로는 표제어가 출현한 문장에 중요도를 부여하는 표제어 기법과 텍스트의 특별한 위치에 출현한 문장을 선택하는 소재지 기법 등이 있다. 특히 Edmunson (1969)이 문장 추출을 위해 사용한 단서어, 표제어, 주요어, 문장 위치 등의 자질은 후속 연구에서도 그대로 또는 확장되어 사용되고 있음을 볼 수 있다.

4.2.1 Luhn의 연구

Luhn(1958)은 문장의 중요도는 문장 내 각 단어의 중요도와 단어의 상대적 위치에 의해 결정된다고 보고 단어의 출현빈도에 의해 주요어를 선정한 다음 주요어들이 집중적으로 출현한 문장을 선택하여 요약문을 작성하였다. 룬의 자동요약 과정은 다음과 같다.

1. 기능어를 제외한 텍스트 내 각 단어의 출현빈도를 계산한 다음 일정 빈도 이상의 단어를 주요어로 선정한다.
2. 주요어가 출현한 문장을 검사하여 두 개의 주요어가 함께 출현하되 사이에 오는 단어가 네 단어 이하인 문장을 선택한다.
3. 선택된 문장 안에서 사이에 오는 단어가 네 단어 이하로 인접해서 출현한 주요어들의 집합을 클러스터라고 하며, 각 클러스터 i의 중요도 R_i를 아래와 같이 산출한다. p_i는 클러스터 내 주요어의 수이고 q_i는 클러스터 내 전체 단어의 수이다.

$$R_i = \frac{p_i^2}{q_i}$$

4. 한 개의 클러스터만을 포함하는 문장은 이 클러스터의 중요도가 문장의 중요도가 되며, 여러 개의 클러스터를 포함하는 문장은 가장 큰 값의 중요도를 선택한다.
5. 기준치 이상의 중요도를 갖는 문장들을 선택하여 텍스트에 출현한 순서대로 요약문을 구성한다.

클러스터 중요도를 산출하는 방법을 예를 들어 설명하면 다음과 같다. 괄호로 경계를 표시한 예제 문장 속에서 별표는 주요어를, 대시부호는 나머지 단어를 표시하며, 각괄호로 표시된 부분이 클러스터를 나타낸다.

(- - [* - * * - - *] - -)

이 문장에서 클러스터 내 주요어의 수는 4개이고, 클러스터 내 전체 단어의 수는 7개이므로 이 클러스터의 중요도는 2.3이 되며 이 값이 예제 문장의 중요도를 나타낸다.

4.2.2 Edmunson의 연구

Edmunson(1969)은 문장의 중요도를 측정하는 네 가지 다른 기준을 사용하여 요약 실험을 수행하였다. 이 네 가지 기준은 단서어(cue words), 주요어(key words), 표제어(title words), 그리고 문장 위치(location)로서 첫 세 기준은 모두 단어 수준의 자질을 사용하는 것이다. 단서어는 요약 실험 이전에 이미 수작업으로 요약문이 작성되어 있는 학습문헌들로부터 추출하였으며, 주요어와 표제어는 실제 요약 작업 시 실험문헌들로부터 선정하였다. 각 기준을 적용한 기법에서 문장의 중요도는 문장에 출현한 단어의 중요도 합으로 측정하였다.

- 단서어 기법: 단서어 기법은 학습을 통해 미리 선정한 단어들을 수록해 놓은 단서어 사전을 사용한다. 단서어 사전의 각 단어는 적합어(bonus words), 부적합어(stigma words), 불용어(null words)로 분류되며 각각 양의 값, 음의 값, 영의 값을 가중치로 갖는다. 학습문헌에 출현한 단서어들은 장서빈도, 문헌빈도, 선정률(selection ratio) 등 출현빈도 기준에 의해 세 가지 유형의 단어로 분류된다. 선정률은 학습문헌의 요약 문장에 출현한 빈도를 학습문헌의 모든 문장에서 출현한 빈도로 나눈 값을 말한다. 적합어는 선정률이 상한 임계치 이상의 단어, 부적합어는 선정률이 하한 임계치 미만의 단어, 불용어는 임계치 이상의 문헌빈도와 상한 임계치와 하한 임계치 사이의 선정률을 갖는 단어로 정의하여 단서어를 분류한다. 실제 요약 문장 추출 시 문헌 내 각 단어는 단서어 사전과 대조되어 가중치를 부여받게 되고 이 단어들의 가중치를 더하여 각 문장의 중요도를 산출한다.
- 주요어 기법: 주요어는 앞에서 언급한 Luhn의 기법에서와 마찬가지로 요약 대상이 되는 문헌에 출현한 단어의 출현빈도를 이용하여 선정한다. 그러나 이 기법에서는 단서어 사전에 수록된 단어를 제외한 나머지 단어들 중에서 일정한 임계치 이상의 출현빈도를 갖는 단어가 주요어로 선정되며, 주요어들은 출현빈도 가중치와 함께 주요어 사전(key glossary)에 수록된다. 이 기법에서는 출현빈도 가중치가 각 단어의 중요도를 나타내므로 요약 문장 선택시 문장 내 각 단어는 주요어 사전과 대조되어 가중치를 부여받게 되며, 문장의 중요도는 단어의 가중치를 더하여 산출한다.
- 표제어 기법: 표제어는 요약 대상 문헌의 표제, 부제, 소제목 등에서 출현한 단어들 가운데 불용어를 제외한 단어들이 되며, 이러한 단어들은 임의로 부여한 가중치와 함께 각 문헌에 대한 표제어 사전(title glossary)에 수록된다. 요약

문장 선택 시 문장 내 각 단어를 표제어 사전과 대조하여 가중치를 부여하고, 각 단어의 가중치를 더하여 문장의 중요도를 산출한다.

- 문장 위치 기법: 문장의 위치를 기준으로 하여 요약 문장을 선택하는 이 기법은 문헌의 특정한 부분에 출현하는 문장들이 주제 문장일 것이라는 가설에 근거한다. Edmunson은 서론이나 결론 등 특별한 제목 아래 오는 문장, 문헌의 첫째 문단과 마지막 문단을 구성하는 문장, 그리고 각 문단 내 첫째 문장과 마지막 문장을 주제 문장으로 보았다. 이 기법에서는 제목 단어 사전(heading dictionary)을 이용하여 문헌 내 제목의 가중치를 산출하고, 각 제목 아래 오는 문장의 중요도는 해당 제목의 가중치로 대신한다. 각 문장의 중요도는 제목 가중치 이외에 앞에서 언급한 문장 위치에 따라 부여되는 가중치를 더하여 산출한다.

이 연구에서 위의 각 기준을 사용한 요약 기법과 또한 이 기준들을 결합한 기법의 성능을 비교하는 실험을 수행한 결과 단일 기준만을 사용한 경우 문장 위치 기법의 성능이 가장 좋았고 주요어 기법의 성능이 가장 낮았다. 또한 단일 기법과 결합 기법들을 비교한 결과 단서어-표제어-문장 위치 기준을 결합한 기법의 성능이 가장 좋은 것으로 나타났다.

Edmunson의 요약 기법은 각 기준에 의해 문장에 부여되는 가중치의 합이 문장의 중요도를 결정하는 것으로서 최종 문장 가중치 $W(s)$는 다음과 같이 네 가지 문장 가중치들의 선형함수로 표현할 수 있다(Mani 2001a).

$$W(s) = \alpha C(s) + \beta K(s) + \gamma T(s) + \delta L(s)$$

위 공식에서 C=단서어, K=주요어, T=표제어, L=위치 등의 기준을 의미하며, 각 기준에 의한 문장 가중치가 갖는 파라미터 값은 요약 실험 결과를 반영하여 결정할 수 있다. 예컨대 Edmunson의 실험에서와 같이 주요어 기법의 성능이 나쁠 경우 해당 파라미터인 β에는 다른 파라미터에 비해 작은 값을 부여하면 된다. 모든 기준을 동일하게 적용할 경우 각 파라미터의 값은 1이 되며, 한 가지 기준만을 적용한다면 해당 기준의 파라미터를 제외한 기준의 파라미터는 0이 된다.

4.3 텍스트 요약 기법의 유형

텍스트 요약 기법은 어느 수준의 언어학적 분석을 도입하느냐에 따라 표층적 접근방법(shallow approaches)과 심층적 접근방법(deeper approaches)으로 구분한다(Mani 2001a). 표층적 접근방법에서는 문장을 구문 분석 수준 이상으로는 처리하지 않으며, 문장을 그대로 추출하여 발췌문(extract) 형태의 요약을 작성하는 경우가 이에 해당된다. 이 경우 발췌문의 문맥을 보다 자연스럽게 만들기 위해 문장을 재배열하거나 최소한의 문장 수정을 포함하기도 한다. 초기 연구에서 다양한 자질(feature)을 사용하여 문장의 중요도를 산출함으로써 발췌문을 생성한 요약 기법들과, 초기 연구들과 유사한 자질 집합을 사용한 후속 연구들에서 채택한 기법들이 이에 해당한다.

반면 심층적 접근방법에서는 문장의 의미(semantic) 수준이나 담화(discourse) 수준의 분석을 포함하며, 초록(abstract) 형태의 요약문을 생성한다. 이 접근방법에서는 요약 과정 중 통합 단계에서 글의 부분(segment)들을 연결하여 응집력 있는 텍스트(coherent text)를 생성하는 것을 목표로 한다. 심층적 접근방법에는 뒤에서 상술할 담화 수준 기법들이 포함된다.

위의 두 가지 접근방법을 혼합한 방법은 발췌문을 문장 수준이 아닌 전체 담화 수준에서 수정하거나 텍스트를 상당 부분 재배열하는 작업 등을 포함한다. 특히 여러 문헌으로부터 추출된 요소들을 통합해야 하는 복수문헌의 요약에서 이 혼성 방법(hybrid approach)이 효과적으로 적용될 수 있다.

4.3.1 문장 추출에 의한 요약

문장 추출에 의한 요약 기법은 텍스트의 문장들을 중요도에 따라 순위를 매긴 다음 가장 중요한 문장들로 요약문을 구성한다. 말뭉치 기반 문장 추출 기법에서는 이미 요약문을 갖고 있는 학습문헌 집합을 통해 요약 문장과 비요약 문장의 언어적, 통계적 특성을 학습하여 이를 문장의 중요도 측정에 반영한다. 예컨대, 문장 위치 기준을 적용할 경우 신문기사는 텍스트의 처음 부분에 오는 문장이 요약 정보를 포함할 확률이 높으며, 학술논문은 결론 부분에 중요한 문장이 위치할 가능성이 높다. 또한 문장에 출현하는 단어의 유형에 있어서는 요약 문장은 인명과 같은 고유명사를 포함하거나, 결론임을 암시하는 단어/단어구로 시작할 가능성이 높다(Jackson and Moulinier 2002; Mani 2001a).

학습문헌 집합을 사용하는 문장 추출 기법은 각 문장을 요약 문장과 비요약 문장으로 분류하는 작업이라고 할 수 있다. 이 경우 Edmunson의 연구에서와 같이 단순히 자질의 점수를 합하여 문장의 중요도를 산출하는 대신 베이즈 정리(Bayes theorem) 등의 통계적 방법을 적용할 수 있다(Kupiec, Pedersen, and Chen 1995; Myaeng and Jang 1999).

Kupiec 등(1995)의 요약 기법

Kupiec 등(Kupiec, Pedersen, and Chen 1995)은 기계학습을 통한 요약 방법을 제시하고 있으며, 이 연구의 학습집단은 188건의 과학기술 문헌의 텍스트와 요약문으로 구성되어 있다. 학습문헌의 평균 문장 수는 86개이고, 요약전문가에 의해 작성된 요약문의 평균 문장 수는 3개이다. 이 기법은 수작업으로 작성한 요약 문장들을 분석하여 중요한 자질들을 추출한 후 각 자질의 확률정보를 습득하는 학습 과정과 각 자질의 확률정보를 이용하여 입력된 문장의 중요도를 측정하고, 중요도가 가장 큰 n개의 요약 문장을 선정하는 요약 과정으로 구성된다. 입력문헌의 각 문장이 요약 문장으로 선정될 확률은 베이즈 정리를 사용하여 산출한다. 주제어 자질의 경우에는 학습 과정을 거치지 않고 Luhn과 Edmunson의 연구에서와 같이 직접 텍스트 내 출현빈도를 사용하여 문장의 중요도를 측정하였다.

이 기법에서 문장 추출 기준으로 사용한 아래의 다섯 가지 자질 유형 가운데 고정 단어구(단서어)와 문단/문장 위치 자질은 학습 과정에서 선정되며, 각 자질이 학습문헌의 요약문에 출현한 확률을 산출하여 이를 실제 입력문헌의 요약 문장 선정에 사용한다.

- 문장 길이(sentence length cut-off feature): 짧은 길이(예컨대 5단어 이하) 문장은 요약문장으로 선정하지 않는다.
- 고정 단어구(fixed-phrase feature): "in conclusion", "in summary" 등의 단서어구가 출현한 문장과 "summary", "conclusions" 등의 단서어를 포함하는 제목 바로 다음에 오는 문장을 선정한다.
- 문단/문장 위치(paragraph feature): 문헌의 앞부분(첫 열 문단)과 뒷부분(마지막 다섯 문단)에 오는 문단에서 첫 문장, 마지막 문장, 중간 문장으로 구분한다.
- 주제어(thematic word feature): 주제어들이 출현한 문장에 대해 출현빈도 함수에 따라 문장 점수를 부여하며, 점수가 높은 문장들이 선정 대상이 된다.
- 대문자 단어(uppercase word feature): 대문자로 시작하는 고유명이나 축약어를 포함한 문장에 높은 점수를 부여한다.

요약 대상 텍스트로부터 요약 문장을 선정하기 위해 위의 자질들에 근거하여 각 문장이 요약문에 포함될 확률을 계산하게 된다. 즉, k개의 자질 $F_1, \cdots, F_k$가 주어졌을 때 문장 s가 요약문 S에 속할 확률은 베이즈 정리에 의해 다음과 같이 계산된다.

$$P(s \in S \mid F_1, \ldots, F_k) = \frac{\prod_{j=1}^{k} P(F_j \mid s \in S) P(s \in S)}{\prod_{j=1}^{k} P(F_j)}$$

위 공식에서 $P(s \in S)$는 문헌 텍스트의 각 문장이 요약 문장으로 선정될 확률을 나타내며, 요약문을 구성하는 평균 요약 문장의 수를 문헌의 평균 문장 수로 나눈 값으로 대신할 수 있다. 이 항의 값은 텍스트를 구성하는 모든 문장에 대해 그 값이 동일하므로 생략해도 되며, 나머지 두 항의 값도 학습집단으로부터 계수에 의해 예측할 수 있다. 즉 $P(F_j)$는 각 자질이 텍스트에 출현할 확률을 나타내며, 단서어 자질의 경우 학습문헌들 속에서 특정한 단서어가 출현한 횟수를 학습문헌들 속에 출현한 모든 단어의 수로 나누어 준 값으로 대신한다. $P(F_j \mid s \in S)$는 요약 문장에 특정 자질이 출현할 확률을 나타내며, 단서어 자질의 경우 학습집단의 모든 요약 문장에 이 단서어가 출현한 횟수를 요약 문장들에 출현한 모든 단어의 수로 나누어 준 값으로 대신한다. 예컨대 모든 요약 문장에 "결론적으로"란 단서어가 출현한 횟수가 120, 요약 문장의 총수가 564(188×3), 한 개의 요약 문장에 출현한 평균 단어 수가 8일 경우 $P(F_j \mid s \in S)$ 값은 0.0265(120/564×8)가 된다.

베이즈 정리를 이용하여 요약 문장의 선정 확률을 산출하는 데 있어서 두 가지 고려할 점이 있다. 하나는 학습집단을 통해 확률정보가 확보되는 자질 유형 이외에 다른 자질들, 즉 문장 길이, 주제어, 대문자 단어 등의 자질에 따른 문장점수를 베이즈 정리에 어떻게 반영하는가의 문제이다. 문장 길이 자질의 경우 처음부터 길이가 기준치 미만인 문장은 선정 대상에서 제외하거나 또는 이 자질에 따른 문장 점수를 0으로 하여 최종 선정 확률을 0으로 만들면 된다. 주제어와 대문자 단어 자질에 따른 문장 점수는 유사 확률 값으로 변환하여 베이즈 정리에서 다른 자질 값과 결합할 수 있다. 다른 하나는 이 연구에서 정의한 26개의 단서어 자질이나 45개의 위치 자질을 갖지 않는 문장의 경우 미리 정해놓은 최소값을 각 자질 유형의 디폴트 확률로 사용함으로써 최종 요약 문장 선정 확률이 0이 되는 것을 방지할 수 있을 것이다.

Kupiec 등의 연구에서는 사람이 작성한 요약을 학습과정에서 사용하였기 때문에 위의 확률 계산을 위해서 텍스트 내 문장과 수작업으로 미리 작성한 요약 문장과의 일치 여부를 평가하는 문제가 있다. 평가 결과는 다음의 네 경우로 판정되었다.

1. 두 문장이 똑같거나 거의 유사하여 두 문장이 직접적으로 일치된 경우(direct sentence match)
2. 요약 문장이 2개 이상의 텍스트 문장이나 문장의 단편으로 구성된 직접 결합인 경우(direct join)
3. 요약 문장과 텍스트 문장 간 중복성이 있으나 텍스트 문장의 내용이 요약 문장에 담겨져 있지 않은 경우와 요약 문장이 텍스트 문장을 포함하지만 새로운 내용이 들어 있는 경우(incomplete single sentence와 incomplete join)
4. 요약 문장이 텍스트의 어느 문장과도 일치하지 않는 경우(unmatchable)

이 연구에서는 두 가지 평가 척도를 사용하였는데 하나는 1과 2의 경우만을 요약 문장과 일치하는 문장으로 평가하였고, 다른 하나는 3의 경우까지도 일치하는 것으로 평가하였다. 첫 번째 방법에 의해 학습문헌 집합을 평가한 결과 83%의 요약 문장이 텍스트 문장과 일치하는 1과 2의 경우에 해당되었다. 동일한 말뭉치를 사용한 자동요약 실험에서 각 문헌에 대해 수작업 요약과 같은 수의 문장을 추출하였는데 자동으로 선정된 문장들 가운데 요약 문장과 일치하는 문장은 요약 문장 집합의 35%로 나타났다. 즉 추출된 3개의 문장 중 한 개만이 요약 문장으로 적합하였다는 의미가 된다. 3의 경우까지도 정확한 요약 문장으로 간주하여 자동요약 결과를 평가하였을 경우에는 42%의 요약 문장이 텍스트로부터 추출되어 42%의 재현율을 보였다.

자동요약 실험에서 각 자질별로 성능을 비교한 결과 문단/문장 위치와 고정 단어구 자질이 텍스트로부터 요약 문장을 추출하는 데 특히 유용하였고, 문장 길이도 성능이 좋은 것으로 나타났다. 그러나 주제어와 대문자 단어 자질은 성능이 가장 낮은 것으로 평가되었다. 가장 높은 성능은 문단/문장 위치, 고정 단어구, 문장 길이의 세 자질을 결합하였을 경우인 것으로 나타났다.

맹성현과 장동현(1999)의 요약 기법

맹성현과 장동현의 연구(Myaeng and Jang 1999)에서는 앞에서 기술한 Kupiec 등의 연구와 유사하게 기계학습 방법을 한국어 텍스트에 적용하여 자동요약 실험을 수행하였다. Kupiec 등의 기법과 다른 점은 베이즈 정리를 각각의 개별 자질 유형에 적용한 다음 뎀스터 쉐이퍼(Dempster-Shafer) 규칙에 의해 각 자질로부터 얻은 증거를 결합하여 문장의 중요도 점수를 산출하였다는 것이다.

이 연구에서 개발한 자동요약 시스템은 학습 과정과 요약 과정으로 구성된다. 학습 과정에서는 수작업에 의해 요약 문장으로 태깅된 문장들로부터 필요한 통계 정보를 추출하며, 텍스트의 요약 과정에서는 이 정보를 사용하여 각 문장이 요약문에 포함될 확률을 계산한다. 이 연구에서 사용한 말뭉치 분석 결과 중요한 요약 문장은 텍스트의 "서론"과 "결론" 부분에 주로 나타나며, 더 나아가 각 문장은 네 가지 텍스트 구성요소(배경, 핵심주제, 문헌 구조 설명, 앞으로의 과제)에 속한다는 것을 발견하고 이 사실을 요약 문장 태깅에 사용하였다. 따라서 학습 과정에서 50개의 학습문헌의 서론과 결론 부분을 선택하여 텍스트 구성요소에 따라 문장을 태깅한 다음 요약 문장이 어느 텍스트 구성요소에 속하는지를 나타내는 단서를 추출하였다. 이렇게 생성한 요약문으로부터 요약 문장의 단서어와 위치 정보의 두 자질에 대한 통계 정보를 생성하여 요약 과정에서 사용한다.

요약 과정은 (1) 텍스트 구성요소의 식별, (2) 자질별 요약 문장 확률(증거) 계산, (3) 자질별 증거 결합, (4) 중복 문장의 제거 등의 작업을 포함한다. 먼저 텍스트 구성요소의 식별은 문장이 배경, 핵심 주제, 문헌 구조 설명, 앞으로의 과제 등 네 가지 구성요소 가운데 어느 구성요소에 속하는가를 산출하는 작업으로서 베이즈 정리를 사용한다. 즉 문장 s가 텍스트 구성요소 TC_i $(i=1..4)$에 속할 확률을 다음 공식으로 산출한다.

$$P(TC_i \mid s) = \frac{P(s \mid TC_i)P(TC_i)}{P(s)} \approx \frac{\prod_{k=1}^{n} P(t_k \mid TC_i)P(TC_i)}{\prod_{k=1}^{n} P(t_k)}$$

위 공식에서 $P(s|TC_i)$는 요약 문장이 특정한 텍스트 구성요소에 출현할 확률로서 학습집단으로부터 예측하며, 이와 마찬가지로 특정한 구성요소가 나타날 확률인 $P(TC_i)$와 요약 문장이 말뭉치에 출현할 확률인 $P(s)$도 학습집단 데이터로부터 산출한다. 한 문장이 n개의 단어로 구성된다고 가정할 때 $P(s|TC_i)$는 개별 단어 t_k에 대한 확률의 곱으로 표현할 수 있다. 즉 $P(t_k|TC_i)$는 단어 t_k가 텍스트 구성요소 TC_i에 속하는 모든 요약 문장에 출현할 확률을 나타낸다.

위의 공식에 의해 각 문장을 가장 높은 확률 값을 갖는 텍스트 구성요소에 배정한 다음 요약에 유용한 구성요소에 속하는 문장을 요약 문장 후보로 선정하거나 다른 유형의 자질과 함께 문장 점수를 산출하는 데 사용하였다. 말뭉치 분석 결과 요약 문장 추출에 가장 유용한 구성요소는 핵심주제로서 사람이 선정한 요약 문장의 96%가 핵심주제 문장으로 나타났다.

자동요약 과정에서 요약 문장 선정을 위해 사용되는 자질 유형은 텍스트 구성요소 이외에 모두 다섯 가지로서 학습 과정에서 학습한 단서어(cue words)와 위치(position) 자질 이외에 주제어(theme words), 중심성(centrality), 표제와의 유사도(resemblance to the title) 등을 포함한다.

- 단서어: 요약 문장으로 태깅된 문장에 가장 많이 출현한 단어나 단어구를 말하며, 예컨대 "이 논문의 목적은"과 같은 단어구가 출현한 문장은 요약 문장으로 선택될 확률이 높아진다. 마찬가지로 비요약 문장에 빈번히 출현한 단어인 부정적 단서어(negative words)도 함께 사용되는데 "예컨대"와 같은 단어구가 포함된 문장의 점수는 감소한다. 단서어 CW_i가 포함된 문장 s가 요약문에 포함

될 확률은 다음과 같이 베이즈 정리에 의해 산출한다. 아래 식에서 $P(CW_i \mid s \in S)$ 논항은 단서어가 요약 문장에 출현할 확률로서 학습집단 내 모든 문장에 출현한 단서어를 계수함으로써 예측할 수 있으며 나머지 두 논항의 값도 학습집단 데이터로부터 예측한다.

$$P(s \in S \mid CW_i) = \frac{P(CW_i \mid s \in S)P(s \in S)}{P(CW_i)}$$

- 위치: 서론과 결론 부분에서 각각 문장의 출현 위치를 첫 부분(첫 5개 문장), 중간 부분, 마지막 부분(마지막 5개 문장)의 세 영역으로 구분함으로써 여섯 영역에 각기 다른 위치 점수를 부여한다. 위치 자질에 대해서도 특정한 위치 P_i에 있는 문장 s가 요약문에 포함될 확률을 다음 공식에 의해 산출한다.

$$P(s \in S \mid P_i) = \frac{P(P_i \mid s \in S)P(s \in S)}{P(P_i)}$$

- 중심성: 각 문장이 텍스트에서 얼마나 중심적인 문장인가를 나타내는 것으로서 중심성 값은 문장 벡터와 텍스트 벡터의 유사도로 산출한다.
- 표제와의 유사도: 이 자질은 각 문장이 문헌의 표제와 얼마나 유사한가를 나타내는 것으로서 표제와 문장에 출현한 키워드들의 중복도로 측정한다.

자질별 증거 값을 산출한 다음 증거 결합을 위해서 뎀스터-쉐이퍼 결합규칙을 사용하였는데 이때 문장의 최종 점수는 0에서 1사이의 값을 갖는다. 마지막으로 중복된 문장을 제거하기 위하여 두 문장 벡터 간 유사도를 산출하여 유사도 값이 임계치 이상일 경우 두 문장 가운데 점수가 낮은 문장을 제거하는 방법을 사용하였다.

4.3.2 요약 문장의 수정

문장 추출 기법에 의해 작성된 요약은 단순히 문장을 나열하는 수준이기 때문에 요약문의 응집성이 떨어지며 문맥이 자연스럽지 못한 경우가 많다. 대용어의 처리, 중복어의 삭제 등과 같은 문장 수정, 의미가 중복되는 문장의 삭제, 두 문장의 결합 등을 통해 요약문의 가독성을 향상시킬 수 있다.

요약문의 수정은 수정의 복잡성에 따라 표층적 수정과 심층적 수정으로 구분할 수 있다(Mani 2001a). 표층적 수정이 필요한 경우의 예로는 문장을 연결하는 적절한 접속사의 부재 및 불필요한 접속사(예: however)의 출현, 고유명의 반복 출현, 무엇을 칭하는지 불분명한 대용어(예: he, that)의 출현, 표나 참고문헌과 같은 구조화된 요소의 문장화 등이 있다.

Rush 등(Rush, Salvador, and Zamora 1971)의 연구와 이와 유사한 Pollock and Zamora(1975)의 연구에서는 응집성 기준(coherence criteria)을 적용하여 요약문의 가독성을 향상시키려는 시도를 하였다. 두 연구에서는 부분적인 구문분석을 통해 콤마(comma)의 유형을 파악한 후 특정한 유형의 콤마를 단서로 하여 문장 속의 용어열을 삭제함으로써 문장을 수정하였다. 예컨대 한 쌍의 콤마가 용어열의 앞뒤에 나타난 경우 두 번째 콤마 다음에 동사나 "to"가 오면 이 콤마는 괄호적 콤마로 규정하고 이 콤마 쌍으로 분리되는 용어열은 삭제하였다.

Mathis 등(Mathis, Rush, and Young 1973)은 이전 연구보다는 수준이 높아진 구문분석 방법을 도입하여 요약 문장을 수정하거나 새로운 문장을 생성하였는데 이를 위해 다음과 같은 다섯 가지 문장 수정규칙을 사용하였다.

- 등위접속사에 의한 문장의 결합
- 종속접속사에 의한 문장의 결합
- 도표 참조 내용 변형에 의한 문장의 수정
- 참고문헌 계수에 의한 문장의 생성

• 문맥 수정에 의한 문장의 수정과 삭제

등위접속사에 의한 문장의 결합은 "and"를 사용하여 두 개의 문장을 하나로 결합하는 것으로서 다음의 결합조건이 적용된다. 첫째, 두 문장의 주어와 동사구가 모두 동일한 경우, 둘째, 두 문장의 주어가 동일한 경우, 셋째, 유사한 동사구를 가질 경우(즉 주동사만 같을 경우) 등이다. 예컨대 다음의 두 문장은 주어와 동사구가 동일하므로 "and"로 결합된다.

"The experiment resulted in a modification of the original hypothesis."
"The experiment resulted in a change of our basic approach."

⇓

"The experiment resulted in a modification of the original hypothesis and in a change of our basic approach."

도표 참조 내용 변형의 경우 table, figure 등의 도표를 지시하는 단어들의 사전을 이용하여 문장 내 이러한 단어를 식별한 후 뒤에 오는 숫자들을 없애고 대신 단어 앞에 "a"나 "an"을 삽입한다. 즉 "Table 2 presents..."와 같은 문장은 "A table presents..."로 수정된다. 참고문헌에 관한 문장은 구조화된 문헌 요소로부터 생성할 수 있는데 예컨대 "References"라는 제목을 찾아내어 그 아래에 오는 참고문헌의 수(*N*)를 계산한 후 "*N* references are given."과 같은 문장을 생성한다. 마지막으로 문맥 수정은 요약에는 나타나지 않는 원문의 특정한 문장을 인용하는 표현을 바꾸기 위하여 사용한다. 예컨대 "The second mechanism is..."는 "A mechanism..."과 같이 변형된다.

Strzalkowski 등(Strzalkowski et al. 1999)은 응집성과 가독성이 좋은 요약문을 생성하기 위하여 텍스트로부터 연속적인 단락(passage)들을 선정하는 방법을 사용하였다. 즉 요약 문장으로 선정된 문장/문단들이 원문헌의 다른 문장/문단에 대한 명시적이거나 암시적인 링크를 갖고 있는 경우 이러한 문장/문단을 배경 정보로 추가해서 요약문의 품질을 향상시키고자 하였다. 배경 정보의 선정 기준 가운데 하나는 선정된 문장/문단이 "He also said that..."과 같이 문단의 첫 6단어 이내에 대용어가 있는 경우 해당 문장/문단의 앞에 오는 문장/문단이 배경 정보로 추가되어 새로운 문장/문단으로 통합된다.

반면 심층적 수정은 요약문의 정보 제공 능력을 향상시키기 위하여 요약문을 전면 수정하는 경우를 말한다. 대표적 연구로는 Mani 등(Mani, Gates, and Bloedorn 1999)의 연구가 있는데 이 연구에서는 텍스트로부터 생성된 초기 요약문에 여러 가지 수정 규칙을 적용하여 배경 정보를 추가하는 방법을 사용하였다. 즉 초기 요약문에 있는 정보를 통합하거나 삭제하여 통보적이며(informative) 동시에 문법적으로 잘 구성된 새로운 요약문을 생성하고자 하였다. 초기 요약문에 적용한 수정 규칙에 의해 다음과 같이 문장 요소 제거(elimination), 문장 요소 통합(aggregation), 문장 다듬기(smoothing) 등 세 가지 수정 작업이 수행된다.

1. 문장 요소 제거: 괄호, 앞머리에 오는 전치사구(예: In particular)나 부사구(예: Accordingly) 등을 제거한다.
2. 문장 요소 통합: 두 문장의 구성요소를 결합하여 하나의 문장을 만드는 것이며, 이때 최소한 한 문장은 초기 요약문의 문장이어야 한다. 두 문장에서 참조하는 대상이 동일할 경우 관계절(relative clause) 삽입, 동격구/절 삽입 규칙이 적용된다. 예컨대 규칙 적용 결과 "the virus, *which infected only unclassified computers*, destroyed no data...", "Smith, *who...*,", "Peter G. Neuman, *a computer security expert,...*" 등의 문장이 생성된다.
3. 문장 다듬기: 문장 다듬기에는 등위어구/절 축소(coordination reduction)와 참조 조정(reference adjustment)의 두 가지 작업이 포함된다. 등위어구/절 축소는 주로 두 문장의 통합 결과 한 문장을 구성하는 두 개의 절이 각각 같은 실체를 지칭하는 주어를 가질 경우 두 번째 주어를 생략하는 것이다. 또한 관

계절 축소도 이에 해당하는데 예컨대 "which have"가 "with"로, "which V(동사)"가 "V+ing"로 변환된다. 참조 조정은 다른 수정 작업이 모두 끝난 다음 담화 수준의 응집성을 향상시키기 위해 적용하는 규칙으로서 대명사를 앞에서 언급한 이름으로 대체한다든가 대명사 다음에 괄호를 두어 이 대명사가 칭하는 고유명을 추가하는 작업들이 있다.

4.3.3 담화 구조를 이용한 요약

텍스트의 담화 구조를 이용한 요약 기법들은 텍스트의 의미적 응집성(text cohesion)에 기반한 기법과 텍스트의 구조적 응집성(text coherence)에 기반한 기법으로 구분할 수 있다(Mani 2001a). 의미적 응집성은 텍스트가 얼마나 밀도있게 연결되어 있는가를 나타내는 것으로서 단어 간, 단어 의미 간, 참조 표현 간 관계를 포함한다. 텍스트의 의미적 응집성은 대용어, 생략, 접속 등과 같은 문법적 응집성(grammatical cohesion)뿐만 아니라 반복, 동의관계, 계층관계 등과 같은 어휘적 응집성(lexical cohesion)도 포함한다. 반면에 구조적 응집성은 절들과 문장들 간의 관계 측면에서 텍스트의 전반적인 구조를 표현한다. 예컨대 "in order to"와 같은 연결어구는 두 개의 절 사이에 존재하는 목적 관계를 표현하며, "although"에 의해 연결되는 절들은 대조 관계를 표현한다. 이러한 관계들이 텍스트의 전반적인 구조를 결정하는 것이다.

4.3.3.1 의미적 응집성 기반 요약 기법

텍스트의 의미적 응집성을 표현하는 한 가지 방법은 텍스트를 그래프로 나타내는 것이다. 응집성 그래프(cohesion graph)에서 노드(node)는 텍스트 요소를 나타내며, 링크(link/ edge)는 이들 요소 간의 관계를 나타낸다. 일반적으로 텍스트 요소로는 단어가 선정되지만 구 또는 문장이나 문단이 선정되기도 한다. 텍스트 요소 간 관계는 앞에서 언급한 문법적, 어휘적 응집성 관계를 포함한다.

의미적 응집성을 표현하는 다른 방법은 어휘 사슬(lexical chain)을 생성하는 것이다. 즉 텍스트에서 어휘 사슬을 발견함으로써 텍스트의 담화 구조를 파악할 수 있다. 어휘 사슬은 텍스트의 한 주제 단위를 구성하는 일련의 관련어들이라고 정의되어 있다(Morris and Hirst 1991). 다시 말해 텍스트가 특정한 주제에 관한 하나 이상의 주제 세그먼트를 포함하는 경우 어휘 사슬이란 이 주제를 특징짓는 일련의 관련어들을 의미한다(Mani 2001a).

(1) 응집성 그래프(cohesion graph)를 이용한 기법

응집성 그래프를 이용한 대표적인 연구로는 Salton 등(Salton et el. 1997)의 연구, Mani, Bloedorn, and Gates(1998)의 연구, Mani and Bloedorn(1999)의 연구 등이 있다.

Salton 등(Salton et al. 1997)의 연구에서 텍스트 그래프의 각 노드는 문단이 되며, 각 링크는 문단 간 유사도를 나타낸다. 문단 간 유사도는 문단벡터 간 내적(inner product)으로 산출하며 유사도 값이 기준치 이상일 경우 링크를 생성한다. 즉 중복되는 단어를 많이 포함할수록 두 문단의 유사도는 커진다. 따라서 많은 수의 다른 문단에 기준치 이상의 유사도 값으로 연결된 문단('bushy node')이 중요한 문단으로 간주되며, 상위 n개의 문단이 요약 문단으로 선정된다. 또한 이 연구에서는 특히 서론, 결론 부분 등과 같은 텍스트의 기능적 단위를 식별하여 각 기능적 단위 안에서 하나 이상의 'bushy node'를 선정하여 요약문을 구성하였다. 기능적 단위란 그 안의 모든 문단들은 서로 강한 의미적 링크를 갖고 있으나 그 주변의 텍스트와는 낮은 강도의 링크를 갖게 되는 텍스트 세그먼트를 의미한다. 서로 잘 연결된 일련의 문단들이 이에 선행하는 문단에 대한 링크를 매우 적게 갖는 경우는 새로운 세그먼트의 시작을 암시하며, 반대로 바로 다음에 오는 문단들에 잘 연결되어 있지 않을 경우 세그먼트의 끝을 암시하므로 이를 단서로 하여 세그먼트를 식별한다. 예컨대 세 개의 다른 하위주제로 구성된 기사의 경우 세 개의 세그먼트로 분할한 다음 각 세그먼트로부터 적절한 수의 요약 문단/문장을 선정할 수 있다.

Mani 등(Mani, Bloedorn, and Gates 1998)의 연구와 Mani and Bloedorn(1999)의 연구에서는 텍스트 그래프의 노드는 용어의 출현을 나타내며, 링크는 용어 간 응집성 관계를 나타낸다. 응집성 관계를 표현하는 링크로는 그림 4.1의 그래프에서와 같이 인접한 노드들을 연결하는 ADJ 링크, 동일한 단어의 반복 출현을 연결하는 SAME 링크, 동의관계/계층관계(synonymy/hypernymy) 등의 의미 관계를 나타내는 ALPHA 링크 등이 있으며, 이외에 인접한 노드를 묶는 PHRASE 링크, 고유명을 구성하는 노드들을 연결하는 NAME 링크, 동일한 이름을 참조하는 하부 그래프들을 연결하는 COREF 링크 등이 있다.

예를 들어 아래와 같은 텍스트에서 밑줄 친 단어들이 그래프의 노드가 되며, 서로 인접한 단어들, 예컨대 "Tuesday-Red" 등은 각기 ADJ 링크에 의해 연결된다.

> <u>Tuesday</u>, the <u>Red</u> <u>Cross</u> <u>evacuated</u> all of its <u>remaining</u> <u>foreign</u> <u>employees</u> from <u>Chechnya</u>... ...<u>Minister</u> <u>Movladi</u> <u>Udugov</u> <u>denounced</u> the <u>murder</u> of the <u>Red</u> <u>Cross</u> <u>workers</u>, <u>describing</u>...

이 예에서 "the Red Cross"의 "Red"와 "Cross"의 두 노드는 NAME 링크에 의해 연결되며, 서로 다른 문장에 출현한 두 개의 "the Red Cross"는 COREF 링크로 연결된다. 또한 "foreign employees"의 두 단어 노드는 PHRASE 링크로 연결되며, "foreign employees"와 "workers"는 ALPHA 링크에 의해 상호 연결된다(Mani and Bloedorn 1999).

응집성 그래프를 이용한 요약 기법에서는 위와 같이 요약 대상 문헌을 텍스트 그래프 형태로 표현한 후, 이용자 질의어가 입력되면 해당 질의어 노드를 그래프에서 찾아낸 다음 확장 활성화(spreading activation) 알고리즘에 의해 질의어 노드와 관련된 다른 노드들을 탐색하게 된다.

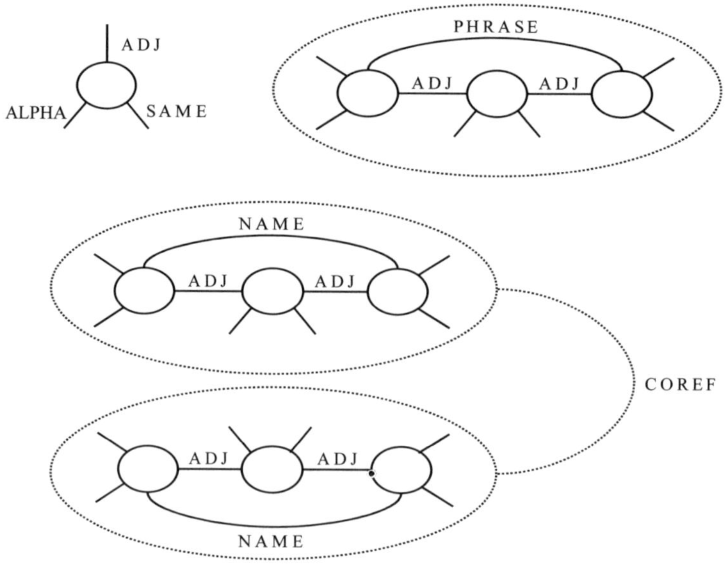

〈그림 4.1〉 응집성 관계를 표현한 그래프

위의 그래프 노드들은 각각 TF · IDF 가중치를 가지며, 가중치들로 구성되는 초기 활성화 벡터(activation vector)에서 동일한 단어는 위치에 상관없이 같은 값의 가중치를 갖는다. 초기 활성화 벡터는 $T_i = (wp_{i1}, wp_{i2}, \ldots, wp_{in})$과 같이 표현되며, 여기에서 wp_{ik}는 텍스트 i 내 k번째 단어의 가중치를 나타낸다. 질의어가 입력되어 활성화가 진행되면서 질의어와 관련된 노드들은 링크 유형에 따라 새로운 가중치 값을 부여받게 되는 것이다.

활성화의 강도는 링크 유형과 텍스트 거리에 따라 달라지는데 SAME > COREF > NAME > PHRASE > ALPHA > ADJ 순으로 강도가 점차 감소되며, 상속 노드의 가중치는 소스 노드 가중치와 링크 유형 가중치를 반영한 함수에 의해 산출된다. 예컨대 노드 A가 질의어 노드이며 여기에 NAME 관계에 있는 노드 B가 연결되어 있다고 하자. 소스 노드인 노드 A의 가중치가 10이고 NAME 링크 유형 가중치가 0.8이라면 상속 노드인 노드 B의 가중치는 간단히 두 가중치를 곱한 값인 8이 될 수 있다. ADJ 링크의 경우 상속 노드의 가중치는 현재 노드의 가중치와 노드 간 거리를 반영하여 산출한다.

이와 같이 활성화가 진행되면서 그래프의 노드들은 위치에 따라 다른 가중치를 부여받게 되며, 각 세그먼트로부터 세그먼트 내 용어들의 가중치를 더하여 가중치의 합이 가장 큰 상위 n개의 문장을 요약 문장으로 추출할 수 있다.

(2) 어휘 사슬(lexical chain)을 이용한 기법

어휘 사슬을 구축하기 위해서는 단어 간 응집적 관계(cohesive relation)를 어떻게 표현할 것인가가 선행되어야 한다. 응집적 관계는 *Roget's Thesaurus*나 WordNet과 같은 시소러스를 사용함으로써 용이하게 정의할 수 있다.

Hirst and St-Onge(1998)의 어휘 사슬 생성 알고리즘

어휘 사슬 생성시 WordNet에서 정의되어 있는 관계들은 강도에 따라 초강력 관계(extra-strong relation), 강력 관계(strong relation), 중강력 관계(medium-strong relation)의 세 가지 유형의 관계로 구분된다. 초강력 관계는 동일한 단어가 반복될 때 형성되며 가장 큰 값의 가중치를 갖는다. 강력 관계에는 세 가지 유형이 있는데 대표적인 것은 두 단어가 갖는 여러 개의 synset들 속에 동일한 synset이 포함되어 있는 경우로서 예컨대 "human"과 "person"과의 관계가 이에 해당된다.

$person_1$: {person, individual, someone, somebody, mortal, human, soul}

$human_1$: {person, individual, someone, somebody, mortal, human, soul}

두 번째 유형의 강력 관계는 두 단어가 포함하는 synset들 가운데 반의관계나 동의관계에 있는 두 개의 synset이 있는 경우이다. 예컨대 "successor"와 "precursor"에 관한 아래 synset들은 반의관계에 있으므로 "successor"와 "precursor"는 강력 관계로 정의된다.

successor$_2$: {successor}

precursor$_3$: {predecessor, precursor, antecedent}

세 번째 유형의 강력 관계는 한 단어가 다른 단어를 포함하는 복합어나 구인 경우 두 단어의 synset 간의 모든 관계를 포함한다. 예로는 "school"과 "private school"이 있다.

마지막으로 중강력 관계는 각 단어와 연관된 synset을 연결하는 2~5개의 링크 간 경로(path)가 있을 경우 정의된다. 예로는 "apple"과 "carrot"의 관계가 있다. 즉 {apple}의 상위개념어(hypernym)는 {edible fruit}이며, {edible fruit}의 상위개념어는 {produce, green goods,...}이다. 반대로 {produce, green goods,...}의 하위개념어(hyponym)는 {vegetable, veggie}이며, {vegetable, veggie}의 하위개념어의 하나가 {carrot}이므로 두 단어 사이에 경로가 존재하게 되며 따라서 중강력 관계로 정의된다.

어휘 사슬의 생성 과정은 다음과 같다.

1. 대상 단어가 사슬을 생성할 수 있는 단어(불용어가 아닌 WordNet 명사)인지 검사한다.
2. 초강력 관계의 단어가 포함되어 있는 사슬을 찾아 이 단어를 해당 사슬에 추가한다.
3. 강력 관계가 포함되어 있는 사슬을 찾아 관련 단어가 일곱 문장의 범위 내에 있을 경우 추가한다.
4. 중강력 관계가 있는 사슬을 찾아 세 문장의 범위 이내에 있는 경우 해당 사슬에 추가한다.
5. 마지막으로 관계가 있는 사슬이 없는 경우 새로운 사슬을 생성한다.

Barzilay and Elhadad(1999)의 요약 알고리즘

Barzilay and Elhadad 알고리즘에서는 다섯 가지 개념 관계, 즉 반복(repetition)과 WordNet에서 정의한 동의(synonymy), 상위개념(hypernymy), 반의(antonymy), 전체(holonymy) 관계를 사용하여 텍스트에 출현한 단어들의 어휘 사슬을 생성하고 이를 요약 문장 추출에 사용하였다. 요약 과정은 다음과 같다.

1. 텍스트 세그먼트 분할
2. 세그먼트별 어휘 사슬 생성
3. 응집도 높은 어휘 사슬 선정
4. 주요 문장 추출

이 요약 알고리즘에서는 WordNet 데이터베이스를 이용하여 어휘 사슬을 생성한다. 어휘 사슬 생성 과정은 먼저 후보 단어(WordNet에 등재된 명사 및 복합명사)들을 선정하고, 각 후보 단어에 대해 사슬 구성원 간의 관계에 의해 적합한 어휘 사슬을 선택한 다음 사슬 안에 이 단어를 삽입한다. 그림 4.2는 이 알고리즘에 의해 생성

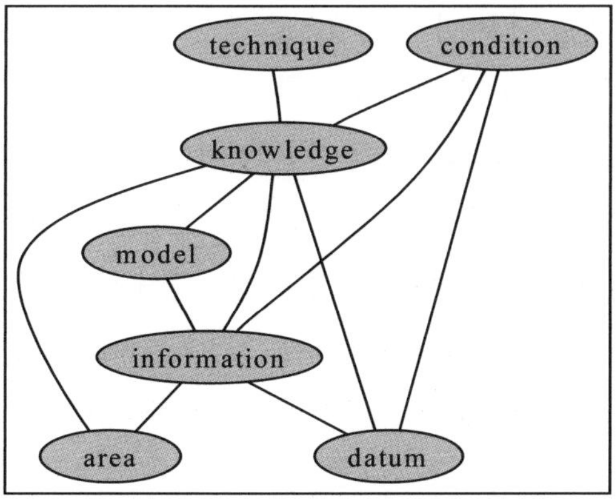

〈그림 4.2〉 어휘 사슬의 예

된 어휘 사슬을 시각적으로 표현한 것이다.

Barzilay and Elhadad 알고리즘에서 두 단어 간 관련성은 텍스트에 출현한 단어들 간 거리와 WordNet 시소러스에서의 연결 유형에 따라 결정되는데 Hirst and St-Onge(1998)의 연구에서와 같이 초강력, 강력, 중강력 관계의 세 유형으로 구분하였다. 이 요약 알고리즘에서는 WordNet 관계에 의해 연결된 모든 단어들 간의 관계를 강력 관계로, 단어 synset들 간의 링크가 2 이상인 경우를 중강력 관계로 규정하였다. 서로 관계가 있는 단어들 간의 거리 제한은 관계 유형에 따라 다르다. 즉, 초강력 관계는 거리 제한이 없으며, 강력 관계의 경우에는 창의 크기를 일곱 문장으로, 중강력 관계의 경우에는 세 문장 이내로 정하였다.

WordNet에서 단어들은 여러 다른 의미를 가질 수 있으므로 하나 이상의 synset으로 정의된다. 따라서 텍스트에 출현한 단어들의 어휘 사슬은 어느 정의를 따르느냐에 따라 다르게 생성될 수 있다. 결과적으로 텍스트의 담화 구조를 표현하는 최종 어휘 사슬 집합은 여러 개가 생성될 수 있으므로 최적의 어휘 사슬 집합, 즉 담화 구조의 해석을 선택할 필요가 있다. Barzilay and Elhadad 기법에서 어휘 사슬 집합(다른 담화 구조)의 점수는 각 사슬 구성원들 간 관계의 수와 관계 가중치에 의해 결정한다. 관계 가중치의 값으로는 반복관계와 동의관계에는 10, 반의관계에는 7, 의미계층관계(hypernymy-hyponymy) 및 전체-부분관계(meronymy-holonymy)에는 4를 부여하였다. 즉 다른 어휘 사슬 집합으로 표현된 복수의 담화 구조 해석 가운데 점수가 가장 높은 해석이 선택되는 것이다.

올바른 담화 구조를 표현하는 어휘 사슬 집합이 선택되면 각 어휘 사슬의 강도(strength of chain)를 산출하여 강도 기준을 넘는 일련의 어휘사슬을 선정한 다음 이를 요약 문장 추출에 사용한다. 사슬의 강도 점수는 길이(length: number of occurrences of members of the chain)와 동질성 지수(homogeneity index: 1 – number of distinct occurrences / length)를 곱한 값으로 산출한다.

$$Score(Chain) = Length \cdot HomogeneityIndex$$

요약 실험 결과 평균 1,055 단어로 구성된 30개의 잡지기사 텍스트로부터 평균 32개의 어휘 사슬이 생성되었고, 이로부터 강도 기준에 의해 평균 5개의 가장 강도가 높은 어휘 사슬이 요약 문장 추출을 위해 선정되었다. 요약 문장 추출에 사용한 세 가지 방법 가운데 가장 성능이 좋은 방법은 각 사슬을 구성하는 단어로부터 출현 빈도가 평균 이상인 단어를 대표어로 선정한 다음 이 대표어가 텍스트에서 처음 출현한 문장을 선택하는 것으로 나타났다. 다음은 실험에 사용된 예제 텍스트에 대해 선정된 5개의 최고 강도의 사슬 가운데 하나로서 사슬의 점수와 각 구성원의 출현빈도가 나와 있다.

CHAIN 1 Score=14.0

microsoft: 10 concern: 1 company: 6 entertainment-service: 1

enterprise: 1 massachusetts-institute:1

Barzilay and Elhadad 알고리즘의 요약 성능 평가 결과 재현율과 정확률 모두 60% 이상의 수준을 보였으며, 베이스라인으로 사용된 마이크로소프트사의 Auto-Summarize에 비해 30% 정도 높은 성능을 나타냈다.

4.3.3.2 구조적 응집성 기반 요약 기법

텍스트의 구조적 응집성은 단어들 간의 관계에 기초하는 의미적 응집성과는 달리 텍스트를 구성하는 문장 또는 절들 간의 관계를 기술한다. 예컨대 다음 문장에서 2개의 절은 대조(contrast) 관계를 가지며, "but"은 이 관계를 유추하게 하는 단서어가 된다(Mani 2001a).

(S1) You are not likely to hit the bull's eye, <u>but</u> you are more likely to hit the bull's eye than any other equal area.

텍스트 구조를 기술하는 담화이론(discourse theory) 가운데 가장 주목을 받고 있는 것은 수사구조이론(rhetorical structure theory: RST)으로서 이 이론의 핵심은 수사 관계(rhetoric relation)이다(Mann and Thompson 1988). 수사 관계는 2개의 중복되지 않는 텍스트 부분, 즉 핵(nucleus)과 위성(satellite) 간의 관계를 말한다. 이 관계에서 핵은 저자의 중심적 의도를 표현하며, 위성은 핵에 비해 덜 중심적이고 핵의 기능을 제고하는 경향을 갖는다(Marcu 1997; Mani 2001a).

수사구조이론에서 제시된 25개의 수사 관계들은 대부분 핵과 위성 간의 관계를 나타내지만 대조(contrast)나 결합(joint) 등은 핵 부분 간에 적용된다. 앞의 예문(S1)에서 두 개의 절은 각각 핵에 해당된다고 본다. 다음 예문(S2)은 상황(circumstance) 관계가 포함된 문장으로서 밑줄을 친 부분이 핵, 밑줄을 치지 않은 부분이 위성에 해당한다(Mani 2001a).

(S2) As your floppy drive writes or reads, <u>a Syncom diskette is working four ways to keep loose particles and dust from causing soft errors, dropouts.</u>

자동요약에 있어서 구조적 응집성은 텍스트의 분석 단계에서 수사 구조 트리를 생성하여 요약 문장을 추출하는 데 적용하거나 또는 통합 단계에서 요약문 수정에 적용한다. 수사구조이론을 자동요약에 적용한 대표적 연구로는 Marcu (1997, 1999)의 연구가 있다.

Marcu(1997, 1999)의 요약 기법

Marcu는 브라운 코퍼스의 분석을 통해 담화 차원에서 사용된 단서어구들을 식별하고, 이를 'discourse marker'로 사용하여 텍스트 구조를 분석하였으며, 분석 결과를 수사구조 트리(RS-tree)로 표현하였다. 예컨대 다음 텍스트에서 "although" 패턴을 이용하여 텍스트 단위 U_1과 U_2가 양보(concession) 관계에 있음을 파악하고, [:]

패턴으로 $U_{1\text{-}2}$와 U_3이 상세설명(elaboration) 관계에 있음을 파악하여 RS-트리를 생성한다.

[Although discourse markers are ambiguous,[1]][one can use them to build discourse trees for unrestricted texts:[2]][this will lead to many new applications in natural language processing.[3]]

RST 기반 요약 과정은 다음과 같다.

1. 입력된 텍스트를 수사구조 파싱(rhetorical parsing) 알고리즘에 의해 분석한다. 이때 단서어구(although, but, yet, for example, because of 등)에 의해 문장을 절 단위로 분할한다.
2. 파싱 알고리즘에 의해 가능한 모든 수사 관계를 식별한 다음 최적의 RS-트리를 생성한다.
3. RS-트리를 구성하는 각 텍스트 단위의 중요도 점수를 산출하여 순위화한 다음 상위에 오는 단위에 상응하는 절/문장을 요약 문장으로 추출한다. RS-트리에서 핵에 해당하는 텍스트 단위의 중요도가 위성보다 큰 것으로 간주하며, 텍스트 단위 노드가 위치한 트리의 수준(level)에 따라 중요도가 달라진다. 따라서 트리의 수사 관계(elaboration, contrast 등)를 나타내는 내부노드의 하위 노드가 핵 노드인 경우 이 텍스트 단위의 수준은 한 단계 상향 조정되어 점수가 높아진다.

다음의 예제 텍스트는 파싱 알고리즘에 의해 10개의 텍스트 기본 단위([ ]로 표시)와 2개의 괄호 단위({ }로 표시)로 분할된다. 텍스트 안의 단서어구는 이탤릭체로 표시하였다. 분석된 텍스트로부터 생성된 RS-트리가 그림 4.3에 나와 있으며, 이 트리의 제일 하위 수준에 있는 최종 노드는 각 텍스트 단위를 나타내는 것으로서 여기에서는 문장/절의 번호로 표시하였다. 실선 박스는 핵에 해당하는 텍스트 단위를, 점선 박스는 위성에 해당하는 텍스트 단위를 나타낸다.

[***With*** its distant orbit {--50 percent farther from the sun than Earth--} and slim atmospheric blanket,[1]][Mars experiences frigid weather conditions.[2]][Surface temperatures typically average about -60 degrees Celsius (-76 degrees Fahrenheit) at the equator and can dip to -123 degrees C near the poles.[3]][Only the midday sun at tropical latitudes is warm enough to thaw ice on occasion,[4]][***but*** any liquid water formed in this way would evaporate almost instantly[5]][***because of*** the low atmospheric pressure.[6]] [***Although*** the atmosphere holds a small amount of water, and water-ice clouds sometimes develop,[7]][most Martian weather involves blowing dust or carbon dioxide.[8]][Each winter, ***for example***, a blizzard of frozen carbon dioxide rages over one pole, and a few meters of this dry-ice snow accumulate as previously frozen carbon dioxide evaporates from the opposite polar cap.[9]][***Yet*** even on the summer pole, {***where*** the sun remains in the sky all day long,} temperatures never warm enough to melt frozen water.[10]]

그림 4.3에서 수사 관계 노드 박스에 수록된 번호는 중요도가 상향 조정된 텍스트 단위(핵)의 번호를 나타낸다. 예컨대 절_1과 절_2를 연결하는 background/justification 관계에서 절_2는 핵이므로 이 관계 노드 수준으로 한 단계 중요도가 상승된다. 또한 절_1~절_2는 상위에 있는 elaboration 관계가 연결하는 절_1~절_2와 절_3~절_6에서 핵 부분에 해당되므로 절_2는 다시 한 단계 상승하게 되며, 마찬가지 논리에 의해 뿌리노드까지 상승하게 된다. 따라서 절_2가 예제 텍스트에서 가장 중요한 문장이 된다. 이와 같은 방법에 의해 각 문장/절의 중요도를 측정하여 순위화한 결과는 다음과 같다.

2 > 8 > 3,10 > 1,4,5,7,9 > 6

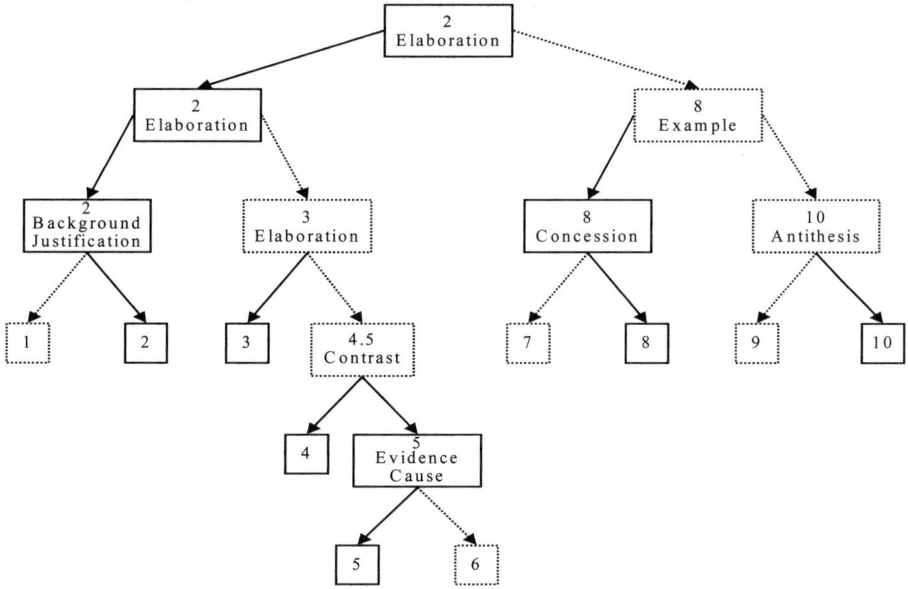

〈그림 4.3〉 예제문에 대한 RS-트리

문장의 중요도 순위에 따라 일정 수의 문장을 추출하여 요약문을 생성하게 되는데, 요약 문장의 수를 4개로 할 경우 다음과 같은 요약문이 생성된다.

1. Mars experiences frigid weather conditions.
2. Most Martian weather involves blowing dust or carbon dioxide.
3. Surface temperatures typically average about -60 degrees Celsius (-76 degrees Fahrenheit) at the equator and can dip to -123 degrees C near the poles.
4. Yet even on the summer pole, where the sun remains in the sky all day long, temperatures never warm enough to melt frozen water.

이 요약 알고리즘을 5개의 짧은 텍스트를 대상으로 실험한 결과 65% 수준의 재현율과 정확률을 보였으며, 베이스라인으로 사용된 마이크로소프트사의 AutoSummarize

에 비해 성능이 20% 이상 높은 것으로 나타났다.

4.3.4 지식기반 요약

지식기반 요약 기법은 주로 특정한 주제 영역의 구조화된 지식베이스를 이용하여 텍스트를 분석하고 요약 문장을 생성한다는 점에서 앞에서 기술한 다른 기법들과 구별된다. 예컨대 FRUMP 시스템(Dejong 1982)에서는 스크립트 형식으로 표현된 지식베이스를 활용하여 사건의 범주를 판단하며, SALOMON 시스템(Moens and Uyttendaele 1997)에서는 의미네트워크 형식으로 표현한 문법을 사용하여 판례 텍스트의 범주와 텍스트를 구성하는 요소들을 식별한다.

지식기반 요약에서 많이 사용되는 템플리트 채우기(template filling) 방법은 주로 정보 추출(information extraction) 기법에 의해 텍스트의 주요 정보를 추출하여 템플리트(template)의 슬롯(slot)을 채운 다음 이 템플리트로부터 요약 문장을 생성한다. 지식기반 요약시스템의 특징은 통계적 방법을 사용하는 요약과는 달리 대체로 특정한 주제영역의 텍스트를 대상으로 한다는 점이다. 이러한 시스템으로는 특정한 토픽의 뉴스기사를 대상으로 한 FRUMP 시스템(DeJong 1982), 곡물농업(crop agriculture) 분야의 기술논문 요약시스템(Paice and Jones 1993), 기업인수와 관련된 SCISOR 시스템(Rau, Jacobs, and Zernik 1989) 등이 있다.

FRUMP 시스템

FRUMP는 스케치 스크립트(sketchy script)라는 지식 표현 형식에 의해 특정한 상황에서 발생할 수 있는 중요한 사건들을 표현하여 지식베이스를 구축하고, 뉴스기사가 입력되면 이에 적용할 스크립트를 찾아 요약문을 생성한다(DeJong 1982). FRUMP는 시스템 개발 당시 지진, 홍수, 체포, 원조 등 모두 60개의 다른 스케치 스크립트를 작성하였는데 그 가운데 체포 스크립트($ARREST)의 예를 들면 다음과 같다.

Event-1: Police go to where the suspect is.

Event-2: There is optional fighting between the suspect and police.

Event-3: The suspect is apprehended.

Event-4: The suspect is taken to a police station.

Event-5: The suspect is charged.

Event-6: The suspect is incarcerated or released on bond.

FRUMP 시스템은 입력된 기사에 적용할 스크립트 선정을 위해 다음과 같은 스크립트 활성화 방법을 사용한다. 첫째, 명시적 참조(explicit reference)로서 각 스크립트가 갖고 있는 의미 색인어가 기사에 출현한 경우 해당 스크립트가 선택된다. 예컨대 기사에 "arrest"라는 단어가 직접 출현했을 경우 ARREST 스크립트가 선택된다. 둘째, 암시적 참조(implicit reference)로서 다른 스크립트에 의해 한 스크립트가 선택되는 경우이다. 예컨대 은행 강도에 관한 기사에 단어 "arrest"가 직접 출현하지 않았더라도 이 기사가 다른 단어에 의해 CRIME 스크립트를 선택하였다면 "범죄가 일어난 후 체포라는 사건이 따라 온다"는 상식에 의해 ARREST 스크립트도 선택된다. 셋째, 사건 유발 활성화(event-induced activation)로서 기사 안에 특정 스크립트를 구성하는 주요 사건이 포함되어 있을 때 해당 스크립트를 선택한다. 예컨대 ARREST 스크립트를 구성하는 용의자 검거 사건(event-3)이 기사 안에 포함되어 있을 경우 ARREST 스크립트를 선택한다.

입력된 기사에 대해 해당 스크립트가 선정되면 이 스크립트를 구성하는 사건들이 예시화된다. 스크립트의 각 사건은 프레임과 유사한 데이터 구조로 표현되는데 이 구조의 각 슬롯을 채울 정보를 텍스트로부터 찾아낸 다음 자연언어 문장을 생성하게 된다. 다음은 지진에 관한 기사 텍스트로부터 EARTHQUAKE 스크립트가 선정된 후 생성된 요약문의 예시이다.

〈뉴스기사 텍스트〉

MOUNT VERNON, ILL.(UPI) - A small earthquake shook several Southern Illinois counties Monday night, the National Earthquake Information Service in Golden, Colo., reported. Spokesman Don Finley said the quake measured 3.2 on the Richter scale, "probably not enough to do any damage or cause any injuries." The quake occurred about 7:48 p.m. CST and was centered about 30 miles east of Mount Vernon, Finley said. It was felt in Richland, Clay, Jasper, Effington and Marion Counties. Small earthquakes are common in the area, Finley said.

〈요약문〉

THERE WAS AN EARTHQUAKE IN ILLINOIS WITH A 3.2 RICHTER SCALE READING.

Paice and Jones(1993)의 기술논문 요약시스템

Paice-Jones 요약 시스템은 곡물농업 관련 기술논문들을 사전에 분석하여 가장 중요한 개념이라고 판단된 '의미역할'(semantic role)들을 찾아낸 다음 이 의미역할들을 슬롯으로 하는 템플리트를 채우는 방법을 사용하여 요약문을 생성하였다. 다음은 템플리트를 구성하는 가장 중요한 의미역할들이다.

SPECIES	곡물 종류
CULTIVAR	재배품종
HIGH-LEVEL PROPERTY	조사대상 속성
PEST	해충
AGENT	화학/생물학적 약품
INFLUENCE	가뭄, 냉해 등
LOCALITY	연구 지역

TIME	연구 수행년도
SOIL	토양

요약을 위해 입력된 문헌의 텍스트로부터 주요 개념들을 식별하여 템플리트의 슬롯을 채우게 되는데 슬롯에 들어갈 각 개념은 다양한 문맥 패턴(context patterns)에 의해 식별된다. 예컨대 [PEST is a ? pest of SPECIES] 패턴에 의해 "A.lolii is a common pest of ryegrass"와 같은 문장이 식별된다. 이 패턴에서 '?'는 문장 중간에 무시해도 될 여러 단어들이 올 수 있음을 의미한다. 즉 특정한 패턴이 발견되면 해당 문맥으로부터 슬롯을 채울 문자열(filler string)이 추출되어 후보 문자열 리스트에 추가된다. 따라서 위의 예에서 "A.lolli"는 PEST 슬롯을 채울 문자열/개념명 후보로, "ryegrass"는 SPECIES 슬롯을 채울 문자열/개념명 후보로 파악된다.

SPECIES와 같은 개념은 여러 개의 문맥 패턴에 출현할 수 있기 때문에 텍스트로부터 추출된 개념명 후보들 가운데 가장 적합한 개념명을 선정할 필요가 있다. 이를 위해 각 문맥 패턴에 따라 후보 문자열에는 1~10 사이의 가중치가 부여되며, 가장 큰 가중치 값을 갖는 문자열이 해당 슬롯의 개념명으로 선정된다. 예컨대 [EFFECT of ? in SPECIES] 패턴에 부합되는 SPECIES 이름에는 7의 가중치 값이 부여되며, [? SPECIES cultivar] 패턴의 SPECIES 이름에는 4의 가중치 값이 부여된다. 동일한 문자열이 여러 문맥 패턴 속에서 반복 출현할 경우 가중치 값을 모두 합해서 가장 큰 값의 가중치를 갖는 문자열이 선정된다.

앞 단계에서 선정된 문자열은 다시 출력용 텍스트 템플리트의 슬롯을 채움으로써 요약문이 생성된다. 예컨대 [This paper studies the effect the pest PEST has on the PROPERTY of SPECIES.]와 [An experiment in TIME at LOCALITY was undertaken.]의 두 템플리트로부터 다음의 요약문이 생성된다.

> This paper studies the effect the pest G. pallida has on the yield of potato. An experiment in 1985 and 1986 at York, Lincoln and Peterbourgh, England was undertaken.

4.4 복수문헌 요약

복수문헌 요약 또는 다중문헌 요약(multi-document summarization)은 단일문헌이 아닌 2개 이상의 관련된 문헌들이나 또는 문헌집단을 대상으로 하나의 요약문을 생성하는 작업을 의미한다. 이러한 문헌들은 다양한 관계에 의해 서로 연관되는데, 예컨대 단행본의 여러 장들, 하이퍼링크에 의해 연결된 문헌들, 하나의 뉴스기사와 이를 상세히 설명하는 후속 기사들, 한 사건의 전개 과정을 다룬 일련의 뉴스기사들은 각기 서로 연관된 문헌들로서 하나의 요약문 안에 통합적으로 요약될 수 있다(Mani and Maybury 1999).

복수문헌 요약문에는 요약의 대상이 되는 모든 문헌이 공통적으로 담고 있는 핵심 정보는 중복해서 출현하지 않으면서 개별 문헌이 갖고 있는 고유한 정보가 두루 포함되는 것이 바람직하다(Goldstein, et al. 1999). 즉 복수문헌 요약은 요약의 대상이 되는 여러 문헌들의 유사성과 상이성을 모두 반영할 필요가 있다. MMR(Maximal Marginal Relevance) 기법을 사용한 연구(Carbonell and Goldstein, 1998; Goldstein, et al. 1999)에서는 질의에 대한 문헌 검색 결과 요약문에 포함할 단락 선정에 있어서 이미 선정한 단락과의 유사도가 낮은, 즉 상이성이 큰, 단락을 새로운 단락으로 선정하였다.

복수문헌의 요약은 온라인으로 문헌들이 입력되는 웹 환경에서 그 필요성이 커지고 있다. 예컨대 특정 질의에 대해 검색된 문헌들의 내용을 축약적으로 표현하기 위해 질의 중심형 요약을 작성하여 제공하거나, 특정한 사건에 관해 계속 발생하는 뉴스기사를 추적하는 사건 트래킹(event tracking) 시스템에서 일련의 기사들의 내용을 요약해서 제공할 필요가 있다. 따라서 복수문헌의 요약은 일반 요약(generic summary)보다는 질의 중심형 요약(query-based summary)의 성격을 띠는 경우가 많다.

복수문헌 요약 작성 과정은 작업 순서에는 차이가 있을 수 있지만 대체로 다음과 같이 다섯 단계로 구성된다(Mani 2001a).

1. 복수의 문헌들로부터 추출할 텍스트 요소(문헌, 문장, 문단 등)를 식별한다.(identification)
2. 유사성 척도를 사용하여 텍스트 요소들을 비교한다.(matching)
3. 대표되는 텍스트 요소를 선정한다.(filtering)
4. 중복성을 제거한다.(reduction)
5. 요약문을 생성하거나 시각적으로 표현한다.(presentation)

예를 들어 클러스터링 기법을 이용하여 복수의 문헌들로부터 일반 요약을 생성할 경우 (1) 복수의 문헌들의 단락(문장/문단)의 식별, (2) 유사계수 공식에 의해 유사한 단락들의 클러스터 생성, (3) 각 클러스터를 대표하는 단락의 선정, (4) 유사한 단락의 통합, (5) 요약 단락의 배열 및 출력 등의 과정을 거친다.

복수문헌 요약은 단일문헌 요약 기법을 활용할 수 있으나 다음과 같은 점에서 차이가 있으므로 이를 충분히 고려할 필요가 있다(Goldstein, et al. 2000).

- 중복성(redundancy): 주제적으로 관련된 문헌들은 단일문헌에 비해 중복되는 정보를 많이 담고 있다. 복수문헌 요약에서 선정된 요약 단락들의 중복성을 제거하는 일은 짧은 요약문 안에 보다 많은 정보를 담기 위해서 매우 중요하다.
- 시간성(temporal dimension): 사건 관련 기사와 같이 연속적으로 생성되는 문헌들은 후에 생성된 정보가 이전의 정보를 보완하거나 수정하는 경우가 있으므로 발생 시간을 고려한다.
- 압축률(compression ratio): 단일문헌 요약문과 비슷한 길이의 요약문을 원할 경우 복합문헌 요약의 압축률은 훨씬 높아져야 한다.
- 공통참조(co-reference): 여러 문헌에서는 동일한 실체를 보다 다양하게 참조하므로 복수문헌 요약에서 공통참조의 문제는 해결하기가 더욱 어렵다.

Goldstein 등(Goldstein, et al. 2000)은 특정한 주제를 다루고 있는 문헌들의 집

단 또는 문헌 클러스터로부터 요약 단락 추출 시 중복성을 최소화할 수 있는 방법을 다음과 같이 제안하고 있다.

- 문헌집단의 문헌들로부터 공통되는 적합 부분을 추출한다.
- 문헌집단의 문헌들로부터 공통되는 부분과 고유한 부분을 추출한다.
- 문헌집단의 중심문헌(centroid document)으로부터 요약 문장을 추출한다.
- 문헌집단의 중심문헌으로부터 생성한 요약에 다른 문헌들의 주요 단락 또는 키워드를 추가한다.
- 문헌집단의 가장 최신문헌으로부터 요약을 생성하고 다른 문헌들의 주요 단락 또는 키워드를 추가한다.
- 문헌집단 내 문헌들의 공통 부분과 고유 부분을 추출한 다음 최신성 가중치를 부여하여 최종 요약 단락을 선정한다.

복수문헌 요약에 관한 연구에서는 클러스터링 기법(Stein, Bagga, and Wise 2000; Radev, Jing, and Budzikowska 2000), MMR 기법(Goldstein, et al. 2000), 템플리트 기법(McKeown and Radev 1995), 응집성 그래프 기법(Mani and Bloedorn 1999) 등이 사용되고 있다.

4.4.1 클러스터링 기반 복수문헌 요약

클러스터링 기반 복수문헌 요약에서 클러스터링의 대상이 되는 텍스트 요소는 각 문헌을 대표하는 문장이나 문단이 된다. 문장이나 문단을 통틀어 단락(passage)이라고 하며, 대부분의 기법에서는 각 문헌을 대표하는 단락 또는 요약문을 먼저 선정한 후 이 단락들을 클러스터링하고, 생성된 각 클러스터를 대표하는 단락을 다시 선정하여 통합적인 요약문을 작성하는 과정을 수행한다.

Stein 등(Stein, Bagga, and Wise 2000)의 연구에서는 다음과 같이 특정한 주제에

관련된 각 문헌의 요약문을 먼저 생성한 후 이로부터 복수문헌 요약을 생성하였다.

- 단일문헌 요약문을 생성한다.
- 단일문헌 요약문들을 군집화한다.
- 각 클러스터의 대표 단락/요약문을 선정한다.
- 추출한 단락들을 조직한다.

이 연구에서 특정 주제에 관한 일반요약일 경우에는 각 클러스터를 가장 잘 대표하는 단락들을 선정하며, 질의에 대한 요약에서는 질의와 가장 유사한 단락들을 선정하여 적절히 배열함으로써 최종 요약문을 구성하도록 하였다.

Radev 등(Radev, Jing, and budzikowska 2000; Radev, Jing, Stýs, and Tam 2004)이 발표한 MEAD라는 요약 시스템은 1996년 미국에서 시작된 TDT(Topic Detection and Tracking) 프로젝트의 일환으로 개발되었다. MEAD 시스템은 동일한 사건에 관련된 기사들의 클러스터(사건 클러스터)를 먼저 생성한 후 클러스터 센트로이드를 산출하고 이를 토대로 요약문을 구성할 문장을 추출하였다. 생성된 클러스터 센트로이드는 클러스터를 대표하는 단어들로 구성되며, 각 단어는 변형된 TF · IDF 가중치를 갖는다. 클러스터 기사들을 구성하는 각 문장은 센트로이드와의 유사도 값(centroid value), 위치 값(positional value), 첫 문장과의 중복도(first-sentence overlap) 등 세 자질 값을 결합한 최종 문장점수에 의해 순위가 매겨지며, 순위화된 문장들 중에서 지정한 압축률에 따라 일정한 수의 요약 문장을 추출한다. 이 기법은 요약 대상 문헌이 뉴스 기사라는 점을 고려하여 텍스트 내 첫 번째 문장, 첫 번째 문장과 유사한 문장, 텍스트의 앞부분에 출현한 문장 등이 높은 점수를 받도록 하였다.

미국 미시간대학교에서 개발한 NewsInEssence는 MEAD를 요약기로 사용한 상호작용적 다중정보원 뉴스기사 요약시스템으로서 상호 연관된 뉴스기사들의 클러스터로부터 2%, 5%, 10%, 20%의 압축률에 의해 요약문을 온라인으로 생성한다(NewsInEssence: Web-based news summarization). 그림 4.4의 예는 "UK Sunshine island's deadly trade"란 기사와 연관된 6개의 기사들로 구성된 클러스터로부터 2% 압축률에 의해 생성한 요약문의 일부로서 요약문에 포함되는 각 문장에는 해당 문장이 출현한 기사의 번호와 그 기사 안에서의 문장의 번호가 괄호 안에 주어져 있다.

UK Sunshine island's deadly trade

2% Summary

Here, one Trinidadian woman explains why she risked her like and liberty by swallowing cocaine to smuggle into Britain. (1:3). She knew the two men – they had helped her out when …. (1:6) "She asked me if I have children and …." (1:35) I had to do a vow to him that I would not tell anybody …. (2:29) A leading Islamist activist in Morocco says she is eagerly awaiting her trial on charges of insulting King Mohammed VI. (3:2) …

〈그림 4.4〉 NewsInEssence 요약문 예

4.4.2 MMR 기반 복수문헌 요약

Goldstein 등(Goldstein, et al. 2000)은 MMR(maximal marginal relevance) 척도를 사용하여 중복성(redundancy)을 최소화하면서 적합성(relevance)과 다양성(diversity)을 최대화하는 요약문을 생성하고자 하였다. MMR 기법에서는 텍스트 단락(text passage)이 이미 선정된 다른 단락에 대해 낮은 유사성을 가지면서 동시에 질의에 적합하고 요약문으로 유용할 경우 이 단락은 높은 '한계 적합성'(marginal relevance)을 갖는다고 말하며, 이 한계 적합성을 최대화하는 요약문 생성을 목표로 한다.

$$MMR(Q,R,S) = \underset{D_i \in R \setminus S}{Arg\max}\left(\lambda Sim_1(D_i, Q) - (1-\lambda)\max_{D_i \in S} Sim_2(D_i, D_j)\right)$$

위의 MMR 척도에서 Q는 질의, D_i는 문헌 대신 단락을 나타내며, R은 검색결과 순위화된 단락 리스트, S는 이미 선정된 단락들로서 R의 하부집합, $R \setminus S$는 S를 제외한 R 리스트 내 단락(아직 선정되지 않은 단락)을 의미한다(Carbonell and Goldstein 1998; Mani 2001a). Sim_1, Sim_2는 각각 질의와 단락, 단락과 단락 간 유사도를 의미하며, 코사인 유사계수와 같은 척도를 사용하여 산출한다. λ는 0에서 1사이의 값을 갖는 파라미터로서 λ=1일 경우 단락의 순위화는 질의와의 적합성에만 기반하게 되며, λ=0일 경우에는 단락 간의 최대 다양성(maximal diversity)을 반영한 순위화가 이루어진다. Goldstein 등(Goldstein, et al. 2000)의 연구에서는 위의 Sim_1과 Sim_2의 두 항을 확장한 MMR 공식을 사용하였는데, 예컨대 Sim_1에는 질의와 단락 간 유사도 이외에 단락의 정보 내용(단락의 위치 등), 단락의 시간성 등의 항을 추가하였다.

Goldstein 등(Goldstein, et al. 2000)이 제안한 복수문헌 요약 과정은 다음과 같다.

1. 문헌을 단락으로 분할한다.
2. 코사인 유사계수를 사용하여 질의에 적합한 단락들을 검색한다.
3. MMR 척도를 사용하여 순위화한 단락들을 선정한다.
4. 선정된 단락들을 요약문으로 조합한다.

4.4.3 템플리트 기반 복수문헌 요약

SUMMONS(SUMMarizing Online NewS articles)는 동일한 사건에 관한 일련의 뉴스기사들을 요약하여 하나 이상의 문장들로 구성되는 요약문을 생성하는 시스템이다(McKeown and Radev 1995). 이 시스템은 입력된 텍스트에 포함된 중요한 사실들을 표현하도록 구성된 여러 개의 템플리트로부터 자연스러운 요약문을 생성하며, 이전 기사에 대한 간략한 요약을 포함한 뉴스기사 말뭉치의 분석을 통해 식별해낸 요약 연산자(summarization operators)를 활용하여 템플리트들을 결합한다. SUMMONS 시스템 테스트에 사용된 템플리트들은 MUC-4(MUC 1992) 참여 시스템들에 의해 개발된 테러리즘 주제 영역의 템플리트로서 범인, 희생자, 사건 유형 등 모두 25개의 필드로 구성되었다.

SUMMONS 시스템의 입력물은 MUC의 메시지 이해 시스템에 의해 기사들로부터 생성된 템플리트 집합이며 출력물은 하나 이상의 문장으로 구성되는 문단이다. SUMMONS 시스템은 전형적인 언어 생성 시스템 구조에 기반하고 있으며, 텍스트 내용의 개념적 표현을 생성하는 내용 기획기(content planner)와 어휘사전(lexicon) 및 영어 문법을 사용하여 문장을 생성하는 언어 처리기(linguistic generator)의 두 부분으로 구성된다. 내용 기획기는 관점의 변화(change of perspective), 상충(contradiction), 추가(addition), 정련(refinement), 동의(agreement), 경향(trend), 정보부재(no information) 등을 나타내는 다양한 요약 연산자들을 사용하여 템플리트 정보를 결합한다. 요약 과정에서 시스템은 데이터베이스 내 기사들의 유사성에 근거하여 적절한 요약 연산자를 선택한 후 이를 입력된 템플리트에 적용함으로써 기존 템플리트의 정보를 결합하거나 통합하여 새로운 템플리트를 생성하게 된다.

다음의 예는 상충되는 내용을 담고 있는 2개의 기사에 대해 생성된 템플리트로부터 작성된 요약문이다.

> In the early afternoon of February 26, 1993, Reuters reported that a suspected bomb killed at least five people in the World Trade Center. Later, Associated Press announced that exactly five people were killed in the blast.

그림 4.5와 그림 4.6은 위의 요약문 생성에 사용된 2개의 템플리트의 일부를 보여 준다. 요약문에서 2개의 요약 문장을 연결하는 "later"는 언어 처리기의 사전으로부터 선정된 것이다.

MESSAGE: ID	TST-COL-0001
SECSOURCE: SOURCE	Reuters
SECSOURCE: DATE	26 FEB 93 EARLY AFTERNOON
INCIDENT: DATE	26 FEB 93
INCIDENT: LOCATION	WORLD TRADE CENTER
INCIDENT: TYPE	BOMBING
HUM TGT: NUMBER	AT LEAST 5

〈그림 4.5〉 뉴스기사 템플리트-1

MESSAGE: ID	TST-COL-0002
SECSOURCE: SOURCE	Associated Press
SECSOURCE: DATE	26 FEB 93 19:00
INCIDENT: DATE	26 FEB 93
INCIDENT: LOCATION	WORLD TRADE CENTER
INCIDENT: TYPE	BOMBING
HUM TGT: NUMBER	5

〈그림 4.6〉 뉴스기사 템플리트-2

4.5 자동요약의 성능 평가

자동요약에 관한 연구에서는 요약문의 평가 방법을 크게 내재적(intrinsic) 평가와 외재적(extrinsic) 평가로 구분하고 있다(Mani and Maybury 1999; Mani 2001b). 내재적 평가는 요약문의 품질 평가를 통해 요약 기법의 성능을 평가하는 것으로서 요약문의 유창성(fluency), 원문 내 주요 개념의 포함 정도, 이상적 요약문과의 유사성 등을 측정한다. 반면 외재적 평가에서는 원문의 적합성 판정이나 질의응답 등과 같은 다른 작업에서 요약문이 얼마나 효과적으로 활용되는가를 나타내는 요약문의 유용성을 측정한다.

자동요약 기법의 성능 평가 기준으로는 수작업으로 생성된 이상적인 요약문과 자동생성된 요약문을 비교함으로써 요약문의 품질을 평가하는 내재적 평가 방법이 주로 사용된다(Jing et al 1998). 요약문의 품질을 측정하는 평가 척도로는 검색 성능 평가에서와 유사하게 재현율과 정확률을 주로 사용한다. 문장 추출 방법에 기반한 자동요약 기법의 평가에서 재현율은 이상적 요약문을 구성하는 문장(적합문장)이 자동생성된 요약문에 얼마나 포함되어 있는가를 측정하며, 정확률은 자동생성된 요약문을 구성하는 문장들 가운데 적합문장이 얼마나 포함되어 있는가를 측정하는 것이다.

$$\text{요약 재현율} = \frac{\text{자동생성 요약문 내 적합문장 수}}{\text{이상적 요약문의 요약 문장 총 수}}$$

$$\text{요약 정확률} = \frac{\text{자동생성 요약문 내 적합문장 수}}{\text{자동생성 요약문의 요약문장 총 수}}$$

질의 중심형 요약을 생성하는 시스템에서는 요약문이 질의에 대한 답을 제공하는 기능을 수행한다. 따라서 이러한 요약 시스템의 성능 평가 척도로 사용되는 정확률에 의해 질의에 적합한 문장이 자동 생성 요약문에 얼마나 포함되어 있는지를 측정할 수 있다(최상희 2004).

참고문헌

최상희. 2004. 질의응답을 위한 복수문헌 요약기법에 관한 실험적 연구. 박사학위 논문, 연세대학교 대학원, 문헌정보학과.

Barzilay, R. and Elhadad, M. 1999. *Using lexical chains for text summarization*. In I. Mani and M.T. Maybury, eds. *Advances in Automatic Text Summarization*. Cambridge, MA: The MIT Press. 111-121.

Carbonell, J.G. and Goldstein, J. 1998. "The use of MMR, diversity-based reranking for reordering documents and producing summaries". *Proceedings of the 21st Annual International ACM SIGIR Conference on Research and Development in Information Retrieval*. 335-336.

DeJong, G. 1982. "An overview of the FRUMP system". In W.G. Lehnert and M.H. Ringle, eds. *Strategies for Natural Language Processing*. 149-176.

Edmunson, H.P. 1969. "New methods in automatic extracting". *Journal of the ACM*, 16(2): 264-285.

Goldstein, J., Kantrowitz, M., Mittal, V., and Carbonell, J. 1999. "Summarizing text documents: sentence selection and evaluation metrics". *Proceedings of the 22nd Annual International Conference on ACM SIGIR Conference on Research and Development in Information Retrieval*. 121-128.

Goldstein, J., Mittal, V.O., Carbonell, J.G., and Kantrowitz, M. 2000. "Multi-document summarization by sentence extraction". *Proceedings of the Workshop on Automatic Summarization*. 40-48.

Hirst, G. and St-Onge, D. 1998. *Lexical chains as representations of context for the detection and creation of malapropisms*. In C. Fellbaum, ed. *WordNet: An Electronic Lexical Database*. Cambridge, MA: The MIT Press. 305-331.

Jackson, P. and Moulinier, I. 2002. *Natural Language Processing for Online*

Applications: Text Retrieval, Extraction and Categorization. Amsterdam: John Benjamins Publishing Co.

Jing, H., Barqilay, R., McKeown, K., and Elhadad, M. 1998. "Summarization evaluation methods: experiments and analysis". *AAAI Intelligent Text summarization Workshop*. 60-68.

Kupiec, J., Pedersen, J., and Chen, F. 1995. "A trainable document summarizer". *Proceedings of the 18th Annual International Conference on Research and Development in Information Retrieval*. 68-73.

Lancaster, F.W. 1991. *Indexing and Abstracting in Theory and Practice*. Champaign, Illinois: University of Illinois.

Luhn, H.P. 1958. "The automatic creation of literature abstracts". *IBM Journal of Research and Development*, 2(2): 159-165.

Mani, I. 2001a. *Automatic Summarization*. Amsterdam: John Benjamins Publishing Co.

Mani, I. 2001b. "Summarization evaluation: an overview". *Proceedings of the NTCIR Workshop 2 Meeting on Evaluation of Chinese and Japanese Text Retrieval and Text summarization*.

Mani, I. and Bloedorn, E. 1999. "Summarizing similarities and differences among related documents". *Information Retrieval*, 1: 35-67.

Mani, I., Bloedorn, E., and Gates, B. 1998. "Using cohesion and coherence models for text summarization". *Working Notes of the Workshop on Intelligent Text Summarization*. 69-76.

Mani, I., Gates, B., and Bloedorn, E. 1999. "Improving summaries by revising them". *Proceedings of the 37th Annual Meeting of the Association for Computational Linguistics*, 558-565.

Mani, I. and Maybury, M.T., eds. 1999. *Advances in Automatic Text Summarization*.

Cambridge, MA: The MIT Press.

Mann, W.C. and Thompson, S.A. 1988. "Rhetorical structure theory: toward a functional theory of text organization". *Text*, 8(3): 243-281.

Marcu, D. 1997. "The rhetorical parsing of natural language texts". *Proceedings of the 35th Annual Meeting of the Association for Computational Linguistics*. 96-103.

Marcu, D. 1999. *Discourse trees are good indicators of importance in text*. In I. Mani and M.T. Maybury, eds. *Advances in Automatic Text Summarization*. Cambridge, MA: The MIT Press. 123-136.

Mathis, B.A., Rush, J.E., and Young, C.E. 1973. "Improvement of automatic abstracts by the use of structural analysis". *Journal of the American Society for Information Science*, 24(2): 101-109.

McKeown, K. and Radev, D. 1995. "Generating summaries of multiple news articles". *Proceedings of the 18th Annual International ACM SIGIR Conference on Research and Development in Information Retrieval*. 74-82.

Message Understanding Conference (MUC). 1992. *Proceedings of the Fourth Message Understanding Conference (MUC-4)*. DARPA Software and Intelligent Systems Technology Office.

Moens, M.F. and Uyttendaele, C. 1997. "Automatic text structuring and categorization as a first step in summarizing legal cases". *Information Processing and Management*, 33(6): 727-737.

Myaeng, S.H. and Jang, D.H. 1999. *Development and evaluation of a statistically-based document summarization system*. In I. Mani and M.T. Maybury, eds. *Advances in Automatic text Summarization*. Cambridge, MA: The MIT Press. 61-70.

Morris, J. and Hirst, G. 1991. "Lexical cohesion computed by thesaural relations as an indicator of the structure of text". *Computational Linguistics*, 17(1): 21-43.

NewInEssence: Web-baed news summarization. [online]. [cited 2005.04.10] 〈http://lada.si.umich.edu:8080/clair/nie1/nie.cgi〉.

Paice, C.D. and Jones, P.A. 1993. "The identification of important concepts in highly structured technical papers". *Proceedings of the 16th Annual International ACM SIGIR Conference on Research and Development in Information Retrieval*. 69-78.

Pollock, J.J. and Zamora, A. 1975. "Automatic abstracting research at Chemical Abstracts Service". *Journal of Chemical Information and Computer Sciences*, 15(4): 226-232.

Radev, D.R., Jing, H., and Budzikowska, M. 2000. "Centroid-based summarization of multiple documents: sentence extraction, utility-based evaluation, and user studies". *NAACL/ANLP Workshop on Automatic Summarization*. 21-30.

Radev, D.R., Jing, H., Stýs, M., and Tam, D. 2004. "Centroid-based summarization of multiple documents". *Information Processing and Management*, 40(6): 919-938.

Rau, L.F., Jacobs, P.S., and Zernik, U. 1989. "Information extraction and text summarization using linguistic knowledge acquisition". *Information Processing and Management*, 25(4): 419-428.

Rush, J.E., Salvador, R., and Zamora, A. 1971. "Automatic abstracting and indexing. II. Production of indicative abstracts by application of contextual inference and syntactic coherence criteria". *Journal of American Society for Information Science*, 22(4): 260-274.

Salton, G., Singhal, A., Mitra, M., and Buckley, C. 1997. "Automatic text structuring and summarization". *Information Processing and Management*, 33(2):

193-207.

Stein, G.C., Bagga, A., and Wise, B. 2000. "Multi-document summarization: methodologies and evaluations". *Proceedings of Conference TALN 2000.*

Strzalkowski, T., Stein, G., Wang, J., and Wise, B. 1999. *A robust practical text summarizer.* In I. Mani and M.T. Maybury, eds. *Advances in Automatic Text Summarization.* Cambridge, MA: The MIT Press. 137-154.

제 5 장

문헌 클러스터링

5.1 자동분류 개요

자동분류(automatic classification)란 분류 알고리즘에 의해 대상물(object)들을 유사한 패턴을 갖는 것 끼리 모아 집단화하는 작업을 말한다. 자동분류의 대상물과 목적은 적용 분야에 따라서 다양한데, 정보검색 분야에서는 주로 문헌이나 용어가 분류 대상물이 된다. 문헌의 자동분류는 유사한 내용의 문헌들을 미리 집단화함으로써 검색을 용이하게 하려는 목적을 갖고 있으며, 용어의 자동분류는 용어 클래스들을 생성함으로써 자동 시소러스를 작성하거나 또는 검색 시 질의어와 유사한 용어 클래스의 다른 용어들을 질의에 추가함으로써 검색 성능을 향상시키려는 목적을 갖고 있다.

문헌의 자동분류에 대한 연구는 1960년대에 시작되어 1980년대까지는 실험적인 수준을 벗어나지 못하였으나, 1990년대 이후 컴퓨터 처리 능력이 급격히 발전하고 웹 환경으로 인해 접근 가능한 정보가 폭발적으로 증가함에 따라 관련 연구가 크게 활성화되고 있다.

문헌의 자동분류는 사전(a priori) 분류체계의 활용 여부에 따라 두 가지 유형으로 구분된다(Dattola 1969). 첫째는 사전 분류체계가 없이 문헌 간의 유사성에 근거하여 유사한 내용의 문헌들의 집단을 형성하는 문헌 클러스터링(document clustering)이며, 둘째는 기계학습(machine learning) 방법에 의해 각 문헌을 사전 분류체계의 가장 적절한 주제범주에 배정하는 텍스트 범주화(text categorization)이다.

텍스트 범주화는 각 범주를 대표하는 이름(class label)과 학습 데이터를 사용하므로 지도학습(supervised learning) 분류라고 하며, 문헌 클러스터링은 학습 데이터(training data)를 필요로 하지 않으므로 비지도학습(unsupervised learning) 분류라고 한다(Manning and Schütze 1999).

문헌의 자동분류를 포함한 일반적인 자동분류 기법의 유형은 그림 5.1과 같은 나무 구조로 표현할 수 있다(Jain and Dubes 1988). 이 그림에서 중복적(overlapping) 분류는 하나의 대상물이 복수의 분류 범주에 속하도록 허용하는 반면 배타적(exclusive) 분류는 대상물을 단 하나의 범주에만 배정한다. 즉, 하나의 문헌을 한

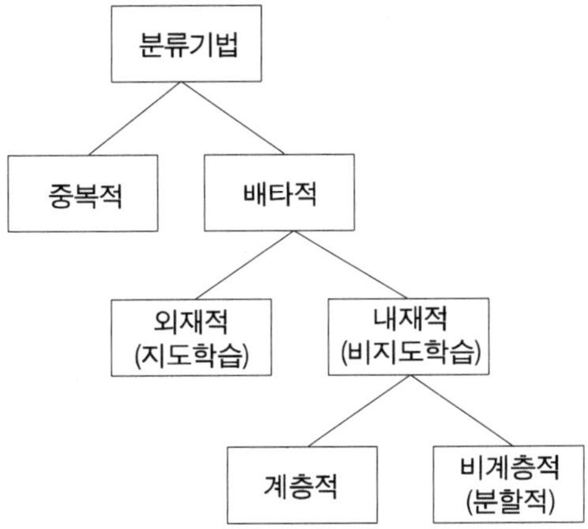

〈그림 5.1〉 분류기법의 유형

개의 주제범주로만 분류하는 경우는 배타적 분류가 되며, 여러 범주에 속하도록 하는 경우는 중복적 분류가 된다. 배타적 분류는 다시 외재적(extrinsic) 분류와 내재적(intrinsic) 분류로 구분되는데, 내재적 분류는 분류 대상물에 대한 데이터 행렬(data matrix)이나 대상물 간의 유사도 행렬(proximity matrix)만을 사용하는 비지도 학습 분류에 해당하며, 외재적 분류는 유사도 행렬 이외에 사전에 부여된 범주명을 함께 사용하는 지도 학습 분류를 의미한다. 마지막으로 내재적 분류인 클러스터링은 다시 계층적 기법과 비계층적 기법으로 구분된다. 따라서 문헌 분류의 경우 외재적 분류는 텍스트 범주화에 해당되며, 내재적 분류는 문헌 클러스터링에 해당된다. 중복적 분류도 배타적 분류와 같은 구조로 세분할 수 있으나 문헌 분류에서는 보통 복수의 범주로 문헌을 분류할 수 있는 텍스트 범주화 기법이 이에 해당된다.

5.2 문헌 클러스터링 개요

문헌 클러스터링은 각 문헌을 표현하는 자질(feature)들을 비교하여 문헌 간 유사성을 측정한 다음 비슷한 내용의 문헌들을 동일한 집단에 속하도록 군집화하는 기법이다. 클러스터링 결과 생성된 유사한 문헌들의 집단, 즉 문헌 클러스터들은 각 클러스터를 대표하는 클러스터 프로파일(클러스터 센트로이드)을 갖게 되며, 검색 시 질의와 클러스터 프로파일이 비교되어 질의에 가장 적합한 클러스터가 검색된다.

문헌 클러스터링 기법을 정보검색에 이용하게 된 것은 다음의 가설에 근거한다.

- 밀접하게 상호 관련된 문헌들은 동일한 정보요구에 대해 모두 적합할 것이다 (van Rijsbergen 1979).
- 특정한 정보요구에 대해 적합한 문헌들과 부적합한 문헌들은 서로 다른 클러스터에 속할 것이다.

다시 말해 특정한 질의에 대해 검색된 문헌 클러스터는 질의에 적합한 문헌들을 모두 포함하며, 나머지 클러스터들은 질의와는 다른 주제에 관련된 문헌들을 포함할 것이라고 보는 것이다. 따라서 먼저 질의와 가장 유사한 클러스터를 검색한 다음 검색된 클러스터에 포함된 문헌들을 모두 질의에 적합한 문헌으로 판정하여 제공하거나 아니면 다시 각 문헌과 질의와의 유사도를 산출하여 적합성 순위에 따라 제공한다.

문헌 클러스터링 과정은 그림 5.2와 같이 분류자질 선정 및 문헌 표현, 문헌 간 유사도 산출, 클러스터 생성 등으로 구성된다.

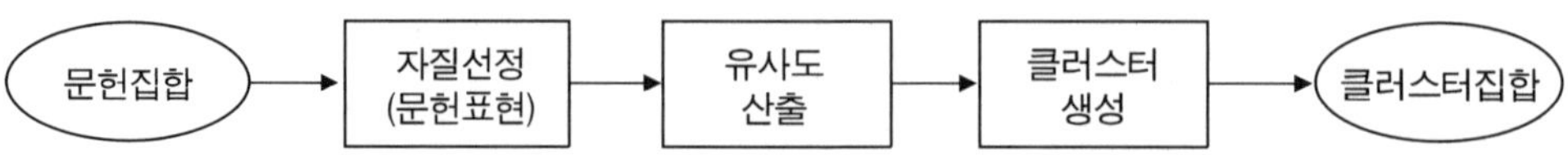

〈그림 5.2〉 문헌 클러스터링 과정

그림 5.2에서 알 수 있듯이 문헌 클러스터링 과정에 필요한 요소는 (1) 분류 대상

물인 문헌들의 집합, (2) 각 문헌을 표현하는 분류자질 집합, (3) 문헌 간 유사도를 측정하는 유사성 척도, (4) 문헌들을 군집화하는 클러스터링 알고리즘 등이다.

클러스터링 대상이 되는 문헌을 표현하는 자질로는 문헌의 주제를 나타내는 용어들이 주로 선정되며, 분류자질의 수가 너무 많을 경우에는 분류자질 집합의 크기를 축소하기도 한다. 분류자질의 선정 기준으로 많이 사용되는 것은 용어의 문헌빈도(DF)나 장서빈도(CF)로서 너무 적은 수의 문헌에 출현했거나 전체 문헌집합 내 출현빈도가 너무 적은 용어들은 분류자질에서 제외한다. 예컨대 용어가 출현한 문헌의 수가 5 미만인 용어(DF$<$5)는 분류자질로 사용하지 않는 것이다.

분류자질이 선정된 각 문헌은 $D=(x_1, \ldots, x_d)$와 같이 d개의 용어들의 가중치가 벡터 요소가 되는 d 차원의 문헌벡터로 표현되며, 이 결과 문헌집합은 n×d 크기의 문헌-용어 행렬로 표현된다(그림 5.3). 문헌-용어 행렬로부터 각 문헌 쌍, D_i와 D_j 간의 유사도 $S(D_i, D_j)$를 산출하여 문헌-문헌 유사도 행렬을 생성하며(그림 5.4), 여기에 클러스터링 알고리즘을 적용하여 유사도가 높은 문헌들을 묶은 클러스터를 생성한다. 유사도 산출에는 다양한 거리계수나 유사계수 공식을 사용할 수 있으며, 클러스터링 알고리즘으로는 계층적 클러스터링 알고리즘이나 비계층적 클러스터링 알고리즘을 사용한다.

	t_1	t_2	·	·	·	t_d
D_1	x_{11}	x_{12}	·	·	·	x_{1d}
D_2	x_{21}	x_{22}	·	·	·	x_{2d}
·	·					
·	·					
·	·					
D_n	x_{n1}	x_{n2}	·	·	·	x_{nd}

〈그림 5.3〉 문헌-용어 행렬

	D_1	D_2	· · ·	D_n
D_1	$S(D_1,D_1)$	$S(D_1,D_2)$	· · ·	$S(D_1,D_n)$
D_2	$S(D_2,D_1)$	$S(D_2,D_2)$	· · ·	$S(D_2,D_n)$
·	·			
·	·			
·	·			
D_n	$S(D_n,D_1)$	$S(D_n,D_2)$	· · ·	$S(D_n,D_n)$

〈그림 5.4〉 문헌-문헌 유사도 행렬

5.3 문헌 간 유사도 측정

클러스터링의 대상이 되는 문헌들 간의 유사도를 측정하기 위하여 사용할 수 있는 다양한 유사계수(similarity measure)와 거리계수(distance measure)가 제안되어 있다(Anderberg 1973; Losee 1998; Norusis 1991; Sneath and Sokal 1973).

유사도 척도는 먼저 거리계수와 유사계수로 구분되며, 분류자질 값의 유형(등간데이터, 빈도데이터, 이진데이터 등)에 따라 적합한 척도가 선택된다. 거리계수는 두 문헌 X(X=x_1, x_2,..., x_d), Y(Y=y_1, y_2,..., y_d) 간의 거리를 측정하며, 유사계수는 이들 간의 유사성을 측정한다. 두 문헌의 분류자질 x_i, y_i가 출현여부에 따라 0과 1의 이진값을 갖는 경우에는 그림 5.5와 같은 2×2 분할표를 이용하여 유사도를 측정한다.

		문헌 Y 출현	문헌 Y 미출현	
문헌 X	출현	a	b	$a+b$
	미출현	c	d	$c+d$
		$a+c$	$b+d$	

〈그림 5.5〉 문헌 분류자질 출현여부 분할표

위 분할표에서 a는 두 문헌에 공통으로 출현한 용어의 수를 나타내며, b는 문헌 X에는 출현하고 문헌 Y에는 출현하지 않은 용어의 수, c는 그 반대의 경우를 나타낸다. d는 두 문헌 어디에도 출현하지 않은 용어의 수를 나타내는데 이진데이터를 위한 유사성 척도들은 d 값을 사용하는 경우와 사용하지 않는 경우로 나뉜다. 예를 들어 문헌 X, Y가 다음과 같이 표현된 경우 a, b, c, d의 값은 각각 2, 1, 2, 2가 된다.

X=(0, 0, 0, 0, 1, 1, 1)

Y=(1, 1, 0, 0, 1, 1, 0)

다음은 SPSS 패키지에서 사용할 수 있는 유사도 척도들 가운데 일부이다.

(1) 거리계수

등간데이터(interval data)

▸ 유클리드 거리(Euclidean distance) : $D(X,Y)=\sqrt{\sum_i (x_i-y_i)^2}$

▸ 시티블럭(city-block) 또는 맨하탄 거리 : $D(X,Y)=\sum_i |x_i-y_i|$

▸ 민코브스키 거리(Minkowski metric) : $D(X,Y)=(\sum_i |x_i-y_i|^p)^{\frac{1}{p}}$

빈도데이터(frequency-count data)

▸ 카이제곱(chi-square) : $D(X,Y)=\sqrt{\sum_i \frac{(x_i-E(x_i))^2}{E(x_i)}+\sum_i \frac{(y_i-E(y_i))^2}{E(y_i)}}$

이진데이터(binary data)

▸ 유클리드 거리 : $D(X,Y)=\sqrt{b+c}$

▸ 크기 차이(size difference) : $D(X,Y)=\frac{(b-c)^2}{(a+b+c+d)^2}$

▸ 랜스/윌리암스(Lance & Williams) 계수 : $D(X,Y)=\frac{b+c}{2a+b+c}$

(2) 유사계수

등간데이터(interval data)

▸ 피어슨 상관계수(Pearson correlation coefficient) :

$$S(X, Y) = \frac{\sum_i (Z_{xi} Z_{yi})}{N-1}$$ (Z_{xi}는 i번째 항목에 대한 X의 Z 값, N은 항목 수)

▸ 코사인 계수(cosine coefficient) : $S(X, Y) = \frac{\sum_i (x_i y_i)}{\sqrt{\sum_i x_i^2 \sum_i y_i^2}}$

이진데이터(binary data)

▸ 정규화 단순일치 계수(simple matching coefficient) :

$$S(X, Y) = \frac{a+d}{a+b+c+d}$$

▸ 러셀/라오(Russell & Rao) 계수 : $S(X, Y) = \frac{a}{a+b+c+d}$

▸ 자카드 계수(Jaccard coefficient) : $S(X, Y) = \frac{a}{a+b+c}$

▸ 다이스 계수(Dice coefficient) : $S(X, Y) = \frac{2a}{2a+b+c}$

▸ 로저스/타니모토 계수(Rogers & Tanimoto coefficient) :

$$S(X, Y) = \frac{a+d}{a+d+2(b+c)}$$

▸ 율의 Y (Yule's Y) : $S(X, Y) = \frac{\sqrt{ad} - \sqrt{bc}}{\sqrt{ad} + \sqrt{bc}}$

▸ 율의 Q (Yule's Q) : $S(X, Y) = \frac{ad - bc}{ad + bc}$

▸ 오치아이(Ochiai) 계수 : $S(X, Y) = \dfrac{a}{\sqrt{(a+b)} \cdot \sqrt{(a+c)}}$

오치아이 계수는 이진 데이터에 적용한 코사인 계수이다. 또한 다이스 계수와 자카드 계수는 일반적으로 이진 데이터에 적용하지만 코사인 계수와 마찬가지로 0과 1 이외의 가중치 값을 갖는 자질벡터에도 적용할 수 있다. 이 경우의 공식은 다음과 같다.

▸ 다이스 계수 : $S(X, Y) = \dfrac{2\sum_i (x_i y_i)}{\sum_i x_i^2 + \sum_i y_i^2}$

▸ 자카드 계수 : $S(X, Y) = \dfrac{\sum_i (x_i y_i)}{\sum_i x_i^2 + \sum_i y_i^2 - \sum_i (x_i y_i)}$

앞에서 언급한 유사계수 이외에 정보검색에서 흔히 사용되는 계수로는 내적 계수(inner product coefficient)가 있다. 내적 계수는 다음과 같이 두 벡터 요소의 가중치를 곱해서 모두 더한 값으로서 정규화되지 않은 유사도를 나타낸다.

▸ 내적 계수 : $S(X, Y) = \sum_{i=1} x_i \cdot y_i$

문헌들의 용어에 가중치가 부여되지 않는 경우 문헌벡터는 용어의 출현 여부만을 나타내는 이원벡터가 된다. 예를 들어 문헌 X는 $\{t_1, t_2, t_3, t_7, t_8\}$의 색인어를 갖고 있고, 문헌 Y는 $\{t_1, t_2, t_3, t_6\}$의 색인어를 갖는다고 하자. 두 문헌을 용어들의 이원벡터로 표현하여 2×2 분할표로 나타내면 a=3, b=2, c=1, d=2가 된다. 여기에 문헌이나 용어 클러스터링에서 일반적으로 많이 사용되는 코사인 계수(여기서는 오치아이

계수: S_1), 다이스 계수(S_2), 자카드 계수(S_3) 공식을 적용하여 문헌 간 유사도를 구하면 다음과 같다.

X = (1, 1, 1, 0, 0, 0, 1, 1)

Y = (1, 1, 1, 0, 0, 1, 0, 0)

$$S_1(X, Y) = \frac{3}{\sqrt{(3+2)(3+1)}} = \frac{3}{\sqrt{20}} = 0.6708$$

$$S_2(X, Y) = \frac{2 \cdot 3}{2 \cdot 3 + 2 + 1} = \frac{6}{9} = 0.6667$$

$$S_3(X, Y) = \frac{3}{3+2+1} = \frac{3}{6} = 0.50$$

위의 세 유사계수 값들은 0에서 1 사이의 값을 가지며, 1에 가까울수록 두 문헌이 유사함을 의미한다.

반면 문헌들의 용어가 가중치를 갖는 경우에는 각 문헌은 용어 가중치 벡터로 표현된다. 예를 들어 두 문헌 X, Y가 다음과 같이 가중치 벡터로 표현될 경우 코사인 계수(S_1), 다이스 계수(S_2), 자카드 계수(S_3), 내적 계수(S_4)의 네 유사계수와 거리계수인 유클리드 계수(D_1)는 다음과 같이 산출된다. 거리계수 값이 클수록 두 문헌 간의 유사도가 작아짐을 의미하며, 1에서 다이스 계수나 코사인 계수를 뺀 값을 거리계수 또는 상이계수(dissimilarity coefficient)로 사용할 수 있다(Jardin and van Rijsbergen 1971; van Rijsbergen and Croft 1975).

X = (3, 2, 1, 0, 0, 0, 1, 1)

Y = (2, 1, 1, 0, 0, 3, 0, 0)

$$S_1(X, Y) = \frac{3 \cdot 2 + 2 \cdot 1 + 1 \cdot 1}{\sqrt{(3^2 + 2^2 + 1^2 + 1^2 + 1^2) \cdot (2^2 + 1^2 + 1^2 + 3^2)}} = \frac{9}{15.49} = 0.5810$$

$$S_2(X, Y) = \frac{2 \cdot 9}{16 + 15} = 0.5806$$

$$S_3(X, Y) = \frac{9}{16 + 15 - 9} = 0.4091$$

$$S_4(X, Y) = 3 \cdot 2 + 2 \cdot 1 + 1 \cdot 1 = 9$$

$$D_1(X, Y) = \sqrt{(3-2)^2 + (2-1)^2 + (1-1)^2 + (0-3)^2 + (1-0)^2 + (1-0)^2}$$

$$= \sqrt{13} = 3.6056$$

5.4 클러스터링 기법

클러스터링 기법은 생성되는 클러스터 구조의 유형에 따라 크게 계층적(hierachical) 클러스터링과 비계층적(non-hierachical) 클러스터링으로 구분된다. 계층적 기법은 데이터 집합(문헌집단) 내의 모든 대상물이 연결될 때까지 대상물이나 클러스터 쌍들을 연속적으로 연결해 가는 기법으로서 클러스터들의 계층을 형성하게 된다.

계층적 클러스터링은 클러스터링 진행 과정에 따라 다시 응집적(agglomerative) 알고리즘과 분열적(divisive) 알고리즘으로 구분된다(Rasmussen 1992; Jain and Dubes 1988). 응집적 알고리즘에서는 클러스터링 이전의 데이터 집합으로부터 대상물이나 클러스터 쌍들이 결합되기 시작하는데 모두 N-1 번의 결합 과정을 거치게 된다. 즉, 클러스터링 초기에 각 대상물은 자신만으로 구성되는 단독개체 클러스터(singelton cluster)를 형성하며, 이 클러스터들은 결합하여 점점 큰 클러스터를 형성하게 되고 최종적으로 모든 대상물이 포함되는 단일 클러스터를 생성하는 것이다.

반면에 분열적 알고리즘은 모든 대상물을 포함하는 단일 클러스터에서 시작하여 한 클러스터가 더 작은 클러스터로 쪼개지는 모두 N-1 번의 분열 과정을 거치게 된다. 응집적 알고리즘은 개별 대상물에서 시작하여 점점 큰 클러스터를 형성해 가기 때문에 상향식(bottom-up) 알고리즘이라고도 하며, 분열적 알고리즘은 전체 데이터 집합으로부터 시작하여 점점 작은 클러스터를 생성해 가기 때문에 하향식(top-down) 알고리즘이라고 한다. 계층적 클러스터링에서는 분열적 알고리즘보다는 응집적 알고리즘이 주로 사용된다.

비계층적 또는 분할적(partitional) 클러스터링은 계층적 클러스터링과 마찬가지로 응집적 알고리즘과 분열적 알고리즘으로 구분된다. 비계층적 클러스터링 기법은 클러스터링 이전에 미리 생성할 클러스터의 수, 클러스터의 크기, 클러스터 생성 기준치 등을 결정해야 하므로 경험적 또는 자기발견적(heuristic) 기법이라고도 한다. 비계층적 클러스터링 기법은 대개 초기 데이터 집합을 여러 개의 클러스터로 분할한 다음 대상물을 보다 적절한 클러스터로 재배치하는 과정을 거쳐 최적의 클러스터들을 생성한다. 따라서 비계층적 클러스터링을 재배치(reallocation) 클러스터링, 또는 반복적 분할 클러스터링이라고도 한다.

앞에서 설명한 클러스터링 기법의 분류를 그림으로 나타내면 그림 5.6과 같다.

〈그림 5.6〉 클러스터링 기법 분류

계층적 기법과 비계층적 기법은 각기 다음과 같은 일반적인 특성을 갖는다(Manning and Schütze 1999; Willett 1988). 계층적 기법은 처리시간 측면에서는 비계층적 기법에 비해 덜 효율적인 반면 상세한 데이터 분석에 적합하며, 또한 클러스터링 성능이 좋은 것으로 나타나 있다. 비계층적 기법은 클러스터링 성능은 떨어지지만 처리시간 측면에서 효율적이므로 데이터 집합이 아주 클 때 적합하다. N개의 문헌을 클러스터링하기 위해 계층적 기법은 최소한 N^2 수준의 시간이 필요한 반면 비계층적 기법은 N 수준이나 $N \log N$ 수준의 시간이 필요한 것으로 알려져 있다(Willett 1988). N개의 문헌을 클러스터링하여 M개의 클러스터를 생성하는 비계층적 기법의 경우 NM 수준의 시간이 요구되는 것으로 평가하기도 한다(Rasmussen 1992).

일반적으로 문헌 클러스터링에서는 높은 성능을 얻기 위해 계층적 기법이 선호되지만 대규모 문헌 처리가 필요한 경우에는 계층적 기법과 비계층적 기법을 함께 사용하는 것도 생각해 볼 수 있다. 예컨대 Buckshot 알고리즘은 계층적 기법인 집단평균연결 기법과 비계층적 기법인 K-means 기법을 결합한 것으로서 먼저 전체 데이터 집합의 하부집합($\sqrt{N}$ 크기)에 대해 집단평균연결 기법을 적용하여 클러스터 센트로이드를 산출한 다음 K-means 기법에 의해 대상물들을 재배치한다(Rasmussen 1992).

5.4.1 계층적 클러스터링

문헌-문헌 유사도 행렬에 기초한 계층적이며 응집적인 클러스터링 알고리즘은 N개의 문헌의 유사도 행렬 작성을 위해 N^2 수준의 계산 작업이 필요하다. 따라서 과거에는 수만, 수십만 건에 달하는 많은 양의 문헌들을 클러스터링하기 위해서 엄청난 시간이 소요되었기 때문에 문헌 클러스터링에 계층적 기법을 사용하기가 쉽지 않았다. 그러나 컴퓨터 자원의 발전과 손쉽게 사용할 수 있는 소프트웨어 패키지의 등장으로 인해 1980년대 이후 문헌 클러스터링에 계층적 기법을 도입한 연구들을 많이 볼 수 있다(Willett 1988).

문헌을 대상물로 한 계층적 클러스터링의 기본 과정은 다음과 같다.

1. 문헌을 용어들의 벡터로 표현하여 문헌-용어 행렬을 작성한다.(그림 5.3 참조)
2. 문헌 쌍 간의 유사도 또는 거리를 산출하여 문헌-문헌 유사도 행렬을 작성한다.(그림 5.4 참조)
3. 개별 대상물로 각각의 초기 클러스터를 형성한다.
4. 유사도가 가장 큰(즉 거리가 가장 가까운) 클러스터 쌍을 찾아 통합한다.
5. 새로운 클러스터와 나머지 클러스터 간의 유사도를 산출하여 4번 단계로 돌아간다. 한 개의 클러스터로 통합될 때까지 이 과정을 반복한다.

계층적 클러스터링 결과 생성된 클러스터 계층은 흔히 그림 5.7과 같은 덴드로그램으로 표현된다. 이 덴드로그램은 KTSET-95 실험문헌 집단에서 추출한 서로 내용이 유사한 23개의 문헌들을 SPSS를 사용하여 코사인 유사계수와 완전연결 기법에 의해 클러스터링한 결과이다. 이 그림에서 첫째 칸의 번호는 원래 문헌집단 내 문헌 번호이며, 둘째 칸에 나와 있는 것이 클러스터링 대상이 된 문헌들의 일련번호이다. 그림 상단에 있는 거리 표시는 실제 거리가 아니라 0에서 25까지로 재조정한 것으로서 클러스터링의 각 단계에서 묶이는 클러스터 간의 거리를 비율적으로 보여 준다. 즉, 이 경우 3번과 5번 문헌이 가장 유사하므로, 즉 거리가 가장 가까우므로 먼저 묶인 것이며, 그 다음이 7번과 20번 문헌 등이다. 거리가 10 지점인 곳에서 형성된 클러스터는 모두 5개로서 {3,5}, {9,19}, {12,15}, {7,20}, {6,13} 등이며, 거리 임계치가 커질수록 클러스터들이 통합되어 점점 커지게 됨을 알 수 있다.

계층적 클러스터링 알고리즘은 유사한 클러스터들의 통합 방법, 즉 클러스터 간 유사도 산출 방법에 따라 구분되는데 일반적으로 단일연결 기법(single link 또는 single linkage method), 완전연결 기법(complete link method), 집단평균연결 기법

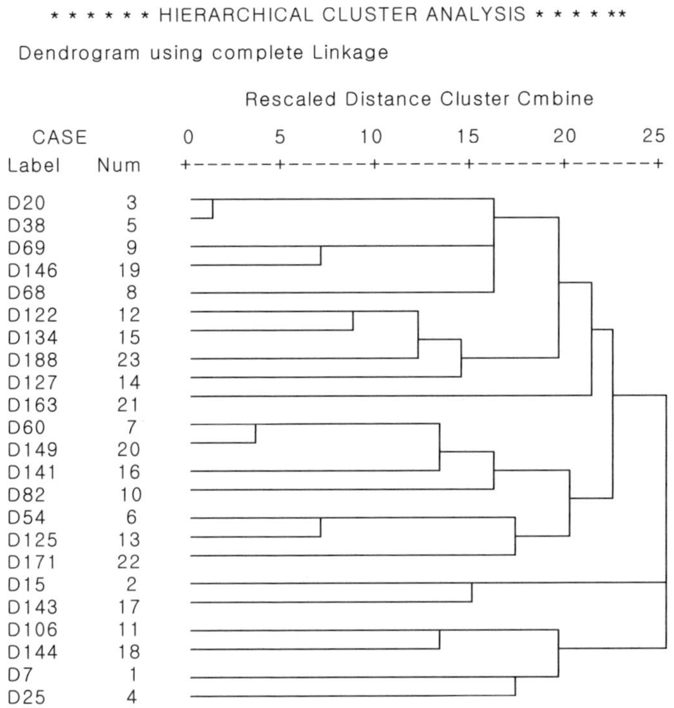

〈그림 5.7〉 덴드로그램의 예

(group average link method), 워드 기법(Ward's method) 등이 많이 사용된다(Willet 1988).

그림 5.8에서 보는 바와 같이 단일연결 기법에서 통합되는 두 클러스터 간의 유사도는 가장 유사한, 즉 가장 거리가 가까운, 두 구성원 간의 유사도로 측정하며, 완전연결 기법은 이와 반대로 가장 유사하지 않은, 즉 거리가 가장 먼, 두 구성원 간의 유사도로 측정한다. 집단평균연결 기법에서는 모든 구성원 쌍 간의 유사도 값의 평균이 두 클러스터 간의 유사도가 된다(Everitt, Landau, and Leese 2001). 결과적으로 단일연결 기법은 완전연결 기법에 비해 구성원 간의 응집력이 약하며 크기가 큰 클러스터를 생성하게 된다.

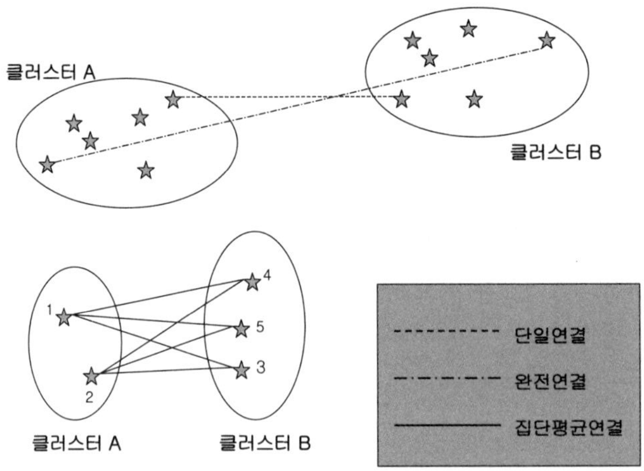

〈그림 5.8〉 클러스터 간 유사도 측정 방식의 비교

어느 클러스터링 기법의 성능이 가장 우수한가는 여러 기법의 성능을 비교한 연구들에 따라 차이가 있으나 대체적으로 워드 기법과 집단평균연결 기법의 성능이 좋으며 단일연결 기법의 성능이 떨어지는 것으로 나타나 있다(Rasmussen 1992; Voorhees 1986; Willet 1988). 또한 완전연결 기법과 집단평균연결 기법은 그 결과가 유사한 것으로 평가되고 있다(Anderberg 1973). 자주 사용되지 않는 다른 계층적 기법으로는 클러스터 센트로이드 간의 유사도를 이용하는 센트로이드 기법(centroid method)과 중앙치를 이용하는 중앙치 기법(median method)이 있다.

5.4.1.1 단일연결 기법

단일연결 기법은 통합 대상이 되는 두 클러스터 안에서 서로 가장 유사한, 즉 거리가 가까운, 2개의 구성원 간의 유사도를 새로 통합할 두 클러스터의 유사도로 간주한다. 따라서 단일연결 기법을 '가장 가까운 이웃'(nearest neighbor) 기법이라고도 한다. 예컨대 그림 5.9에 나와 있는 5개 문헌의 거리계수 행렬로부터 단일연결 기법에 의해 클러스터를 생성하는 과정을 설명하면 다음과 같다. 이 거리계수 행렬에는 각 문헌 쌍 간의 거리가 나와 있다.

	A	B	C	D	E
A	–				
B	1.0	–			
C	3.0	2.0	–		
D	9.0	9.0	5.0	–	
E	8.0	8.0	6.0	2.5	–

〈그림 5.9〉 문헌 간 거리계수 행렬의 예

위의 예에서 초기 클러스터 집합은 개별문헌들로 구성된다. 즉 Λ^1={{A},{B},{C},{D},{E}}에서 시작하여, 클러스터 쌍 간의 거리가 최소인 클러스터들이 결합되어 새로운 클러스터를 형성한다. 두 번째 단계에서 거리가 최소인 {A}, {B}가 결합되므로 클러스터 집합은 Λ^2={{A,B},{C},{D},{E}}가 된다. 세 번째 단계에서는 네 개의 클러스터를 대상으로 하여 모든 클러스터 쌍 간의 거리를 산출한 다음 거리가 최소인 클러스터들을 통합한다. 예컨대 클러스터 {A,B}와 클러스터 {C} 간의 거리는 다음과 같이 산출한다.

$$d(\{A,B\},\{C\}) = \min[d(A,C),d(B,C)] = 2.0$$

유사도 척도로 거리계수 대신 유사계수를 사용하여 문헌 간 유사계수 행렬을 구축할 경우에는 유사계수 값이 최대인 두 구성원 간의 유사도가 새로 통합되는 클러스터 간 유사도가 된다.

위의 예에서 세 번째 단계 이후 형성되는 클러스터 집합은 다음과 같다.

$$\Lambda^3 = \{\{A,B,C\},\{D\},\{E\}\}$$

Λ^4={{A,B,C},{D,E}}

Λ^5={{A,B,C,D,E}}

위의 클러스터링 결과를 덴드로그램으로 표현하면 그림 5.10과 같다.

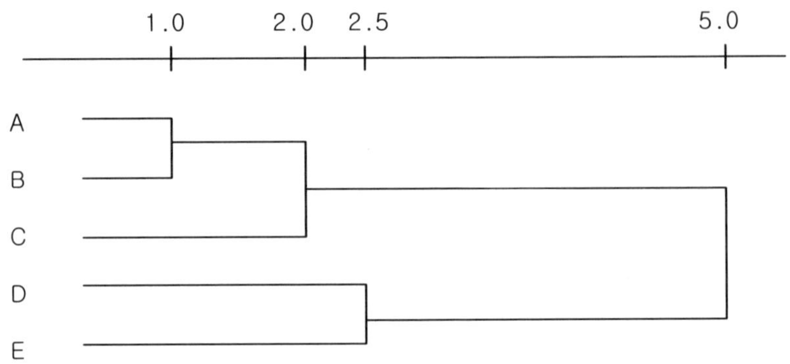

〈그림 5.10〉 단일연결 클러스터링 결과 덴드로그램

위의 덴드로그램을 특정한 유사도나 거리 수준에서 자를 경우 원하는 수준에서의 클러스터 집합을 생성할 수 있다. 예컨대 그림 5.10을 보면 거리 2.0 수준에서는 {A,B,C},{D},{E} 등 3개의 클러스터가 생성되며, 거리 2.5 수준에서는 {A,B,C},{D,E} 등 2개의 클러스터가 생성된다.

단일연결 기법은 문헌 클러스터링에 쉽게 이용할 수 있으며 SLINK 알고리즘을 비롯한 많은 알고리즘이 구현되어 있다(Willett 1988). 단일연결 기법과 밀접하게 연관되어 있는 개념으로 MST(Minimal Spanning Tree) 알고리즘이 있다. MST는 N개의 문헌을 N−1개의 링크로 연결하는 트리로서 이때 N−1개의 거리 합은 최소가 된다(Rasmussen 1992). 다시 말해 MST는 대상물들을 연결하는 최소 길이 트리, 즉 링크의 가중치 합이 최소가 되는 트리이며, 이 트리로부터 길이가 긴 링크들을 순서적으로 제거해 가면 단일연결 클러스터들이 생성된다(van Rijsbergen 1979). MST 알고리즘은 문헌의 클러스터링 이외에 색인어의 클러스터링(van Rijsbergen 1977; van Rijsbergen et al. 1981)에도 사용되고 있다.

5.4.1.2 완전연결 기법

완전연결 기법은 단일연결 기법과는 달리 통합 대상이 되는 두 클러스터 안에서 가장 유사하지 않은, 즉 거리가 먼, 두 구성원간의 유사도를 새로 통합할 두 클러스터의 유사도로 사용한다. 따라서 완전연결 기법은 '가장 먼 이웃'(furthest neighbor) 기법이라고도 한다. 앞의 그림 5.9에 나와 있는 행렬에 완전연결 기법을 적용하여 세 번째 단계의 클러스터 집합(Λ^3)을 생성할 경우 클러스터 {A,B}와 클러스터 {C} 간의 거리로는 문헌 쌍 (A,C)와 문헌 쌍 (B,C)의 거리 중 최대값을 선택한다.

$$d(\{A,B\},\{C\}) = \max\left[d(A,C), d(B,C)\right] = 3.0$$

통합 가능한 모든 클러스터 쌍 간의 거리를 산출한 다음 단일연결 기법에서와 마찬가지로 클러스터 쌍 간의 거리가 최소인 2개의 클러스터를 통합하게 되는데 각 단계별로 생성되는 클러스터 집합은 다음과 같다.

Λ^2={{A,B},{C},{D},{E}}

Λ^3={{A,B},{C},{D,E}}

Λ^4={{A,B,C},{D,E}}

Λ^5={{A,B,C,D,E}}

완전연결 기법은 서로 밀접하게 연관된 대상물들이 하나의 클러스터를 구성하는 장점이 있는 반면 시간 복잡성(time complexity)에 있어서는 클러스터 대상물이 N개인 경우 N^2 수준이 요구되는 단일연결 기법과는 달리 N^3 수준의 연산 작업이 요구된다.

5.4.1.3 집단평균연결 기법

집단평균연결 기법에서는 클러스터 통합의 대상이 되는 두 클러스터의 모든 구성원들 간의 유사도 평균을 산출하여 이 유사도 값이 가장 큰 두 클러스터를 통합하여 새로운 클러스터를 생성한다. 집단평균으로는 집단 간(between merged groups) 평균과 집단 내(within the new group) 평균을 사용할 수 있는데, 집단 간 평균을 사용하는 경우에는 각각 다른 클러스터에 속하는 구성원 쌍 간의 유사도 평균을 산출하며, 집단 내 평균을 사용하는 경우에는 통합될 두 클러스터에 속하는 모든 구성원 쌍 간의 유사도 평균을 산출하게 된다(Anderberg 1973). 이 기법은 모든 구성원 쌍 간의 유사도를 반영하여 클러스터를 통합하므로 클러스터들이 느슨하게 연결되는 단일연결 기법과 클러스터들이 단단하게 연결되는 완전연결 기법의 중간 정도의 클러스터 구조를 생산하게 된다.

예를 들어 문헌 A, B, C, D의 문헌 간 유사계수 값이 다음과 같다고 하자.

s(A,B)=1.0, s(A,C)=0.8, s(A,D)=0.3, s(B,C)=0.4, s(B,D)=0.6, s(C,D)=0.5

두 번째 클러스터링 단계에서 생성된 클러스터 집합 Λ^2={{A,B},{C},{D}}에 대해 집단 내 평균을 사용할 경우 아래와 같이 각 클러스터 쌍 간의 유사도를 산출한다. 이 결과 유사도 0.733 수준에서 {A,B}와 {C}가 통합되어 새로운 클러스터 집합 Λ^3 ={{A,B,C},{D}}를 생성한다.

s({A,B},{C})=(1.0+0.8+0.4)/3=0.733
s({A,B},{D})=(1.0+0.3+0.6)/3=0.633

위의 예에서 집단 간 평균을 사용할 경우에는 같은 클러스터에 속하는 구성원 A, B 간의 유사도(1.0)는 고려하지 않는다.

5.4.1.4 워드 기법

워드 기법은 각 클러스터링 단계에서 전체 오류제곱의 합의 증가가 최소가 되는 두 클러스터를 찾아 통합하는 클러스터링 기법이다(Anderberg 1973; Miyamoto 1990).

클러스터 G에 대한 오류제곱 합 E(G)는 이 클러스터의 센트로이드 M(G)와 클러스터에 속하는 문헌 x_i 간 제곱 유클리드 거리의 합이 되며, 클러스터 집합(Λ)에 대한 전체 오류제곱 합(total within group error sum of squares)은 클러스터 집합을 구성하는 각 클러스터의 오류제곱 합을 모두 더한 값이 된다. 이를 식으로 표현하면 다음과 같다.

$$E(G) = \sum_{x_i \in G} \| x_i - M(G) \|^2$$

$$E(\Lambda) = E(G_1) + E(G_2) + \ldots + E(G_N)$$

$\|\cdot\|$ 표시는 m-차원 벡터의 유클리드 놈(Euclidean norm)을 나타내는데, 예컨대 벡터 $A = (a_1, a_2, \ldots, a_m)$에 대해 $\|A\| = \sqrt{a_1^2 + a_2^2 + \ldots + a_m^2}$ 이 되므로 $\|A\|^2 = a_1^2 + a_2^2 + \ldots + a_m^2$ 이 된다.

위의 식에 의하면 단일문헌으로 구성되는 초기 클러스터들에 대해 $E(G_i) = 0$, $E(\Lambda) = 0$이 된다. 초기 클러스터 간 거리 $d(\{x_i\}, \{x_j\})$는 두 클러스터가 통합될 경우 오류제곱 합인 $E(\{x_i, x_j\})$에 해당되며, 실제로는 초기 클러스터를 구성하는 각 문헌 간 제곱 유클리드 거리의 1/2 값이 된다.

예를 들어 클러스터링 대상물이 되는 각 문헌의 벡터(또는 공간상 좌표)가 다음과 같다고 하자(Miyamoto 1990).

x_1=(0,2), x_2=(0,0), x_3=(1.5,0), x_4=(5,0), x_5=(5,2)

워드 기법에서는 기본적으로 매 클러스터링 단계에서 통합 결과 생성될 수 있는 새로운 클러스터의 센트로이드가 산출된다. 예컨대 두 번째 클러스터링 단계에서 초기 클러스터 $\{x_2\}$와 $\{x_3\}$이 통합될 경우 클러스터 $\{x_2,x_3\}$의 센트로이드(0.75,0)와 구성원 $x_2(0,0)$, $x_3(1.5,0)$ 간의 오류제곱 합은 1.125이며, 이때 생성되는 클러스터 집합 $\Lambda^2=\{\{x_1\},\{x_2,x_3\},\{x_4\},\{x_5\}\}$에 대한 전체 오류제곱 합은 다음 공식에 의해 1.125가 된다. 이 값은 이 단계에서 생성될 수 있는 다른 어느 클러스터 집합보다 작으므로 클러스터 $\{x_2\}$와 $\{x_3\}$이 결합되는 것이다.

$$\begin{aligned} E(\Lambda) &= E(x_1)+E(x_2,x_3)+E(x_4)+E(x_5) \\ &= 0+1.125+0+0=1.125 \end{aligned}$$

마찬가지로 세 번째 클러스터링 단계에서 클러스터 $\{x_4\}$와 클러스터 $\{x_5\}$가 통합될 경우에 클러스터 $\{x_4,x_5\}$의 센트로이드와 각 구성원 간의 오류제곱 합의 증가는 2.0이 되며, 이때 전체 클러스터 집합의 오류제곱 합은 1.125+2=3.125가 된다. 이 값은 세 번째 단계에서 생성될 수 있는 어느 클러스터 집합의 오류제곱 합보다도 작으므로 이 두 클러스터가 통합된다. 네 번째 단계에서는 마찬가지 방법에 의해 $\Lambda^4=\{\{x_1,x_2,x_3\}\},\{x_4,x_5\}\}$가 생성되며 이때의 전체 오류제곱 합은 4.167+2=6.167이 된다. 위의 예에서 2개의 초기 클러스터 x_i, x_j 간 오류제곱 합 또는 거리 E_{ij}를 산출하면 $E_{12}=2$, $E_{13}=3.125$, $E_{14}=14.5$, $E_{15}=12.5$, $E_{23}=1.125$, $E_{45}=2$ 등과 같다.

가장 유사한 센트로이드를 갖는 클러스터 쌍을 결합하는 센트로이드 기법을 위의 예에 적용할 경우 초기 클러스터들 간 거리는 제곱 유클리드 거리가 된다. 따라서 클러스터 $\{x_2,x_3\}$은 거리 2.25 수준에서 생성되며, 클러스터 $\{x_2,x_3\}$과 $\{x_1\}$은 두 클러스터 간 거리인 $d(\{x_2,x_3\},\{x_1\})=0.75^2+2.0^2=4.563$ 수준에서 통합된다.

5.4.2 비계층적 클러스터링

비계층적 클러스터링은 대개 임의로 생성된 초기 클러스터들로부터 시작하며, 문헌을 보다 유사한 클러스터에 재배치하는 과정을 거쳐 최종 클러스터 집합을 생성한다. 클러스터링 과정에서 생성된 클러스터들을 대표하는 중심문헌을 센트로이드(centroid)라고 하며, 문헌과 클러스터 간 유사도는 문헌의 벡터와 센트로이드의 벡터를 비교함으로써 측정한다.

비계층적 알고리즘으로는 재배치 작업이 필요 없는 싱글패스(single pass) 알고리즘과 다톨라(Dattola) 알고리즘을 비롯한 여러 재배치 알고리즘이 있다(van Rijsbergen 1979). 최근에는 K-means 알고리즘과 EM(Expectation Maximization) 알고리즘이 클러스터링 실험에 자주 사용되고 있다(Manning and Schütze 1999).

클러스터 센트로이드는 일반적으로 클러스터에 포함된 문헌들의 평균벡터를 산출하여 구한다. 즉, 다음 공식에서 센트로이드 벡터를 구성하는 각 용어의 가중치 $CTerm_k$는 클러스터 내 문헌 D_i가 갖는 해당 용어 가중치 $Term_{ik}$의 평균이 된다(Salton and McGill 1983).

$$CTerm_k = \frac{1}{m}\sum_{i=1}^{m} Term_{ik}$$

다음은 3개의 문헌으로 구성된 클러스터 C_1의 센트로이드 벡터를 산출한 예이다.

D_1=(1, 2, 3, 0, 0, 4, 1, 0, 2, 1)

D_2=(0, 1, 2, 0, 0, 3, 1, 1, 0, 1)

D_3=(0, 3, 4, 0, 1, 5, 0, 1, 1, 1)

센트로이드(C_1)=(1/3, 2, 3, 0, 1/3, 4, 2/3, 2/3, 1, 1)

비계층적 클러스터링에서 검토할 중요한 문제는 다음과 같다.

- 초기의 클러스터를 어떻게 선정할 것인가?
- 재배치 과정을 언제 멈출 것인가?

초기 클러스터의 선택은 클러스터링 성능에 영향을 미치게 되므로 가능한 한 공통의 속성을 갖는 문헌들의 집단을 선택하는 것이 좋다. 예컨대 일련의 질의에 대해 검색된 문헌들로 초기 클러스터를 형성하거나, 특정한 색인어 아래 색인되어 있는 문헌들의 집단을 선택하는 방법이 있다.

재배치 과정이 요구되는 알고리즘에서는 언제 클러스터링 작업을 종료할 것인가를 결정해야 한다. 일반적으로는 여러 번의 재배치 과정에서 더 이상 재배치되는 문헌들이 없을 때, 즉 클러스터가 안정되었을 때 클러스터링을 종료한다(Rasmussen 1992). 구체적인 방법으로는 생성된 클러스터들의 집단 평균 유사도(group-average similarity)나 오류제곱 기준(squared error criterion) 등을 사용하여 생성된 클러스터의 품질(cluster quality)을 측정할 수 있다(Manning and Schütze 1999; Jain et al. 1999). 즉, 반복되는 재배치 과정에서 이러한 척도의 값의 변화는 클러스터 품질의 향상률을 나타내므로 이 척도 값이 더 이상 변하지 않을 때 클러스터링을 종료하는 것이다. 이 접근 방법은 미리 클러스터의 수를 정하지 않는 알고리즘에서 최적의 클러스터 수를 선정하는 문제와도 밀접한 관계가 있는데, 예컨대 k-1에서 k개로 클러스터의 수가 증가하였을 때 비해 k에서 k+1개로 증가하였을 때의 척도 값 향상률이 미미할 경우 k를 최적의 클러스터 수로 선택할 수 있다.

5.4.2.1 싱글패스 기법

싱글패스(single pass) 클러스터링은 클러스터 대상물이 재배치 과정을 거치지 않고 단 한 번씩만 처리 대상이 되는 매우 간단한 클러스터링 기법으로서, 입력된 문헌은 이미 형성된 클러스터에 포함되거나 아니면 새로운 클러스터의 중심문헌(센트로이드)이 된다(van Rijsbergen 1979). 즉, 클러스터링 대상이 되는 문헌집합의 첫 번째 문헌 D_1이 첫 번째 클러스터 C_1을 형성함으로써 클러스터링 과정이 시작되며, 두 번째 문헌 D_2는 클러스터 C_1의 센트로이드와 비교되어 유사도가 기준치를 넘으면 같은 클러스터에 포함되고 아니면 새로운 클러스터 C_2를 형성한다.

싱글패스 클러스터링 알고리즘의 처리 과정은 다음과 같다.

1. 첫 번째로 입력된 문헌은 첫 번째 클러스터의 센트로이드가 된다.
2. 다음에 입력되는 문헌은 그 시점에서 이미 형성되어 있는 모든 클러스터의 센트로이드와 비교하여 유사도를 산출한다.
3. 기존 클러스터와의 유사도가 기준치를 넘으면 이 문헌은 기존 클러스터에 배정하고, 해당 클러스터의 센트로이드를 다시 산출한다.
4. 기존 클러스터와의 유사도가 기준치를 넘지 않으면 이 문헌은 새로운 클러스터의 센트로이드가 된다.

싱글패스 기법은 클러스터링 과정에서 각 문헌이 한 번씩만 처리되며, 마지막 문헌이 처리되면 클러스터링이 완료되므로 컴퓨터 시간 면에서는 상당히 효율적이다. 그러나 이 기법은 문헌의 입력 순서에 따라 클러스터링 결과가 변하기 때문에 좋은 클러스터링 기준의 하나인 순서독립성을 만족시키지 못한다는 단점이 있다. 또한 클러스터링 과정이 한번으로 끝나기 때문에 생성된 클러스터의 크기나 수가 너무 크거나 작을 수 있으므로 이에 대한 적절한 통제가 필요하다. 예컨대 클러스터의 크기가 너무 클 경우 두 개 이상의 클러스터로 분할해 준다. 싱글패스 기법은 재배치 클러스터링 알고리즘을 적용하기 전에 초기 클러스터 생성을 위해 사용하기도 한다(Rasmussen 1992).

5.4.2.2 K-means 기법

K-means 기법은 간단하면서도 강력한 비계층적 클러스터링 기법으로서 문헌 클러스터링을 위해 널리 사용되고 있다(He, et al. 2004). 이 기법은 시간 복잡성이 $O(n)$이며 앞에서 언급한 오류제곱 기준을 적용하고 있다(Jain, Murty, and Flynn 1999; Anderberg 1973). K-means 알고리즘은 임의로 형성된 k개의 초기 클러스터 집합에서 시작하여 대상물과 클러스터 센트로이드 간 유사도에 기반한 재배치 과정을 반복하며, 재배치되는 문헌이 거의 없어 클러스터가 안정되거나 또는 오류제곱의 값이 더 이상 현저하게 감소하지 않을 경우 클러스터링을 종료한다.

재배치 클러스터링 기준으로 많이 사용되는 오류제곱 함수는 아래와 같다.

$$e^2 = \sum_{j=1}^{K} \sum_{i=1}^{n_j} \| \mathbb{X}_i^{(j)} - \mathbb{C}_j \|^2$$

위 공식에서 K는 클러스터링 결과 생성된 클러스터의 수를, $\mathbb{X}_i^{(j)}$는 클러스터 j에 속하는 문헌벡터 i를, $\mathbb{C}_j$는 클러스터 j의 센트로이드 벡터를 각각 나타낸다. 위의 식에서는 문헌벡터와 센트로이드 벡터의 동일한 위치에 있는 각 항 값의 차이를 제곱하여 더한 것이 된다. 이 공식은 모든 클러스터에 대해 각 클러스터 센트로이드와 해당 클러스터 내 문헌들 간의 거리(제곱유클리드 거리)의 합을 산출한 것이므로 이 값이 작아질수록 클러스터는 유사성이 높은 문헌들을 포함하게 된다.

K-means 알고리즘의 처리 순서는 다음과 같다.

1. 임의로 k개의 클러스터 센트로이드(중심문헌)를 선정한다.
2. 가장 유사한 센트로이드를 갖는 클러스터로 나머지 문헌들을 배치한다.
3. 새로 형성된 클러스터들의 센트로이드를 다시 산출한다.

4. 클러스터가 안정되거나 오류제곱 값의 감소가 최소가 될 때까지 2, 3의 과정을 반복한다.

변형된 K-means 기법에서는 Buckshot 알고리즘과 같이 다른 클러스터링 알고리즘을 이용하여 보다 유사한 문헌들로 구성된 초기 클러스터들을 생성하거나, 또는 생성된 클러스터를 통합하거나 분할하기도 한다. 예컨대 ISODATA 알고리즘에서는 클러스터 간 거리가 미리 정해놓은 기준치에 미달할 때 두 클러스터를 합병하고, 클러스터 내 오류제곱이 기준치를 초과할 때 클러스터를 분할한다(Jain, Murty, and Flynn 1999). 또한 생성할 클러스터의 수가 되는 k 값을 효과적으로 선정하기 위해서 문헌들의 하부집합에 대해 계층적 클러스터링을 미리 실시할 수도 있다.

5.5 문헌 클러스터링의 타당성 및 성능 평가

5.5.1 클러스터 타당성 평가

클러스터 타당성(cluster validity) 평가는 클러스터링 결과 생성된 데이터 구조가 연구 대상인 특정 현상에 대한 통계적인 증거를 제공하는가를 확인하는 방법이다(Rasmussen 1992). 문헌 클러스터의 타당성 평가는 다음과 같은 질문에 대한 대답을 제공한다(Willett 1988).

- 데이터 집합이 작위적인(nonrandom) 클러스터링 경향을 갖고 있는가?
- 클러스터링 결과 생성된 계층 구조가 원래의 데이터 집합의 구성원 간 유사관계를 얼마나 잘 반영하는가?
- 문헌 클러스터링 결과가 검색 성능 향상에 효과적인가?

특히 클러스터링 경향(clustering tendency) 검사는 클러스터링 대상이 되는 데이터 집합이 클러스터링에 적합한가, 즉 클러스터링 결과 의미있는 클러스터들이 생성될 수 있는가를 검사하는 것이다. 대개 검색 성능 향상을 목표로 하는 문헌 클러스터링은 상당한 전산 자원을 필요로 하기 때문에 특정한 문헌집단 또는 데이터베이스가 클러스터링 기법의 적용에 효과적으로 반응할 수 있는지를 미리 평가해 보는 것이 필요하다.

클러스터링 경향 검사로는 중복도 검사(overlap test), 최근접 이웃 검사(nearest neighbor test), 용어 밀도 검사(term density test) 등이 있다(Rasmussen 1992; Willet 1988). 중복도 검사는 질의에 대한 적합성 판정이 내려져 있는 문헌집단에 적용되는데, 질의에 대해 모든 적합문헌-적합문헌 간 유사도와 적합문헌-부적합문헌 간 유사도를 산출한 다음 중복도를 계산한다. 낮은 중복도 값을 갖는 집단이 높은 값의 집단에 비해 클러스터링에 적합한 것으로 판단한다(El-Hamdouchi and Willet 1987). 최근접 이웃 검사는 특정 질의에 적합한 각 문헌이 갖는 n개의 최근접 이웃 문헌 가운데 몇 개가 실제로 적합한가를 반영한 수치를 척도로 사용한다(Voorhees 1986). 용어 밀도 검사는 데이터베이스 내 전체 포스팅(postings: 색인파일 내 색인어 아래 나열된 문헌번호) 수를 문헌 수와 색인어 수를 곱해서 나눈 값으로 밀도를 측정한다(El-Hamdouchi and Willett 1987). 밀도가 높은 문헌집단이 낮은 집단에 비해 클러스터링 기법을 적용하기에 적합하다.

5.5.2 클러스터링 성능 평가

클러스터링 성능의 평가는 클러스터링 결과 생성된 클러스터의 품질(cluster quality)을 평가하는 것으로서 검색 기법이나 텍스트 범주화 기법의 성능 평가에 비해 다소 복잡하다. 검색 성능이나 범주화 성능 평가 척도로 흔히 사용되는 정확률과 재현율은 적합성 평가가 이미 내려져 있는 문헌집단을 대상으로 측정된다. 그러나 클러스터링의 경우는 생성된 클러스터가 어느 범주를 나타내는지를 판단하기가 쉽지 않기 때문에 기존의 주제범주로 수작업 분류한 결과와 클러스터링 결과를 직접적으로 비교하는 일이 간단하지 않다.

클러스터 품질 평가 척도는 크게 두 가지 유형으로 구분된다(Steinbach, Karypis, and Kumar 2000; Manning, Raghavan, and Schütze 2009). 하나는 수작업 분류 결과 생성된 문헌 클래스들과 클러스터링 결과 생성된 문헌 클러스터들을 비교하는 외적 품질(external quality) 척도이며, 다른 하나는 외부 지식이라고 할 수 있는 수작업 분류 결과가 없이 서로 다른 기법에 의해 생성된 클러스터 집합들을 비교하는 내적 품질(internal quality) 척도이다. 외적 품질 척도는 클러스터링 결과가 수작업 분류 결과와 얼마나 유사한가를 측정하는 데 유용하며, 내적 품질 척도는 서로 다른 클러스터링 기법들이 얼마나 유사한 클러스터들을 생성하는가, 즉 클러스터링 결과의 유사도를 평가하기에 적합하다고 할 수 있다. 또한 내적 품질 척도는 클러스터링 결과 생성된 클러스터 집합의 품질을 평가하기 위해 사용할 수 있으며, 클러스터 간 유사도는 낮고 동일한 클러스터 내 문헌들의 유사도는 높은 기법이 좋은 클러스터링 기법으로 평가된다. 실제로는 품질 평가 척도의 유형과는 상관없이 동일한 클러스터 품질 척도를 클러스터링 결과와 수작업 분류 결과, 또는 2개 이상의 클러스터링 결과를 비교하기 위해 사용할 수 있다. 검색 실험에서 많이 사용되는 척도로는 랜드지수(Rand index), F 척도, 퓨리티(Purity) 척도 등이 있다.

클러스터링 성능 평가에서는 문헌 쌍을 하나의 데이터 단위로 하여 두 클러스터 집합 간의 유사도를 측정하거나 또는 개별 문헌을 측정의 단위로 사용한다. 문헌 쌍을 사용하는 대표적인 척도인 랜드지수는 단순일치계수를 적용하여 두 클러스터 집합 간의 유사도를 측정한다(Rand 1971). 2개의 다른 클러스터링 기법이 생성한 클러스터 집합 C_A와 C_B가 있다고 하자. 여기에서 C_A는 수작업 분류 결과 생성된 분류 클래스 집합일 수도 있다. 랜드지수는 두 클러스터 집합에 속하는 문헌 쌍들이 각 클러스터 집합에서 동일한 클러스터에 속하는지 여부를 나타내는 2×2 분할표(그림 5.11)를 이용하여 성능을 평가한다. 이 분할표에서 1은 하나의 문헌 쌍이 동일 클러스터에 속하는 경우를, 0은 문헌 쌍이 다른 클러스터에 속하는 경우를 각각 나타내며, 각 셀의 값은 해당되는 문헌 쌍의 수를 나타낸다. 따라서 셀 a는 두 개의 클러스터 집합에서 모두 동일한 클러스터에 속하는 모든 문헌 쌍의 수를 나타내며, 셀 b와 c는 한 클러스터 집합에서만 동일한 클러스터에 속하는 문헌 쌍의 수를 나타낸다. 예컨대 D_1과 D_2의 두 문헌이 C_A에서는 같은 클러스터에 속해 있고, C_B에서는 각기 다른 클러스터에 속해 있다면 이 문헌 쌍은 셀 b에 속하게 된다. 또한 이 두 문헌이 C_A와 C_B에서 모두 동일한 클러스터에 속한다면 이 문헌 쌍은 셀 a에 해당된다.

		클러스터집합 C_B	
		1	0
클러스터집합 C_A	1	*a*	*b*
	0	*c*	*d*

〈그림 5.11〉 클러스터링 결과 분할표

그림 5.11의 분할표를 이용한 랜드지수의 공식은 다음과 같다.

$$Rand(C_A, C_B) = \frac{a+d}{a+b+c+d}$$

랜드지수는 0과 1 사이의 값을 갖지만 실제 데이터 집합에서는 셀 d의 값이 커지기 때문에 유사도 값이 상대적으로 작아지게 된다. 특히 클러스터의 수가 많아질수록 d 값이 커지는 문제점을 안고 있다. 셀 d를 사용하지 않는 유사도 공식을 사용하면 이러한 문제를 해결할 수 있는데 아래에 나와 있는 클러스터 유사도 공식인 CSIM(Cluster SIMilarity) 척도는 클러스터 집합 C_A에서 같은 클러스터에 속한 문헌 쌍이 C_B에서도 한 클러스터에 속할 확률을 나타내며, 이는 다이스 계수를 위의 분할표에 적용한 것과 같다(Chung and Lee 2001).

$$CSIM(C_A, C_B) = \frac{2a}{2a+b+c}$$

실제 예를 들어 CSIM 값을 산출하는 과정을 설명하면 다음과 같다. 7개의 문헌을 클러스터링한 결과 C_A=({1,2,5}{3,6}{4,7}), C_B=({1,5}{2,3}{4,6,7})과 같이 두 개의 클러스터 집합이 각각 세 개씩의 클러스터를 포함한다고 하자. C_A 집합에서 같은 클러스터에 속하는 문헌 쌍은 (1,2) (2,5) (3,6) (4,7) (1,5) 등이며, C_B 집합에서 같은 클러스터에 속하는 문헌 쌍은 (1,5) (2,3) (4,6) (6,7) (4,7) 등이다. 따라서 두 클러스터 집합에서 동일한 클러스터에 속하는 문헌 쌍은 (1,5)와 (4,7)로서 CSIM 공식에서 셀 a 값은 2이며, 각 클러스터 집합에서만 동일한 클러스터에 속하는 문헌 쌍 수를 나타내는 셀 b와 셀 c 값은 각각 3이므로 CSIM 값은 0.4(4/10)가 된다.

개별문헌을 측정의 단위로 하는 외적 품질 척도로는 엔트로피(entropy), χ^2, 상호정보량, F 척도 등이 있다(Steinbach, Karypis, and Kumar 2000; 정영미, 이재윤 2001). 엔트로피 척도와 카이제곱 통계량은 클러스터의 크기나 생성된 클러스터의 수에 의해 영향을 받으며, 성능 평가를 위해 산출된 값이 클러스터링 성능의 수준을 직접적으로 표현하지 못한다는 문제점을 갖고 있다. 상호정보량 척도는 수작업 분류 클래스와 자동 생성된 클러스터 간의 상호정보량을 산출하여 클러스터링 성능을 측정한다.

검색 성능이나 텍스트 범주화 성능의 평가 척도로 사용되는 F 척도를 클러스터링 성능 평가에 활용하는 방법은 다양하다. Sahami 등(Sahami, Yusufali, and Baldonado 1998)은 클러스터링 알고리즘에 의해 자동 생성된 클러스터를 가장 유사한 수작업 분류 클래스에 대응시켜 재현율과 정확률을 구하였으며, Aslam 등(Aslam, Pelekhov, and Rus 1998)은 47개의 주제에 대하여 생성된 최적의 클러스터들을 각 주제에 대한 적합문헌 집합과 비교하여 재현율과 정확률을 산출하고 이로부터 F 값을 구하였다.

Steinbach 등(2000)이 제안한 F 척도에서 각 클러스터는 질의에 대해 검색한 문헌들을 포함하며, 수작업 분류 클래스는 질의에 대한 적합문헌들을 포함하는 것으로 간주하였다. 따라서 각 분류 클래스에 대한 특정한 클러스터의 재현율과 정확률을 계산하고 이들을 결합하여 F 값을 산출한다. 자동 생성된 클러스터 j와 수작업 분류 클래스 i에 대한 재현율(R)과 정확률(P)은 다음과 같다.

$$P(i,j) = n_{ij}/n_j$$

$$R(i,j) = n_{ij}/n_i$$

$$F(i,j) = \frac{2P(i,j) \cdot R(i,j)}{P(i,j) + R(i,j)}$$

위 공식에서 n_{ij}는 클러스터 j에 포함된 분류 클래스 i의 문헌 수를 나타내며, n_j는 클러스터 j의 문헌 수, n_i는 분류 클래스 i의 문헌 수를 각각 나타낸다. 분류 클래스 i와 클러스터 j를 그림 5.11의 분할표의 C_A와 C_B에 대입하여 설명하면, 셀 a는 분류 클래스 i와 클러스터 j에 공통으로 속하는 문헌의 수이고, b는 분류 클래스 i에는 속하지만 클러스터 j에는 속하지 않는 문헌 수, c는 클러스터 j에는 속하지만 분류 클래스 i에는 속하지 않는 문헌 수를 의미한다. 즉, n_{ij}는 셀 a, n_i는 셀 a+b, n_j는 셀 a+c에 해당된다. 예컨대 3개의 분류 클래스(AC_1, AC_2, AC_3)와 3개의 클러스터(BC_1, BC_2, BC_3)가 생성되어 있다고 하자. AC_1의 문헌 수는 3, BC_1의 문헌 수는 2이며, 공통된 문헌 수가 1이라면 P(1,1)은 1/2, R(1,1)은 1/3, F(1,1)은 2/5가 된다. 마찬가지 방법으로 P(1,2), R(1,2), F(1,2)와 P(1,3), R(1,3), F(1,3)을 산출한 다음 최대가 되는 F 값을 분류 클래스 AC_1에 대한 F 값으로 선택한다. 즉, 각 분류 클래스 i에 대한 F 값은 이 클래스에 대해 산출된 각 클러스터의 F 값 가운데 최대값이 되며, 모든 분류 클래스에 대한 전체 F 값은 다음 공식과 같이 가중치 n_i가 부여된 평균이 된다. 이 식에서 n은 전체 문헌의 수를 나타낸다.

$$F = \sum_i \frac{n_i}{n} max\{F(i,j)\}$$

Manning, Raghavan, and Schütze(2009)는 F 척도를 문헌 쌍에 적용하여 클러스터링 성능을 평가하는 방법을 소개하고 있다. 그림 5.11에서 C_A를 분류 클래스 집합, C_B를 클러스터 집합으로 보았을 때 $P = a/(a+c)$, $R = a/(a+b)$, $F_1 = 2PR/(P+R)$이 된다. 이 척도의 적용 예를 설명하기 위해 A={A_1,A_2}, G={G_1,G_2}, R={R_1,R_2,R_3,R_4}와 같이 3개의 분류 클래스에 분류된 8개의 문헌이 있고, 클러스터링 결과 2개의 클러스터가 생성되었다고 하자(Ramage et al. 2008). 각 클러스터의 내용이 C_1={R_1,R_2, R_3,G_1,G_2}, C_2={A_1,A_2,R_4}와 같다면 셀 a에 해당되는 문헌 쌍은 (R_1R_2) (R_1R_3) (R_2R_3) (G_1G_2) (A_1A_2)가 되어 a값은 5가 된다. 동일한 분류 클래스에 속하는 문헌 쌍이 다른 클러스터에 속하는 것은 (R_1R_4) (R_2R_4) (R_3R_4)이므로 셀 b의 값은 3이며, 또한 (R_1G_1)과 같이 동일한 클러스터에 속하는 문헌 쌍이 다른 분류 클래스에 속하는 경우를 나타내는 셀 c의 값은 8이 되므로 P 값은 5/13, R 값은 5/8가 된다. 따라서 클러스터링 성능을 나타내는 F_1 값은 약 0.476이 된다.

최근 검색 실험에서 사용되고 있는 퓨리티 척도는 비교적 간단하게 구할 수 있다(Hu et al. 2008). 분류 클래스 집합 C_A와 클러스터 집합 C_B에서 C_j는 각 분류 클래스를, W_k는 각 클러스터를 나타낼 경우 퓨리티 공식은 다음과 같다(Manning, Raghavan, and Schütze 2008).

$$Purity(C_A, C_B) = \frac{1}{N}\sum_k \max|W_k \cap C_j|$$

이 공식은 각 클러스터와 각 분류 클래스에 공통적으로 속해 있는 문헌 수를 산출하여 각 클러스터와 가장 유사한 클래스를 선정한 후 최대 공통 문헌 수를 더하여 정규화한 것이다. 예컨대 클러스터 W_1과 가장 유사한 클래스 C_1의 공통 문헌 수가

5, W_2와 가장 유사한 C_3의 공통 문헌 수가 4, W_3과 가장 유사한 C_2의 공통 문헌 수가 3이라면 퓨리티 값은 공통 문헌 수를 모두 더한 값인 12를 전체 문헌 수 N으로 나눈 값이 된다. 성능이 좋지 않은 클러스터링 기법일수록 퓨리티 값이 0에 가까워지며, 분류 클래스 집합과 클러스터 집합의 내용이 완전히 일치하는 완벽한 클러스터링의 경우 퓨리티의 값은 1이 된다.

참고문헌

정영미, 이재윤. 2001. “클러스터링 성능 평가를 위한 비편향적 척도의 개발”. 제8회 한국정보관리학회 학술대회 논문집. 167-172.

Anderberg, M.R. 1973. *Cluster Analysis for Applications*. New York: Academic Press.

Chung, Y.M. and Lee, J.Y. 2001. “A corpus-based approach to comparative evaluation of statistical term association measures”. *Journal of the American Society for Information Science and Technology*. 52(4): 283-296.

Dattola, R.T. 1969. “A fast algorithm for automatic classification”. *Journal of Library Automation*, 2(1): 31-48.

Everitt, B.S., Landau, S., and Leese, M. 2001. *Cluster Analysis*, 4th edition. London: Arnold.

El-Hamdouchi, A. and Willett, P. 1987. “Techniques for the measurement of clustering tendency in document retrieval systems”. *Journal of Information Science*, 13: 361-365.

He, J., Tan, A.H., Tan, C.L., and Sung, S.Y. 2004. *On quantitative evaluation of clustering systems*. In W. Wu, H. Xiong, and S. Shekhar, eds. *Clustering and Information Retrieval*. Norwell, MA: Kluwer Academic Publishers. 105-133.

Hu, J., Fang, L., Cao, Y., Zeng, H.J., Li, H., Yang, Q., and Chen, Z. 2008. “Enhancing text clustering by leveraging Wikipedia semantics”. *Proceedings of the 31st Annual International ACM SIGIR Conference on Research and Development in Information Retrieval*. 179-186.

Jain, A.K. and Dubes, R.C. 1988. *Algorithms for Clustering Data*. Englewood Cliffs: Prentice-Hall.

Jain, A.K., Murty, M.N., and Flynn, P.J. 1999. "Data clustering: a review". *ACM Computing Surveys*, 31(3): 264-323.

Jardin, N. and van Rijsbergen, C.J. 1971. "The use of hierachic clustering in information retrieval". *Information Storage and Retrieval*, 7: 217-240.

Losee, R.M. 1998. *Text Retrieval and Filtering: Analytic Models of Performance*. Boston: Kluwer Academic Publishers.

Manning, C.D., Raghavan, P., and Schütze, H. 2009. *Introduction to Information Retrieval*. Cambridge: Cambridge University Press.

Manning, C.D. and Schütze, H. 1999. *Foundation of Statistical Natural Language Processing*. Cambridge, Massachusetts: The MIT Press.

Miyamoto, S. 1990. *Fuzzy Sets in Information Retrieval and Cluster Analysis*. Dordrecht: Kluwer Academic Publishers.

Norusis, M.J. 1992. *SPSS for Windows Professional Statistics Release 5*. Chicago: SPSS Inc.

Ramage, D., Heymann, P., Manning, C.D., and Garcia-Molina, H. 2008. "Clustering the tagged Web". *Proceedings of the Second ACM International Conference on Web Search and Data Mining*. 54-63.

Rasmussen, E. 1992. *Clustering algorithms*. In W.B. Frakes and R. Baeza-Yates, ed. *Information Retrieval: Data Structures & Algorithms*. Englewood Cliffs: Prentice Hall. 419-442.

Salton, G. and McGill, M.J. 1983. *Introduction to Modern Information Retrieval*. N.Y.: McGraw-Hill.

Rand, W.M. 1971. "Objective criteria for the evaluation of clustering methods". *Journal of the American Statistical Association*. 66: 846-850.

Sneath, P. and Sokal, R. 1973. *Numerical Taxonomy: the Principles and Practice of Numerical Classification*. San Francisco: W.H. Freeman and Co.

Steinbach, M., Karypis, G., and Kumar, V. 2000. “A comparison of document clustering techniques”. *KDD-2000 Workshop on Text Mining.*

van Rijsbergen, C.J. 1977. “A theoretical basis for the use of co-occurrence data in information retrieval”. *Journal of Documentation*, 33: 106-119.

van Rijsbergen, C.J. 1979. *Information Retrieval*, 2nd ed. London: Butterworths.

van Rijsbergen, C.J. and Croft, W.B. 1975. “Document clustering: an evaluation of some experiments with the Cranfield 1400 collections”. *Information Processing and Management*, 11:172-181.

van Rijsbergen, C.J., Harper, D.J., and Porter, M.F. 1981. “The selection of good search terms”. *Information Processing and Management*, 17: 77-91.

Voorhees, E.M. 1986. *The Effectiveness and Efficiency of Agglomerative Hierarchic Clustering in Document Retrieval.* Ph.D. dissertation, Cornell University.

Willet, P. 1988. “Recent trends in hierarchic document clustering: a critical review”. *Information Processing and Management*, 24(5): 577-597.

제 6 장

텍스트 범주화

6.1 텍스트 범주화 개요

일반적으로 문헌의 자동분류와 동일한 개념으로 이해되고 있는 텍스트 범주화(text categorization)는 사전에 분류된 학습문헌 집합에 근거하여 이미 정의되어 있는 주제범주들을 새로운 문헌에 부여하는 작업이다. 텍스트 범주화는 학습 과정과 범주화 과정으로 구성되며, 실제 입력문헌의 분류에 앞서 학습을 통한 분류기 생성 작업이 이루어진다. 학습 과정에서 먼저 학습문헌의 텍스트로부터 분류자질이 선정되는데 이를 위해 일반적으로 자동색인 작업을 통해 텍스트의 키워드를 추출한다. 범주화의 효율성을 높이기 위하여 흔히 추출된 키워드를 모두 분류자질로 사용하는 대신 특정한 자질 선정 기준을 적용하여 자질 집합의 크기를 줄여 준다. 자질 선정 후 이미 수작업에 의해 범주가 부여되어 있는 학습문헌들은 자질들과 주제범주로 표현되며, 이로부터 다양한 학습 알고리즘을 통해 분류기가 생성된다. 범주화 과정에서는 학습 과정에서와 마찬가지로 입력문헌을 색인하여 자질들을 선정한 후 학습을 통해 생성된 분류기를 이용하여 입력문헌에 적절한 범주를 부여하게 된다. 그림 6.1은 학습문헌 집합을 이용하여 입력문헌을 범주화하는 과정을 보여 준다.

간단한 사례기반 학습(instance-based learning) 방법을 사용하는 분류기의 범주

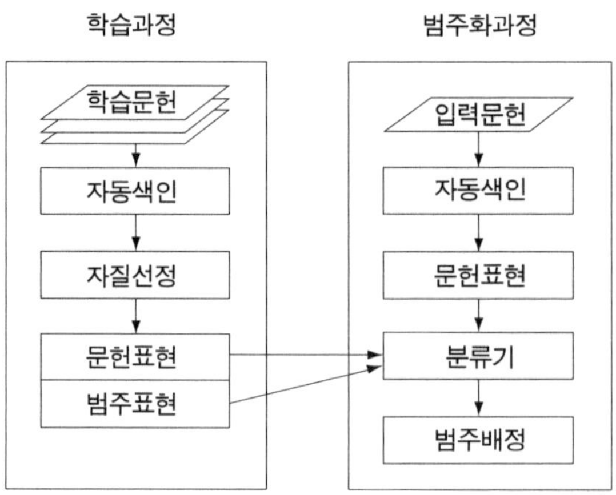

〈그림 6.1〉 텍스트 범주화

화 작업은 다음과 같은 순서로 진행된다(Lam 1999).

1. 학습문헌들은 색인 결과 용어(분류자질)들의 가중치 벡터로 표현한다.

   $D_t = (t_1, t_2, ..., t_p)$

2. 각 문헌에 배정된 범주들은 범주벡터 안에서 이진 값으로 표현된다(c_i는 범주 i의 가중치 값으로 1 또는 0).

   $C(D_t) = (c_1, c_2, ... c_q)$

3. 분류할 새로운 입력문헌은 학습문헌과 마찬가지로 용어 가중치 벡터로 표현한다.

   $D_{new} = (s_1, s_2, ... s_p)$

4. 입력문헌과 모든 학습문헌 간의 유사도 산출 결과 가장 유사한 학습문헌을 선택한다.

   $Sim(D_t, D_{new}) = \sum_{i=1}^{p} s_i t_i$

5. 선정된 학습문헌에 배정되어 있는 범주들을 새로운 문헌의 범주로 결정한다.

다른 예로 아주 간단한 선형 분류기(linear classifier)에서는 미리 분류된 학습문헌들을 이용하여 각 범주를 구성하는 용어들로 범주벡터를 생성한 후 입력된 문헌벡터와 범주벡터들을 비교하여 유사도가 가장 큰 범주나 유사도가 기준치를 넘는 범주에 문헌을 분류한다(Jackson and Moulinier 2002).

텍스트 범주화 기법을 구성하는 세 가지 기본 요소는 (1) 문헌집단, (2) 분류자질(features), (3) 분류기(classifier)이다. 범주화 실험에서 문헌집단은 학습집합(training set)과 검증집합(test set)으로 구성되며, 학습집합은 분류기 학습에 사용하고 검증집합으로 분류기의 성능을 평가한다. 실제 분류 환경에서는 학습집합을 사용하여 분류기를 미리 학습시킨 후 분류 대상물인 입력문헌들을 범주화한다.

학습집합을 구성하는 각 학습문헌은 가중치 용어로 구성되는 문헌벡터와 범주표지(category label) 쌍인 $(\overrightarrow{x}, c)$ 형식으로 표현된다. 텍스트 범주화 실험을 위한 문헌집단으로는 2만여 건의 뉴스기사들로 구성되어 있는 로이터스(Reuters) 말뭉치가 널리 사용되고 있다. 로이터스 말뭉치는 크기가 다른 여러 판으로 재구성되어 실험에 사용되고 있는데, 대략 학습집합의 크기가 검증집합의 2배 이상이 되는 것으로 나타나 있다(Yang 1999).

분류자질로는 자동색인 결과 색인어로 선정된 단어, n-gram, 단어구 등이 사용될 수 있는데 대개는 문헌에 출현한 단어들 중 불용어를 제거한 나머지 고유단어들이 사용된다. 그러나 학습문헌에 출현한 자질의 수는, 문헌집단에 따라 차이가 있지만, 수천 개에서 수만 개에 이르기 때문에 대부분의 학습 알고리즘에서 사용하기에는 자질집합이 너무 클 경우가 많다. 따라서 텍스트 범주화에서 자질의 선정 또는 자질의 축소는 매우 중요한 문제가 된다. 자질 선정을 위해 문헌빈도, 상호정보량 등 다양한 기준이 사용될 수 있는데 실험 결과 원래 자질집합의 크기를 90% 까지 축소하여도 범주화 성능에 큰 영향을 미치지 않는다는 것이 밝혀진 바 있다(Yang and Pedersen 1997).

문헌의 분류자질들이 선정되면 다양한 분류기를 사용하여 각 문헌에 적합한 범주를 배정한다. 분류기는 다음과 같이 입력된 문헌벡터를 이 문헌이 각 범주에 속할 적합성 또는 신뢰도 값으로 맵핑하는 함수로 정의할 수 있다(Duamais et al. 1998).

$$f(\overrightarrow{x}) = confidence(category_k)$$

이원분류기(binary classifier)의 경우에는 특정 범주에 대한 적합성 값의 크기에 따라 이 범주에 배정할 것인지의 여부를 결정하게 된다. 즉 각 문헌(d_j)과 범주(c_i) 쌍 (d_j, c_i)에 대해 1(진)과 0(위)의 이원판정을 내리는 작업이라고도 할 수 있다

(Sebastiani 2002). 예컨대 문헌 d_1이 범주 c_2와 연관성이 크다면 (d_1,c_2)의 값은 1이 되며 범주 c_2가 문헌 d_1에 배정되는 것이다.

1980년대에는 지식공학을 응용한 규칙기반 분류기(rule-based classifier)들이 사용되었으나 1990년대에 들어서는 기계학습에 기반한 귀납적 학습 분류기(inductive learning classifiers)들이 주로 사용되고 있다(Sebastiani 2002). 기계학습 기반 분류기들은 이원분류 방식에 의해 각 범주가 문헌에 적합한지 여부를 판정하여 적합 범주를 자동으로 배정하거나 또는 적합성 값의 정도에 따라 범주들의 순위를 매겨 m개의 범주를 적합 범주로 제공한다. 두 번째 방식은 시스템이 제공한 상위의 범주들을 보고 전문가가 적합 범주를 최종 선택하는 반자동 분류 시스템에서 사용할 수 있다.

텍스트 범주화 기법은 전자우편이나 뉴스기사의 필터링, 뉴스기사의 주제 선정(topic spotting), 웹 문서 분류, 웹 에이전트, 단어 중의성 해소(word sense disambiguation) 등의 영역에서 다양하게 응용되고 있다.

6.2 분류자질의 선정 기준

텍스트 범주화에서 자질의 선정은 자질집합 또는 자질공간의 축소를 의미한다. 자질공간의 축소를 위해 크게 다음의 두 가지 접근방법을 사용할 수 있다(Joachims 2001).

- 자질 하부집합의 선정 (feature subset selection)
- 새로운 자질의 구축 (feature construction)

첫 번째 방법은 원래의 자질집합으로부터 자질들을 선정하는 것으로서 용어 선정(term selection)이라고도 하며, 두 번째 방법은 원래의 자질들을 결합하거나 변형

시킴으로써 새로운 자질을 생성하는 것으로서 용어 추출(term extraction)이란 표현을 쓰기도 한다(Sebastiani 2002).

자질 하부집합의 선정 방법 중 하나는 통계적 자동색인 기법에서와 같이 불용어를 제거한 후 문헌 내 단어빈도, 장서빈도, 문헌빈도 등을 이용하여 일정한 출현빈도 이상의 단어를 분류자질로 선정함으로써 자질공간을 축소할 수 있다. 텍스트 범주화에서는 특히 문헌빈도 기준(DF thresholding)을 많이 사용하는데, 예컨대 전체 문헌집단에서 5개 이상의 문헌에 출현한 단어들(DF≧5)만을 자질로 사용하는 것이다.

단어의 출현빈도 이외에 상호정보량(mutual information)이나 정보획득량(information gain) 등의 정보이론적 기준(Yang and Pederson 1997; Yang and Liu 1999; Lewis and Ringuette 1994)과 카이제곱(χ^2) 통계량(Yang and Pedersen 1997; Yang and Liu 1999; Schütze, Hull, and Pedersen 1995), 상관계수(Ng et al. 1997; Ruiz and Srinivasan 2002), 적합성 점수(Wiener, Pedersen, and Weigend 1995), 승산비(odds ratio)(van Rijsbergen 1979; Ruiz and Srinivasan 2002) 등의 척도가 자질 선정 기준으로 사용된다. 또는 먼저 일정한 출현빈도 이상의 단어들을 선택한 다음에 앞의 자질 선정 척도를 적용하여 이 가운데 상위 n개의 자질을 최종적으로 선정하기도 한다(Ng et al. 1997).

문헌빈도, 정보획득량, 상호정보량, 카이제곱 통계량 등의 자질 선정 기준을 비교평가하는 실험에서 정보획득량과 카이제곱이 가장 효과적이었으며, 문헌빈도도 비슷한 수준의 성능을 보이는 것으로 나타났다(Yang and Pedersen 1997). 상관계수, 상호정보량, 승산비 등 세 가지 자질 선정 기준을 실험한 다른 연구에서는 세 기준이 비슷한 성능을 보이는 것으로 나타났다(Ruiz and Srinivasan 2002).

두 번째 접근방법인 새로운 자질의 구축에는 이미 앞 장에서 언급한 여러 기법들이 활용된다. 즉 어근/어간이 동일한 단어들의 접사/어미 제거(stemming), 용어 클러스터링, 잠재의미색인(LSI) 방법 등을 통해 유사한 개념의 단어들을 하나의 어근, 하나의 클러스터, 하나의 요소(factor) 등으로 변환시키는 것이다. 두 가지 유형의 자질 선정 방법을 비교한 연구들에서 LSI 기반 자질 구축 방법이 적합성 점수나 카이제곱 등에 기반한 자질 하부집합 선정 방법보다 범주화 성능이 좋은 것으로 나타나 있다(Schütze, Hull, and Pedersen 1995; Wiener, Pedersen, and Weigend 1995). 실제 범주화 실험에서는 범주를 대표하는 능력이 약한 자질을 제거하는 첫 번째 접근방법이 일반적으로 사용되고 있다.

다음은 문헌빈도와 함께 자질 선정 기준으로 많이 사용되는 세 가지 척도에 대한 설명이다(Yang and Pedersen 1997).

(1) 상호정보량

학습문헌 집합에서 특정한 단어 t가 출현할 확률을 $P(t)$, 범주 c_i가 부여될 확률을 $P(c_i)$, 단어 t가 출현한 문헌이 범주 c_i에 속할 확률을 $P(t,c_i)$라고 할 때 특정한 단어와 특정한 범주 간 상호정보량 $MI(t,c_i)$는 다음과 같이 산출한다.

$$MI(t,c_i) = \log \frac{P(t,c_i)}{P(t) \cdot P(c_i)}$$

실제 각 확률은 앞에 나온 그림 5.5와 같은 2×2 분할표에 의해 쉽게 산출할 수 있다. 즉, 전체 문헌 수가 N이며, a = 단어 t와 범주 c_i가 함께 발생한 빈도, b = 단어 t가 범주 c_i 없이 발생한 빈도, c = 범주 c_i가 단어 t 없이 발생한 빈도일 경우 상호정보량 값은 다음과 같이 계산한다.

$$MI(t,c_i) \simeq \log \frac{a \cdot N}{(a+b) \cdot (a+c)}$$

위의 공식에 의해 산출한 값은 특정한 단어가 각 범주에 대해 갖는 상호정보량이므로 전체 범주에 대한 자질로서의 적합성을 표현하기 위해 다음과 같이 각 범주에 대한 상호정보량 값의 평균을 구하거나 최대값을 선택한다.

$$MI_{avg}(t) = \sum_{i=1}^{m} P(c_i) MI(t, c_i)$$

$$MI_{\max}(t) = \max MI(t, c_i)$$

이와 같이 모든 단어에 대해 상호정보량을 계산한 후 값이 큰 상위 n개의 단어나 미리 설정한 기준치를 넘는 단어들을 분류자질로 선정한다.

(2) **정보획득량**

정보획득량 척도는 특정 문헌에서 특정 단어가 출현했는지 여부를 알고 이 문헌이 속할 범주를 예측할 경우 얻게 되는 정보량을 측정한다. 따라서 단어 t의 정보획득량 $G(t)$는 다음과 같이 산출한다.

$$G(t) = -\sum_{i=1}^{m} P(c_i)\log P(c_i) + P(t)\sum_{i=1}^{m} P(c_i \mid t)\log P(c_i \mid t) + P(\bar{t})\sum_{i=1}^{m} P(c_i \mid \bar{t})\log P(c_i \mid \bar{t})$$

위 공식에서 $P(c_i \mid t)$와 $P(c_i \mid \bar{t})$는 각각 단어 t가 출현할 경우와 출현하지 않을 경우 문헌이 범주 c_i에 속할 조건확률을 나타낸다. 이와 같이 각 단어에 대해 정보획득량을 산출한 후 이 값이 미리 설정한 기준치보다 작은 단어는 자질로 선정하지 않는다.

(3) 카이제곱(χ^2) 통계량

χ^2을 자질 선정 기준으로 사용할 경우에도 상호정보량과 마찬가지로 단어와 범주의 동시 발생 여부를 나타내는 2×2 분할표를 사용하는 것이 편리하다. 앞에서 정의한 a, b, c 이외에 d가 단어 t나 범주 c_i가 발생하지 않은 빈도일 경우 χ^2는 다음과 같이 산출한다.

$$\chi^2(t, c_i) = \frac{N(ad - cb)^2}{(a+c)(b+d)(a+b)(c+d)}$$

위의 공식에 의해 산출한 값은 각 범주에 대한 χ^2이므로 상호정보량과 마찬가지로 모든 범주에 대한 평균이나 또는 최대값을 선택하여 전체 범주에 대한 자질 선정 기준으로 사용한다.

6.3 학습 기반 분류기

텍스트 범주화를 위해 주로 사용되는 귀납적 학습 분류기(inductive learning classifier)는 귀납적 학습 프로그램에 의해 생성된다(Jackson and Moulinier 2002). 즉 사람이 제공한 예제(example)인 학습문헌들로부터 분류 규칙을 학습함으로써 분류기가 생성되며, 이를 사용하여 입력한 문헌의 범주화 작업이 이루어진다. 이러한 이유로 텍스트 범주화는 학습이 필요없는 클러스터링 기법과는 달리 지도학습(supervised learning) 분류라고 한다. 귀납적 학습 분류기의 유형으로는 나이브 베이즈(naive Bayes) 분류기, 결정트리(decision tree) 분류기, 결정규칙(decision rules) 분류기, kNN 분류기, 선형 분류기, 신경망(neural network) 분류기, SVM 분류기 등이 있다. 이 책에서는 문헌 분류에 많이 응용되고 있는 분류기들에 대해 상술하기로 한다.

6.3.1 나이브 베이즈 분류기

나이브 베이즈 분류기는 베이즈 정리(Bayes theorem)에 근거한 확률적 분류기로서 학습문헌을 이용하여 각 단어가 특정 범주를 대표할 확률을 계산한 다음, 분류할 입력문헌에 출현한 단어들을 단서어로 하여 이 문헌의 범주를 예측한다. 이때 문헌 내에서 각 단어의 출현은 상호 독립적이라고 가정한다. 문헌 D가 $w_1, w_2, \ldots w_n$ 등의 단어를 자질로 가질 경우 이 문헌이 특정 범주 C_j에 분류될 확률은 다음과 같이 계산한다(Mitchell 1997; Lewis 1998).

$$P(C_j \mid w_1, w_2, \ldots w_n) = P(C_j) \cdot \prod_i \frac{P(w_i \mid C_j)}{P(w_i)}$$

위에서 $P(C_j)$는 특정한 문헌이 범주 C_j에 속할 확률이며, $P(w_i|C_j)$는 범주 C_j가 단어 w_i를 단서어로 가질 확률, 즉 범주 C_j에 분류된 문헌이 단어 w_i를 포함할 확률을 나타낸다. 이 두 확률은 학습문헌 집합으로부터 간단히 예측할 수 있다. 즉 $P(C_j)$는 범주 C_j에 분류된 학습문헌의 수를 전체 학습문헌의 수로 나눈 값으로 예측하며, $P(w_i|C_j)$는 범주 C_j에 분류된 학습문헌에 단어 w_i가 출현한 횟수를 C_j에 분류된 학습문헌들에 출현한 모든 단어의 출현 횟수로 나눈 값으로 예측한다. 분모가 되는 $P(w_i)$는 단어 w_i의 출현 확률이므로 이 단어의 출현빈도를 전체 단어의 출현빈도로 나눈 값으로 예측한다. $P(w_i)$는 범주에 상관없이 같은 값을 갖게 되므로 위 공식에서 이 부분은 생략해도 무방하다. 위의 공식에 의해 각 범주에 대한 확률을 계산한 다음 가장 확률이 높은 범주에 입력문헌을 분류한다.

나이브 베이즈 분류기에서 확률을 예측할 때 문제가 되는 것은 분류대상 문헌의 자질인 단어가 특정 범주의 대표어가 아닌 경우, 즉 범주 출현빈도가 0인 단어가 있을 경우로서 이때의 $P(w_i|C_j)$는 0이 되며, 따라서 $P(C_j|D)$도 0이 되는 것이다. 또한 학습문헌 집합에 분류대상 문헌들에 출현한 단어가 포함되어 있지 않은 경우

에도 마찬가지 문제가 발생한다. 전자의 경우 범주 출현빈도가 0인 단어에 대해서는 빈도 값으로 아주 작은 값을 사용하거나, 또는 모든 단어의 출현빈도에 1이나 2의 유사빈도(pseudo-counts)를 더해줌으로써 빈도가 0이 되는 단어가 없도록 한다. (Jackson and Moulinier 2002). 후자의 경우에는 학습문헌 집합에 출현하지 않은 단어, 즉 범주 단서어가 되지 못한 단어는 문헌에 출현하였더라도 무시한다(Mitchell 1997).

Mitchell(1997)은 다음과 같은 확률 예측 공식을 사용하여 $P(w_i|C_j)$를 예측하도록 함으로써 $P(w_i|C_j)$ 값이 0이 되는 것을 피하도록 하였다.

$$P(w_i \mid C_j) = \frac{n_i + 1}{n + |Vocabulary|}$$

위 공식에서 n_i는 단어 w_i가 범주 C_j에 출현한 빈도를, n은 범주 C_j에 출현한 모든 단어/단서어들의 총 빈도를 나타내며, |Vocabulary|는 학습문헌 집합 내 출현한 모든 단어들의 합을 의미한다.

나이브 베이즈 분류기를 설명하기 위한 간단한 예로 각 주제범주에 분류된 학습문헌들과 이로부터 자질로 선정된 단어들이 다음과 같다고 하자.

범주	학습문헌	단어(빈도)	단어 총빈도
C_1	D_1, D_2, D_3	경제(5), 주식(7), 노조(10)	22
C_2	D_4, D_5	외교(6), 정치(7)	13
C_3	D_6, D_7, D_8	에너지(12), 유가(10), 이라크(9)	31

분류할 새로운 문헌의 자질집합이 {경제, 노조, 정치}일 경우 이 문헌이 각 범주에 속할 확률 $P(C_j|D)$를 계산하기 위해 $P(C_j)$, $P(w_i)$, $P(w_i|C_j)$를 먼저 산출해야 한다. 입력문헌의 자질인 각 단어는 각각 공식에서 w_1, w_2, w_3에 해당한다.

{경제, 노조, 정치}를 자질로 갖는 문헌이 범주 C_1에 속할 확률은 다음과 같이 산출한다. 여기에서 범주 C_1에 출현하지 않은 단어인 "정치"의 경우, 이 단어가 범주 C_1을 대표할 확률인 $P(w_3|C_1)$ 값이 0이 되지 않도록 하기 위해 가상의 출현빈도 1을 "정치"에 부여하고, 이 유사빈도를 학습문헌 집합 내 단어들의 총 출현빈도(66)로 나눈 값을 근사치로 사용하였다. 또한 계산의 편의상 분류자질이 되는 모든 단어들에 대해 $P(w_i|C_j)$를 산출하는 대신 실제 문헌에 출현한 세 단어에 대해서만 $P(w_i|C_j)$를 산출하였다.

$$P(C_1) = 3/8 = 0.375$$
$$P(w_1) = 5/66 = 0.076\ ,\ P(w_2) = 0.152\ ,\ P(w_3) = 0.106$$
$$P(w_1 \mid C_1) = 5/22 = 0.227$$
$$P(w_2 \mid C_1) = 10/22 = 0.455$$
$$P(w_3 \mid C_1) = 0/22 \simeq 1/66 = 0.015$$
$$\Downarrow$$
$$P(C_1 \mid D) = \frac{0.375 \cdot 0.227 \cdot 0.455 \cdot 0.015}{0.076 \cdot 0.152 \cdot 0.106} = 0.4744$$

위와 마찬가지로 범주 C_2와 범주 C_3에 대해 $P(C_2|D)$와 $P(C_3|D)$를 계산한 다음 확률 값이 가장 큰 범주에 문헌을 분류한다. 이때 산출된 각 범주에 대한 확률을 세 확률 값을 더한 값으로 나누어 줌으로써 확률의 합이 1이 되도록 정규화할 수 있다.

6.3.2 kNN 분류기

kNN(*k*-nearest neighbors) 분류기는 단순히 학습문헌을 저장하는 사례 기반 학습(instance-base learning) 방법을 채택한 대표적인 분류기이다. kNN 분류기는 입력문헌과 유사도가 가장 높은 k개의 최근접 이웃문헌을 학습문헌 집합으로부터 찾아낸 다음 이 이웃문헌들에 배정된 범주들에 근거하여 입력문헌을 분류할 하나 이상의 범주를 선정한다. kNN 분류기는 각 범주를 구체적인 용어 벡터로 표현하지 않고 학습문헌에 배정된 범주 표지만을 이용하여 분류한다.

kNN 분류기에 의한 문헌 분류는 크게 두 단계로 구성된다. 먼저 입력문헌과 가장 유사한 k개의 이웃문헌을 찾아내야 하는데 이때 유사도 산출에 사용할 유사계수 또는 거리계수의 선택과 적절한 k 값의 선정이 선행되어야 한다. 입력문헌 D_x와 학습문헌 D_j 간 유사도 산출에 사용할 코사인 유사계수 공식은 아래와 같다. 이 공식에서 t_{xk}, t_{jk}는 각각 D_x, D_j에 출현한 단어 t_k의 가중치를 나타낸다.

$$sim(D_x, D_j) = \frac{\sum_k t_{xk} \cdot t_{jk}}{\sqrt{\sum_k (t_{xk})^2 \cdot \sum_k (t_{jk})^2}}$$

k 값의 선정은 대개 경험적으로 이루어지는데 선행연구에서는 k=20, 30≤k≤45 등의 값을 사용한 바 있다(Larkey and Croft 1996; Yang 1999). k 값의 선정 시 고려할 일반적인 사항은 다음과 같다(Jackson and Moulinier 2002).

- 자질공간 상에서 범주들이 서로 가까이 위치할수록 작은 값의 k를 선택한다.
- 각 범주에 속하는 학습문헌들이 서로 이질적일수록 큰 값의 k를 선택한다.

다음 단계에서는 최근접 이웃문헌들이 분류되어 있는 범주들에 근거하여 입력문헌의 범주를 결정한다. 간단한 방법은 가장 많은 수의 이웃문헌들이 속해 있는 범주를 선택하는 것이며, 다른 방법은 입력문헌과 이웃문헌 간 유사도 가중치를 반영하여 범주를 결정하는 것이다. 즉 각 범주와 입력문헌 간의 적합성을 다음과 같이 산출한 후 적합성 값이 가장 큰 범주를 하나 이상 선택한다(Yang 1994).

$$rel(C_k \mid D_x) \approx \sum_{j=1}^{n} sim(D_x, D_j) \cdot P(C_k \mid D_j)$$

위 공식에서 $P(C_k \mid D_j)$는 이웃문헌 D_j가 범주 C_k에 분류된 경우에는 1, 아닌 경우에는 0의 값을 갖게 되므로 이웃문헌들이 분류되어 있는 범주들 가운데 입력문헌과의 유사도 값의 합이 가장 큰 범주가 선택되는 것이다.

간단한 예를 들어 kNN 분류기의 분류 과정을 설명하면 다음과 같다. C_1~C_5의 다섯 범주에 모두 100개의 학습문헌이 분류되어 있으며, k 값을 5로 설정한 경우를 생각해 보자.

범주	학습문헌	k개의 최근접 문헌
C_1	D_1, D_2, D_3,⋯	D_1, D_2, D_4
C_2	D_{10}, D_{11}, D_{12},⋯	D_{11}
C_3	⋯	⋯
C_4	⋯	⋯
C_5	D_{85}, ⋯, D_{100}	D_{92}

입력문헌 D_x와 100개의 학습문헌 간의 유사도 산출 결과 5개의 최근접 이웃문헌이 D_1, D_2, D_4, D_{11}, D_{92}와 같이 선정되었으며, 입력문헌과 각 이웃문헌 간의 유사도 값이 각각 0.88, 0.76, 0.82, 0.90, 0.78이라면, 입력문헌 D_x는 다음과 같이 각 범주와의 적합성 점수 산출 결과 범주 C_1에 분류된다.

$$rel(C_1 \mid D_x) = sim(D_x, D_1) + sim(D_x, D_2) + sim(D_x, D_4) = 2.46$$
$$rel(C_2 \mid D_x) = sim(D_x, D_{11}) = 0.90$$
$$rel(C_5 \mid D_x) = sim(D_x, D_{92}) = 0.78$$

kNN 분류기는 최근접 이웃문헌을 찾아내기 위하여 입력문헌을 모든 학습문헌과 비교해야 하므로 처리 속도가 떨어지는 문제점을 안고 있지만 분류기들의 성능 비교 실험에서는 성능이 우수한 것으로 보고되어 있다(Yang 1999; Yang and Liu 1999).

6.3.3 선형 분류기

선형 분류기(linear classifier)는 각 범주에 대한 프로파일들로 구성되며, 문헌들을 각 범주에 대해 2개의 배타적 클래스, 즉 긍정예제(positive example)와 부정예제(negative example)로 분리하는 평면(hyperlane) 또는 선(line)의 기능을 수행한다(Jackson and Moulinier 2002; Sebastiani 2002). 만일 문헌이 이 선의 한 쪽에 오게 되면 이 문헌은 해당 범주에 속하는 것으로 판정하고, 다른 쪽에 오면 해당 범주에 속하지 않는 것으로 판정하는 것이다.

선형 분류기에서 각 범주 프로파일은 문헌들과 동일한 자질공간에서 자질들의 가중치 벡터로 표현되며, 이 벡터가 긍정예제들과 부정예제들이 위치하는 두 부분을 분리하는 역할을 한다. 범주 프로파일을 표현하는 범주벡터는 학습문헌들을 통해 학습되는데, 범주벡터가 되도록이면 긍정예제들에게는 가까이, 부정예제들로부터는 멀리 위치하도록 하는 것이 학습의 목표가 된다.

특정 범주를 위한 분류기를 의미하는 범주벡터 $\vec{C}$와 분류대상이 되는 문헌벡터 $\vec{d}$, 그리고 특정 범주에 대한 문헌의 점수를 산출하는 적합성 함수 $f(\vec{d})$는 각각 다음과 같이 표현된다.

$$\vec{C} = (w_1, w_2, \ldots, w_n)$$
$$\vec{d} = (d_1, d_2, \ldots, d_n)$$
$$f(\vec{d}) = \vec{d} \cdot \vec{C} = \sum_{i=1}^{n} w_i \cdot d_i$$

여기에서 적합성 함수는 두 가중치 벡터의 유사도를 구하는 것과 같으며 주로 내적(dot product) 공식을 사용한다(Lewis et al. 1996; Jackson and Moulinier 2002). 위 공식에서 특정한 범주와 특정한 문헌을 나타내는 첨자는 생략하였다.

선형 분류기에서 학습 과정은 뱃치 방식이나 온라인 방식에 의해 수행되는데 대표적인 뱃치 방식이 로치오 알고리즘(Rocchio's algorithm)이다(Rocchio 1971). 온라인 알고리즘으로는 Widrow-Hoff 알고리즘(Lewis et al. 1996)과 Positive Winnow 알고리즘(Dagan et al. 1997) 등이 있다.

로치오 알고리즘은 벡터공간 검색 기법에서 사용하는 적합성 피드백 공식을 분류기에 적용한 것으로서 특정 범주 C를 위한 분류기인 범주벡터 $\vec{C} = (w_1, w_2, \ldots w_n)$를 다음과 같이 생성한다.

$$w_k = \beta \cdot \frac{\sum_{D \in C} d_k}{n_c} - \gamma \cdot \frac{\sum_{D \notin C} d_k}{n - n_c}$$

위 공식에서 n은 전체 학습예제의 수를, n_c는 긍정예제의 수를, $n - n_c$는 부정예제의 수를, C는 긍정예제 집합을 각각 나타낸다. 따라서 공식의 첫 번째 항은 긍정예제들의 k번째 단어의 평균 가중치를 산출하는 것이며, 두 번째 항은 부정예제들의 k번째 단어의 평균 가중치가 되는 것이다. 각 항의 파라미터 β와 γ는 각각 긍정예제와 부정예제가 갖는 상대적인 중요도를 표현한다. 일반적으로 부정예제의 영향력을 낮추기 위해 β 값은 크게 하고 γ 값은 작게 설정한다(Cohen and Singer 1999; Joachims 1997). β가 1이고 γ가 0인 경우는 부정예제를 사용하지 않는 것이며, 이때 범주벡터는 긍정예제들의 센트로이드가 된다(Dumais et al. 1998; Joachims 1998).

로치오 알고리즘을 이용한 선형 분류기는 구현하기가 매우 용이하고 처리시간 측면에서 효율적이지만 부정예제의 수가 많은 상황에서는 그다지 효과적이지 못한 것으로 평가되고 있다. 다음에서 설명할 퍼셉트론 분류기와 선형 SVM 분류기도 선형 분류기에 속한다.

6.3.4 신경망 분류기

신경망(neural network)을 이용한 문헌 분류기는 단위(unit) 노드들의 네트워크로서, 입력노드는 문헌벡터를 구성하는 각 용어를, 출력노드는 범주를 나타낸다. 노드 간 링크가 갖는 가중치는 의존관계를 나타내며 학습을 통해 결정된다(Sebastiani 2002). 다계층(multilayer) 신경망을 학습시키는 대표적인 방법은 역전파(backpropagation)로서 학습문헌의 용어 가중치를 입력노드에 입력한 후 분류 오류가 발생하면 이 방법을 통해 오류를 최소화한다. 즉 출력노드들의 실제 출력 값과 목적 값 사이의 오류제곱(squared error)을 최소화시키는 과정을 통해 네트워크의 가중치를 학습하는 것이다(Mitchell 1997).

가장 간단한 형태의 신경망 분류기는 단일계층의 퍼셉트론(perceptron)으로서 다계층 신경망 분류기와는 달리 선형 분류기로 사용할 수 있다. 퍼셉트론은 입력 값 벡터를 받아들인 후 입력 값들의 선형 결합을 통해 결과 값이 출력 기준치보다 클 경우 1을, 아닐 경우 −1을 출력한다. 문헌 분류의 경우 입력 값은 분류 대상 문헌의 용어 가중치들을 나타내며, 출력 값은 해당 범주에 대한 분류 여부를 나타낸다.

퍼셉트론은 입력 값이 $x_1, \ldots, x_n$과 같을 때 출력 값 $o(x_1, \ldots, x_n)$을 다음과 같이 산출하며, 이 과정이 그림 6.2에 나와 있다(Mitchell 1997).

$$o(x_1, \ldots, x_n) = \begin{cases} 1 \text{ if } & w_0 + w_1 x_1 + w_2 x_2 + \ldots + w_n x_n > 0 \\ -1 & otherwise \end{cases}$$

위 공식에서 w_i는 입력 값 x_i를 출력 값으로 변환하는 데 기여하는 가중치이며, $-w_0$ 값은 출력 값이 1이 되기 위해 초과해야 할 임계치를 나타낸다. 위의 식에서 가상의 상수 $x_0 = 1$로 한다면 이 식은 $\sum_{i=0}^{n} w_i x_i > 0$과 같이 간단히 표현된다. 가중치 w_i는 퍼셉트론 학습 규칙을 통해 학습하게 되는데 한 가지 방법은 다음과 같다(Mitchell 1997). 즉 처음에는 임의의 가중치 값으로 시작하여 각 학습예제에 퍼셉트론을 반복적으로 적용하면서 예제가 잘못 분류될 때 마다 퍼셉트론 가중치를 수정한다. 이 과정은 퍼셉트론이 모든 학습예제를 올바르게 분류할 때까지 반복된다. 각 단계에서 가중치 값은 다음과 같은 퍼셉트론 학습규칙에 의해 수정된다.

$$w_i \leftarrow w_i + \Delta w_i, \quad \text{여기에서} \quad \Delta w_i = \eta(t-o)x_i$$

위의 공식에서 t는 현재 학습예제의 목적 값(target output), o는 퍼셉트론이 생산한 출력 값(output), η는 학습률(learning rate)을 나타내는 양의 상수로서 흔히 0.1, 0.3 등과 같은 작은 값을 갖는다. 여기에서 출력 값은 1 또는 −1이 된다. 예컨대 학습예제가 긍정예제로 올바르게 분류될 경우 t와 o의 값은 1로서 $(t-o)=0$이 되어 가중치는 수정되지 않는다.

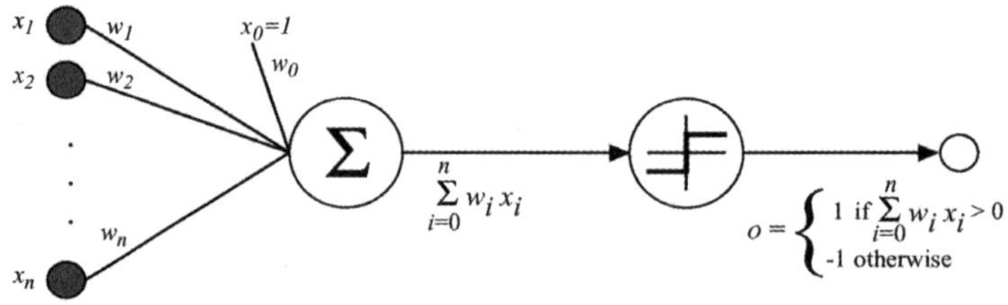

〈그림 6.2〉 퍼셉트론

퍼셉트론 분류기에서 링크 가중치 w_i는 학습을 통해 얻게 되므로 각 범주에 대한 긍정예제들과 부정예제들을 먼저 확보해야 한다. 일반적으로 한 범주에 대한 긍정예제로는 학습문헌 집합 가운데 그 범주에 속한 문헌들을 사용하면 되지만 나머지 학습문헌들을 모두 부정예제로 사용할 경우 그 수가 상당히 많아질 수 있다. 따라서 먼저 긍정예제 및 긍정예제와 비교적 유사한 부정예제들로 구성되는 질의 영역(query zone)을 구축한 다음 이 영역 내에 있는 문헌들 중 긍정예제가 아닌 나머지 문헌들을 부정예제로 사용할 수 있다(Singhal, Mitra, and Buckley 1997; Ruiz and Srinivasan 2002; Ng, Goh, and Low 1997).

Ruiz and Srinivasan(2002)은 다음과 같은 센트로이드 기반 기법을 사용하여 범주 영역(category zone)을 구성하였다.

1. 특정 범주에 대한 모든 긍정예제들의 센트로이드를 산출한다.
2. 이 센트로이드를 질의로 하여 상위 n개의 문헌을 검색한다.
3. 검색문헌들 가운데 긍정예제가 아닌 나머지 문헌들을 부정예제로 사용하며, 검색되지 않은 긍정예제를 범주 영역에 추가한다.

실제 실험에서 적용한 퍼셉트론 학습 알고리즘은 다음과 같다(Ng, Goh, and Low 1997).

1. 분류할 입력문헌은 모두 $(t_1, f_1)(t_2, f_2)\ldots(t_n, f_n)$과 같이 단어와 빈도 쌍으로 구성되는 자질 벡터로 표현한다.
2. 학습문헌 중 특정 범주에 대한 긍정예제는 E_1, E_2, …, E_l, 부정예제는 E_{l+1}, E_{l+2}, …, E_m이라고 한다면 E_i도 마찬가지로 $(t_1, f_{i1})(t_2, f_{i2})\ldots(t_n, f_{in})$과 같이 표현한다.
3. 링크 가중치 $W=(w_0, w_1,\cdots, w_n)$에 임의의 실수 값을 부여한다
4. 모든 학습문헌 E_i에 대해 다음과 같이 각 단어의 '가중치×빈도' 합을 산출한다.

$$\sum_{j=0}^{n} w_j \cdot f_{ij} \ (\text{단 } f_{i0} = 1)$$

5. 4번 단계에서 구한 합이 모든 긍정예제들에 대해 양의 값이고 모든 부정예제들에 대해 음의 값이면 3번 단계의 가중치를 출력하고 멈춘다.
6. 아닌 경우 잘못 분류된 문헌들의 합 벡터 S를 산출한다. 즉 E_i가 부정으로

잘못 분류된 긍정예제라면 $S \leftarrow S + (f_{i0} f_{i1} \cdots f_{in})$, 반대로 부정예제가 긍정으로 잘못 분류된 경우에는 $S \leftarrow S - (f_{i0}\ f_{i1} \cdots f_{in})$을 적용한다. 여기에서 S는 잘못 분류된 학습문헌들의 벡터 합을 나타내므로 초기 값은 0이다.

7. 가중치 값을 아래와 같이 갱신한 다음 2번 단계로 돌아간다.

$$W \leftarrow W + S \cdot \eta$$

위의 과정에 의해 모든 학습문헌을 처리한 후 3번 단계에서 구한 링크 가중치를 이용하여 입력문헌에 대한 '가중치×빈도' 합을 산출하고, 이 값이 0보다 크면 이 문헌을 해당 범주로 분류한다. 즉 다음의 조건이 만족되는 범주로 입력문헌을 분류하는 것이다.

$$\sum_{j=0}^{n} w_j \cdot f_j > 0$$

위의 퍼셉트론 학습 알고리즘을 간단한 예를 가지고 설명하면 다음과 같다. 학습문헌 D_1, D_2, D_3 중 D_1과 D_2는 긍정예제이고 D_3은 부정예제라고 한다면 각 문헌의 목적 출력 값은 +1, +1, −1과 같다. 먼저 각 링크 가중치 w_j에 임의의 값을 부여한 다음 D_1에 대한 $\sum w_j \cdot f_j$를 구한다. 이 값이 0보다 크면 이 학습문헌의 출력 값은 +1이 되어 목적 출력 값(+1)과 같으므로 S 값은 여전히 0이며, 따라서 가중치 값들은 변하지 않는다. 두 번째 긍정예제 D_2의 벡터와 링크 가중치 벡터를 결합한 결과가 0보다 작다면 출력 값은 −1이 되고, 이 값은 목적 출력 값(+1)과 다르므로 S는 초기 값에 D_2 벡터를 더한 값으로 변경된다. 세 번째 부정예제 D_3의 출력 값이 −1이라면 이 값은 목적 출력 값(−1)과 같으므로 S 값은 더 이상 변하지 않는다. 이 시점에서의 각 링크 가중치 w_j가 학습결과 얻어진 가중치 값으로서 입력문헌 분류에 사용되는 것이다.

신경망 분류기는 kNN 분류기와 더불어 비교적 좋은 성능을 보이지만 범주 당 긍정예제들이 적을 때에는 성능이 떨어지는 것으로 나타나 있다(Yang 1999; Yang and Liu 1999).

6.3.5 SVM 분류기

SVM(support vector machine: 지지벡터기)은 비교적 최근에 소개된 학습 기법으로서 가장 간단한 선형 SVM은 긍정예제 집합과 부정예제 집합을 최대의 마진(margin)을 갖고 분리하는 결정면(hyperplane)을 찾아내는 방법이다(Vapnik 1995). 그림 6.3은 긍정예제들과 부정예제들을 최대 마진을 갖고 구분하는 결정면을 보여주며, 이 결정면에 가장 가까운 학습문헌(동그라미로 표시)을 지지벡터(support vector)라고 한다(Joachims 1998). SVM 분류기는 모든 학습문헌을 사용하는 대신 소수의 지지벡터만을 학습에 사용한다는 점에서 다른 선형 분류기와 구별된다.

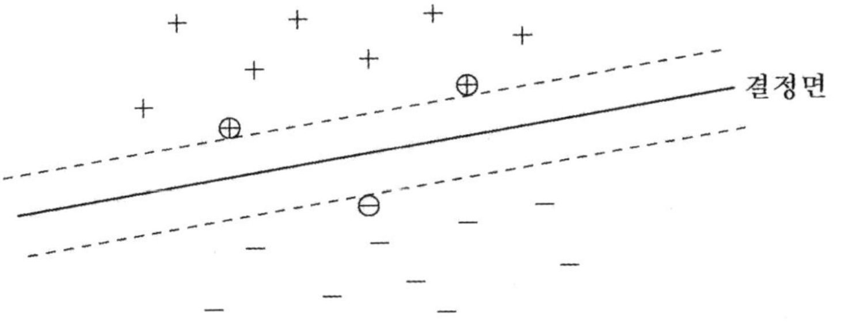

〈그림 6.3〉 선형 SVM의 결정면

SVM의 결정면은 다음의 공식으로 표현된다(Liu 2007).

$$\vec{w} \cdot \vec{x} + b = 0$$

위 공식에서 $\vec{x}$는 분류 대상 문헌의 입력벡터이며, 가중치 벡터 $\vec{w}$와 임계치 b는 학습을 통해 정해진다. 학습 과정에서 학습문헌 집합 D를 $D = \{(y_i, \vec{x_i})\}$와 같이 분류 값과 학습문헌 벡터의 쌍으로 나타낸다면 특정 범주에 대한 분류 값 y_i는 긍정예제의 경우 +1의 값을, 부정예제의 경우 −1의 값을 갖는다. SVM 분류기는 학습을 통해 다음의 조건을 만족시키는 $\vec{w}$와 b 값을 찾아내야 하며, 동시에 $\vec{w}$의 유클리드 놈(Euclidean norm)인 $\|\vec{w}\|$를 최소화시켜야 한다.

$$\vec{w} \cdot \vec{x_i} + b \geq +1 \quad (y_i = +1\text{일 경우})$$
$$\vec{w} \cdot \vec{x_i} + b \leq -1 \quad (y_i = -1\text{일 경우})$$

학습된 분류기에 의해 $\vec{w}$와 b의 값이 결정되면 새로운 입력문헌에 대해 출력 값 $u = \vec{w} \cdot \vec{x} + b$를 산출하여 이 문헌을 분류하게 된다. 출력 값이 양수냐 음수냐에 따라 입력문헌이 결정면의 어느 쪽에 위치하는가를 나타내게 되며, 양수인 경우 이 문헌의 y_i 값은 +1이 되므로 이 문헌을 해당 범주에 분류하게 된다(Joachims 2001; Dumais et al. 1998; Yang and Liu 1999).

SVM 분류기는 성능이 다른 분류기에 비해 우수한 것으로 평가되고 있으나 (Joachims 1998; Yang and Liu 1999; Dumais et al. 1998), 분류기를 구현하기가 쉽지 않으므로 SVM^{light}와 같은 공개된 소프트웨어를 사용하는 것이 좋다.

SVM^{light}는 학습문헌 데이터로 구성되는 입력파일을 처리하여 분류기를 생성하는데 생성된 분류기 파일에는 파라미터 b의 값과 선정된 지지벡터들의 리스트가 수록된다. 분류기는 지지벡터들의 정보로부터 산출한 가중치 벡터를 사용하여 입력문헌을 분류하게 된다. 학습을 위한 입력파일의 각 라인은 다음 예와 같이 학습문헌의 범주정보, 자질정보, 주석 등으로 구성되며, 범주정보는 해당 범주에 대한 긍정예제이면 +1, 부정예제이면 −1의 값을 갖는다. 자질정보는 분류자질의 번호와 가중치 값의 쌍으로 구성되며, # 표시로 시작되는 주석은 없어도 되지만 흔히 문헌번호를 수록한다. 분류 대상 입력문헌에 대해서도 학습문헌과 마찬가지 형식으로 자질정보를 입력하게 된다.

+1 8:0.2 17:0.6 24:0.7 83:0.3 112:0.5 #D001

−1 5:0.5 29:0.1 42:0.4 55:0.6 180:0.4 #D002

6.4 분류기의 평가

분류기들은 문헌 범주화 결과 순위화된 범주 리스트를 출력하거나 이원분류 방식에 의해 범주를 자동으로 부여한다. 어떠한 유형의 출력물을 생산하느냐에 따라 분류기의 성능 평가 척도가 달라진다. kNN 분류기와 같이 범주 순위를 제공하는 분류기는 일반적인 검색 성능 평가에서와 같이 재현율, 정확률, 11-지점 정확률 등을 적용한다(Yang 1999).

$$\text{분류 재현율} = \frac{\text{부여된 적합범주 수}}{\text{총 적합범주 수}}$$

$$\text{분류 정확률} = \frac{\text{부여된 적합범주 수}}{\text{부여된 총 범주 수}}$$

분류 재현율과 분류 정확률은 분류대상 각 문헌에 대해 순위화된 범주들 가운데 일정한 기준치를 넘는 범주들만이 부여되는 것으로 간주하여 계산한다. 11-지점 분류 정확률은 재현율 0%, 10%, …, 100% 등 11개 지점에서의 분류 정확률의 평균을 낸 값이다.

반면 신경망 분류기나 SVM 분류기 등 이원분류기의 평가 척도로 사용하는 분류 재현율과 분류 정확률은 각 범주에 대해 작성되는 2×2 분할표를 이용하여 계산한다.

	옳은 범주	틀린 범주
범주에 분류	a	b
범주에 비분류	c	d

〈그림 6.4〉 범주화 분할표

그림 6.4의 분할표를 구성하는 각 셀의 의미와 이를 이용한 분류 재현율(R)과 분류 정확률(P) 공식은 다음과 같다.

a : 옳은 범주에 제대로 분류된 문헌 수 (옳은 분류)
b : 틀린 범주에 잘못 분류된 문헌 수 (틀린 분류)
c : 옳은 범주에 분류되지 않은 문헌 수 (틀린 분류)
d : 틀린 범주에 분류되지 않은 문헌 수 (옳은 분류)

$$R = \frac{a}{a+c}$$

$$P = \frac{a}{a+b}$$

분류 재현율과 분류 정확률 이외에 정확도(Accuracy)도 분류 평가 척도로 사용되는데 이 척도는 전체 분류 중 옳은 분류의 비율을 나타내며, $(a+d)/(a+b+c+d)$와 같이 산출한다.

순위화된 범주 리스트를 생성하는 분류기와 이원분류기에 모두 적용할 수 있는 단일척도로는 F_1 척도와 BEP(break-even point)가 있다. BEP는 재현율과 정확률이 같아지는 지점의 값, 즉 $R=P$인 값을 의미한다(Lewis and Rinquette 1994). F_1 척도는 정확률과 재현율에 동일한 중요도를 부여하여 하나의 값으로 결합한 척도로서 $F_1 = 2PR/(P+R)$의 공식으로 산출한다.

참고문헌

Cohen, W.W. and Singer, Y. 1999. "Context-sensitive learning methods for text categorization". *ACM Transactions on Information Systems*, 17(2): 141-173.

Dagan, I., Karov, Y., and Roth, D. 1997. "Mistake-driven learning in text categorization". *Proceedings of the 2nd Conference on Empirical Methods for Natural Language Processing*. 55-63.

Dumais, S.T., Platt, J., Heckerman, D., and Sahami, M. 1998. "Inductive learning algorithms and representations for text categorization". *Proceedings of the 7th ACM International Conference on Information and Knowledge Management*. 148-155.

Jackson, P. and Moulinier, I. 2002. *Natural Language Processing for Online Applications. Text Retrieval, Extraction and Categorization*. Amsterdam: Benjamins Publishing Co.

Joachims, T. 1997. "A probabilistic analysis of the Rocchio algorithm with TFIDF for text categorization". *Proceedings of the 14th International Conference on Machine Learning*. 143-151.

Joachims, T. 1998. "Text categorization with support vector machines: learning with many relevant features". *Proceedings of the 10th European Conference on Machining Learning*. 137-142.

Joachims, T. 2001. *Learning to Classify Text Using Support Vector Machines*. Boston: Kluwer Academic Publishers.

Lam, W. 1999. "Automatic text categorization and its application to text retrieval". *IEEE Transactions on Knowledge and Data Engineering*, 11(6): 865-879.

Larkey, L.S. and Croft, W.B. 1996. "Combining classifiers in text categorization". *Proceedings of the 19th Annual International ACM-SIGIR Conference on*

Research and Development in Information Retrieval. 289-297.

Lewis, D.D. 1998. "Naive (Bayes) at forty: the independence assumption in information retrieval". *Proceedings of the 10th European Conference on Machine Learning*. 4-15.

Lewis, D.D. and Rinquette, M. 1994. "A comparison of two learning algorithms for text categorization". *Proceedings of the 3rd annual symposium on document Analysis and Information Retrieval*. 81-93.

Lewis, D., Schapire, R.E., Callan, J.P., and Papka, R. 1996. "Training algorithms for linear text classifiers". *Proceedings of the 19th Annual International ACM-SIGIR Conference on Research and Development in Information Retrieval*. 298-306.

Liu, B. 2007. *Web Data Mining*. New York: Springer.

Mitchell, T.M. 1997. *Maching Learning*. Boston: McGraw-Hill.

Ng, H.T., Goh, W.B., and Low, K.L. 1997. "Feature selection, perceptron learning, and a usability case study for text categorization". *Proceedings of the 20th Annual International ACM SIGIR Conference on Research and Development in Information Retrieval*. 67-73.

Rocchio, Jr., J.J. 1971. *Relevance feedback in information retrieval*. In Salton, G., ed. *The SMART Retrieval System: Experiments in Automatic Document Processing*. Englewood Cliffs: Prentice-Hall. 313-323.

Ruiz, M.E. and Srinivasan, P. 2002. "Hierachical text categorization using neural networks". *Information Retrieval*, 5; 87-118.

Schütze, H., Hull, D.A., and Pedersen, J.O. 1995. "A comparison of classifiers and document representations for the routing problem". *Proceedings of the 18th Annual International ACM SIGIR Conference on Research and Development in Information Retrieval*. 229-237.

Sebastiani, F. 2002. "Machine learning in automated text categorization". *ACM Computing Surveys*, 34(1): 1-47.

Singhal, A., Mitra, M., and Buckley, C. 1997. "Learning routing queries in a query zone". *Proceedings of the 20th Annual International ACM-SIGIR Conference on Research and Development in Information Retrieval.* 25-32.

van Rijsbergen, C.J. 1979. *Information Retrieval*, 2nd ed. London: Butterworths.

Vapnik, V. 1995. *The Nature of Statistical Learning Theory.* New York: Springer.

Wiener, E.D., Pedersen, J.O., and Weigend, A.S. 1995. "A neural network approach to topic spotting". *In Proceedings of the 4th Annual Symposium on Document Analysis and Information Retrieval.* 317-332.

Yang, Y. 1994. "Expert network: effective and efficient learning from human decisions in text categorization and retrieval". *Proceedings of the 17th Annual International ACM-SIGIR Conference on Research and Development in Information Retrieval.* 13-22.

Yang, Y. 1999. "An evaluation of statistical approaches to text categorization". *Information Retrieval.* 69-90.

Yang, Y. and Liu, X. 1999. "A re-examination of text categorization methods". *Proceedings of the 22nd ACM International Conference on Research and Development in Information Retrieval.* 256-263.

Yang, Y. and Pedersen, J.O. 1997. "A comparative study on feature selection in text categorization". *Proceedings of the 14th International Conference on Machine Learning.* 412-420.

제 7 장

정보검색 모형

7.1 검색 모형의 분류

정보검색 시스템은 방법에 차이는 있으나 기본적으로 입력된 질의에 대해 각 문헌과 질의 간의 유사도(similarity)를 측정한 다음 유사도가 일정한 기준을 넘는 문헌들을 검색한다. 이때 시스템이 채택한 검색 모형에 따라 질의의 표현 방법과 질의-문헌 간 유사도를 측정하는 방법이 달라진다.

예를 들어 상용 정보검색 시스템에서 가장 많이 채택하고 있는 불리언 검색 모형에서는 검색문(search statement)/질의(query)는 검색어(search term)/질의어(query term)와 검색논리를 표현하는 불리언 연산자(Boolean operator)로 구성되며, 질의와 문헌의 유사도는 검색문을 완전히 만족시키는 경우에는 1, 그 이외의 경우에는 0이 된다. 따라서 유사도가 1인 문헌들만이 검색되는 것으로 볼 수 있다.

지금까지 제안된 여러 검색 모형들 가운데 가장 대표적인 모형으로는 불리언 검색(Boolean retrieval) 모형, 벡터공간 검색(vector space retrieval) 모형, 확률 검색(probabilistic retrieval) 모형이 있다. 이 세 모형은 각각 집합이론적(set theoretic), 대수적(algebraic), 확률적(probabilistic) 모형에 해당된다(Baeza-Yates and Ribeiro-Neto 1999). 위의 세 모형 이외에 집합이론적 모형에 속하는 퍼지집합 검색(fuzzy set retrieval) 모형과 확장 불리언 검색(extended Boolean retrieval) 모형, 대수적 검색 모형에 속하는 신경망(neural network) 모형과 LSI(latent semantic indexing) 모형, 그리고 확률적 검색 모형으로 추론망(inference network) 모형 등이 있다.

7.2 'ad hoc' 검색과 라우팅/필터링

정보검색 시스템은 사용하는 검색 모형에 의해서 구분될 뿐만 아니라 검색 모드(search mode)에 의해서도 구분된다. 1990년대 이후 TREC(Text REtrieval Conference)

을 중심으로 'ad hoc' 검색과 라우팅(routing)의 두 가지 모드로 나누어 정보검색에 관한 실험적 연구가 수행되었으며, TREC-4부터는 필터링(filtering) 트랙이 추가되었다. TREC-7부터는 라우팅 트랙은 없어지고 필터링 트랙으로 통합되었다. 대신에 필터링 트랙에서는 적응적 필터링(adaptive filtering), 뱃치 필터링(batch filtering), 라우팅의 세 가지 과제를 수행하였다(Voorhees and Harman 2002).

TREC의 적응적 필터링 과제에서는 질의문(topic statement)과 소수의 적합문헌으로부터 구축한 프로파일에 대하여 문헌을 날짜순으로 한 번에 하나씩 처리하여 검색여부를 결정하며, 검색된 문헌에 대한 이용자의 적합성 판정을 받은 후 프로파일을 수정하게 된다. 최종 출력물은 순위화되지 않은 검색문헌 집합이 된다. 따라서 적응적 필터링은 일종의 적합성 피드백 시스템이라고 볼 수 있다. 반면에 뱃치 필터링 과제에서는 질의문과 비교적 많은 수의 학습문헌(적합문헌과 부적합문헌)으로부터 프로파일을 구축한 후 실험문헌 집단으로부터 프로파일을 만족시키는 문헌들을 검색한다. 최종 출력물은 적응적 필터링과 마찬가지로 순위화되지 않은 검색문헌 집합이다. 라우팅 과제에서는 질의문 및 학습문헌들로부터 구축한 프로파일과 실험문헌 간 유사도를 측정한 후 순위화된 일정 수의 문헌을 출력한다. 라우팅/필터링 시스템에서 적합문헌과 부적합문헌을 사용한 프로파일의 구축과 수정에는 주로 로치오(Rocchio) 공식을 사용하였다(제8장 참조).

'ad hoc' 검색은 이용자가 정보검색 시스템에서 일상적으로 수행하는 검색에 해당되는 것으로서 비교적 정적인(static) 정보원/문헌집단을 대상으로 새로운 질의를 입력하여 검색하는 작업이다. 반면 라우팅/필터링은 새로 입력된 정보자료를 대상으로 하여 정적인 질의를 처리하는 작업을 말한다. 즉, 정보원이 정적이고 질의가 동적인(dynamic) 경우가 'ad hoc' 검색이고, 반대로 정보원이 동적이고 질의가 정적인 경우가 라우팅/필터링에 해당된다. 과거의 검색 모드 구분에 의하면 'ad hoc' 검색은 소급 검색(retrospective search), 라우팅/필터링은 전통적인 SDI(Selective Dissemination of Information)에 상응한다고 볼 수 있다.

라우팅/필터링 시스템은 디지털 도서관의 SDI 서비스와 마찬가지로 미리 이용자의 정보요구를 표현한 질의나 이용자 프로파일을 작성해 놓고 새로운 정보자료가 입력될 때마다 질의에 적합한 정보자료를 선별한다. 전통적인 SDI 서비스는 대개 새로운 데이터베이스 업데이트(update)를 대상으로 검색을 하게 되므로 정기적으로 최신정보가 제공되는 반면에 라우팅/필터링 시스템은 수시로 최신정보를 제공한다는 점에서 차이가 있다. 라우팅/필터링은 각 이용자 질의를 하나의 주제범주로 보고 입력된 새로운 문헌을 가장 적합한 범주로 분류하는 범주화(categorization) 작업으로 볼 수 있으므로 kNN 분류기, SVM 분류기, 신경망 분류기 등을 사용하여 검색여부를 결정할 수 있다(Ault and Yang 2002; Lewis 2002; Mostafa and Lam 2000).

특히 뉴스기사나 이메일 등 웹 정보를 대상으로 한 필터링 서비스는 실시간으로 최신정보가 제공될 수 있는 특성을 가지고 있다. 라우팅/필터링 서비스의 다른 예로는 전자저널이나 학술 데이터베이스가 제공하는 'Alert' 서비스가 있으며, 'Alert' 서비스를 통해 제공되는 최신 정보로는 이용자 관심 주제 분야의 최신논문, 이용자가 선택한 학술잡지의 최신호 목차, 특정한 논문을 인용한 최신논문 등이 있다. 그림 7.1은 라우팅/필터링 과정을 보여 준다.

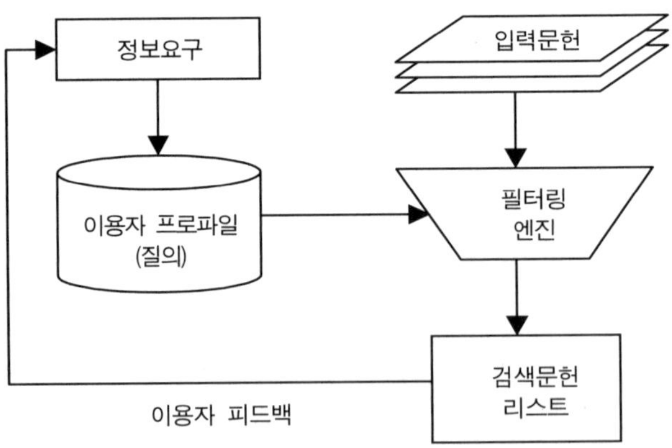

〈그림 7.1〉 라우팅/필터링 과정

7.3 불리언 검색

불리언 검색은 불 대수(Boolean algebra)를 이용하여 질의를 만족시키는 문헌들을 검색하는 기법이다. 불리언 검색에서 사용하는 질의를 불리언 검색문이라고 하며, 이 검색문은 키워드 형태의 검색어와 이 검색어들 간의 논리적 관계로 구성된다. 검색어들 간의 관계는 불리언 연산자인 AND, OR, (AND) NOT으로 표현되며, 실제 검색 시스템에 따라 검색 화면에서 각 검색 논리를 표현하는 방법은 다양하다.

불리언 검색 또는 불논리 검색은 대부분의 상용 온라인 데이터베이스 서비스(ProQuest, CSA 등)나 웹 검색엔진(Google, AltaVista 등)에서 채택하고 있는 검색 모형이다. 이러한 검색 시스템들은 대개 기본검색(basic search/quick search)과 고급검색(advanced search) 기능을 제공하는데, 기본검색은 불리언 연산자를 사용하지 않는 키워드 검색으로서 키워드나 단어구를 나열하여 검색문을 구성한다. 반면 고급검색에서는 불리언 연산자를 사용하여 질의를 보다 정확하게 표현할 수 있도록 하고 있다. 최근 고급검색 기능을 제공하지 않는 대부분의 웹 검색엔진들은 기본검색에서 디폴트 연산자로 AND를 사용하여 검색어들을 조합하는 방식을 채택하고 있다.

불리언 검색에서 검색논리는 논리적이거나 집합이론적으로 해석된다(Bookstein 1980). 논리적인 해석은 검색문에 대해 진(true: 1)이 되는 문헌을 모두 검색하는 것이다. 예를 들어 "디지털 AND 도서관"이라는 검색문에 대해 아래와 같이 "디지털"과 "도서관"을 모두 색인어로 갖는 문헌(문헌 1)은 진이 되어 검색되지만 "도서관"만을 포함한 문헌(문헌 2)은 위(false: 0)가 되어 검색되지 않는다.

	디지털	도서관	디지털∩도서관
문헌 1 →	1	1	1
문헌 2 →	0	1	0

집합이론적인 해석에서는 먼저 검색문을 구성하는 각 검색어를 색인어로 갖는

문헌집합들이 선택되고, 이 집합들에 AND, OR, NOT의 논리관계에 해당하는 집합 연산을 실시하여 최종적으로 검색할 문헌집합을 생성한다. 앞에서 예를 든 “디지털 AND 도서관”이란 검색문에 대해서는 “디지털”을 색인어로 갖는 문헌집합 A와 “도서관”을 색인어로 갖는 문헌집합 B가 각각 생성되고, 이 두 집합에 대한 교집합(A∩B)을 구함으로써 검색문헌 집합을 얻게 된다. 마찬가지로 “OR”로 조합된 검색문에 대해서는 각 색인어를 갖는 문헌집합의 합집합(A∪B)을 구하며, “NOT”으로 조합된 검색문은 두 집합의 차집합($A \cap B^c$)을 구하는 것이 된다.

불리언 검색 시스템에서는 그림 7.2와 같은 도치색인/역색인(inverted index)을 사용하여 불리언 검색문을 처리한다. 도치색인은 사전파일(dictionary file)과 문헌번호파일(postings file)로 구성되어 있다. 도치색인은 벡터공간 검색이나 확률 검색 모형에서도 사용되며, 가중치 산출을 위해 사전파일에 색인어와 함께 문헌빈도(DF)와 역문헌빈도(IDF)를 함께 수록할 수 있다. 문헌번호파일에는 색인어를 갖는 문헌들의 번호와 문헌 내 단어빈도(TF)가 수록되어 있어서 도치색인으로부터 TF·IDF 형식의 색인어 가중치를 산출할 수 있다. 또한 문헌번호파일에 수록된 단어번호는 검색어들이 인접해서 출현한 경우에만 검색하도록 하는 인접검색(proximity searching)이 가능하도록 한다.

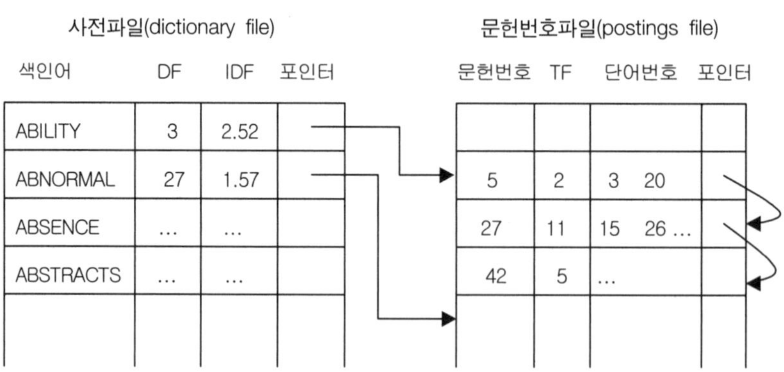

〈그림 7.2〉 도치색인 구조

도치색인을 사용하는 불리언 검색에서 AND 연산자의 처리는 각 검색어를 색인어로 갖는 문헌번호 리스트(postings list)를 비교하여 공통되는 문헌번호를 찾아내는 것이며, OR 연산자의 처리는 두 문헌번호 리스트에 있는 모든 문헌번호를 검색하는 것이다. NOT 연산자의 경우에는 연산자 다음에 오는 검색어의 문헌번호들을 제외시킨다.

불리언 연산자의 처리 과정을 검색문 예를 가지고 설명하면 다음과 같다.

검색문 = (K_1 AND K_2) OR (K_3 AND (NOT K_4))

K_1 리스트 = D_1, D_2, D_3, D_4

K_2 리스트 = D_1, D_2

K_3 리스트 = D_1, D_2, D_3

K_4 리스트 = D_1

위의 예에서 먼저 (K_1 AND K_2)를 처리하면 K_1 리스트와 K_2 리스트의 비교 결과 공통되는 문헌번호 집합 {D_1, D_2}가 생성되며, 다음 (K_3 AND (NOT K_4))를 처리한 결과 K_3 리스트에서 K_4 리스트를 뺀 집합 {D_2, D_3}이 생성된다. 마지막으로 OR 연산자를 처리하면 앞에서 생성된 두 문헌집합을 합친 집합 {D_1, D_2, D_3}이 최종 검색문헌 집합이 된다.

불리언 검색 모형은 구현하기가 쉽고, 질의 처리 시간 측면에서도 매우 효율적인 모형이기 때문에 상용 시스템에서 가장 보편적으로 채택되는 모형이다(Fox et al. 1992). 또한 불리언 검색은 검색 논리를 만족시키는 문헌만을 검색하므로 높은 검색 성능을 기대할 수 있다. 그러나 전통적인 불리언 검색은 다음과 같은 여러 가지 문제점을 안고 있다.

- 불리언 검색에서는 검색어가 표현하는 개념 간의 상대적인 중요도를 나타낼 수 없다. 즉, 질의를 구성하는 모든 검색어는 1이라는 동일한 가중치를 갖게

되므로 질의를 구성하는 한 개념이 다른 개념에 비해 더욱 중요하게 다루어진 문헌만을 검색하는 일이 불가능하다는 것이다.

- 검색된 문헌들을 질의에 대한 적합성 정도에 따라 순위화할 수 없다. 전통적인 불리언 검색에서는 색인어에 가중치를 주지 않아도 되기 때문에 검색된 문헌들은 모두 동일한 적합성 값을 갖게 된다. 따라서 적합성 값에 따른 순위화가 불가능하다. 그러나 최근에는 온라인 데이터베이스 서비스나 웹 검색엔진 등과 같은 불리언 검색 시스템들도 적합성 순위에 따라 검색결과를 출력하고 있다. 적합성 값은 주로 검색문헌에 출현한 용어의 출현빈도, 출현위치, 그리고 검색어가 둘 이상인 경우 용어 출현의 인접성 등을 이용하여 부여한다.
- 불리언 검색문과 완전히 일치하는 문헌들만 검색된다. 즉 검색 결과 문헌집단은 검색논리를 만족시키는 문헌들의 집합과 그렇지 않은 문헌들의 집합으로 양분되므로 질의를 부분적으로 만족시키는 문헌들은 검색되지 않는다.

위와 같은 문제점을 해결할 수 있는 모형으로는 불리언 검색논리를 적용하면서 동시에 질의를 부분적으로 만족시키는 문헌들도 검색할 수 있는 퍼지집합 검색 모형과 확장 불리언 검색 모형이 있다.

7.4 퍼지집합 검색

색인어에 가중치를 부여하지 않는 전통적인 불리언 검색에서 특정한 문헌은 색인어의 부여 여부에 따라 해당되는 문헌집합에 완전히 속하거나 속하지 않는 이원 판정을 받게 된다. 그러나 색인어에 가중치를 부여하면 이 문헌은 해당 문헌집합의 부분적인 구성원이 된다. 이와 같이 부분적인 구성원을 허용하는 집합을 퍼지집합(fuzzy set)이라고 한다. 퍼지집합은 “좋은 사람”들의 집합과 같이 경계가 모호하여 구성원과 비구성원이 분명히 구분되지 않는 집합을 의미한다.

퍼지집합 검색의 기반이 되는 퍼지집합 이론(fuzzy set theory)은 부분적인 구성원을 허용하는 집합에 대한 필요성을 인식한 Zadeh(1965)에 의하여 제안되었다. 퍼지집합의 각 구성원은 이 집합에 속하는 정도를 나타내는 0과 1 사이의 값을 부여받게 되며, 1은 완전한 멤버쉽을, 0은 비멤버쉽을 의미한다. 이와 같이 집합에 속하는 각 구성원의 멤버쉽 정도를 결정하는 표나 규칙을 멤버쉽 함수(membership function)라고 한다(Bookstein 1985). 퍼지집합의 개념을 정형화하기 위하여 퍼지집합 A에 대해 멤버쉽 함수인 f_A를 정의하며, 이 함수에 의해 퍼지집합에 대한 모든 연산이 이루어진다.

퍼지집합 검색은 하나의 문헌이 특정한 색인어로 표현되는 개념 범주에 속하는 정도를 나타내는 부분 멤버쉽(partial membership)을 이용한 것으로서 색인어에 부여된 가중치는 부분 멤버쉽의 정도를 나타낸다. 특정한 색인어에 대한 퍼지집합은 색인과정에서 형성되며, 각 문헌은 이 색인 개념을 다루고 있는 정도에 따라 0에서 1 사이의 가중치를 갖게 된다. 따라서 색인 결과 색인어에 대한 각 문헌의 멤버쉽 함수가 정의된다. 검색문이 입력되면 검색문을 구성하는 불리언 연산자에 따라 퍼지집합의 연산을 수행하며, 이 결과 적합문헌을 검색하게 된다.

퍼지집합에 대한 기본적인 연산인 합집합, 교집합, 차집합에 대한 정의는 다음과 같다.

(1) 합집합 : 퍼지집합 A와 B의 합집합(A∪B)은 다음과 같이 멤버쉽 함수 $f_{A\cup B}$로 정의된다. 즉 구성원 X가 퍼지집합 A와 B에 각각 속하는 정도를 나타내는 두 값 가운데 큰 값을 취한다.

$$f_{A\cup B}(X) = \max[f_A(X), f_B(X)]$$

(2) 교집합 : 퍼지집합 A와 B의 교집합(A∩B)은 다음과 같이 멤버쉽 함수 $f_{A\cap B}$로 정의된다. 즉 구성원 X가 퍼지집합 A와 B에 각각 속하는 정도를 나타내는 두

값 가운데 작은 값을 취한다.

$$f_{A \cap B}(X) = \min[f_A(X), f_B(X)]$$

(3) 차집합 : 퍼지집합 A의 차집합($\overline{A}$)의 멤버쉽 함수는 다음과 같이 정의된다.

$$f_{\overline{A}}(X) = 1 - f_A(X)$$

예를 들어 D_1, D_2, D_3의 세 문헌에 "디지털"과 "도서관"이란 색인어가 가중치와 함께 각각 다음과 같이 부여되어 있다고 하자. "디지털 AND 도서관"이란 검색문에 대하여 검색되는 문헌의 적합성 순위는 앞에서 설명한 멤버쉽 함수에 의해 결정된다.

D_1={(디지털, 0.5), (도서관, 0.6)}
D_2={(디지털, 0.7), (도서관, 0.2)}
D_3={(디지털, 0.9), (도서관, 0.4)}

$$f_{A \cap B}(D_1) = \min[0.5, 0.6] = 0.5$$
$$f_{A \cap B}(D_2) = \min[0.7, 0.2] = 0.2$$
$$f_{A \cap B}(D_3) = \min[0.9, 0.4] = 0.4$$

연산 결과 세 문헌의 적합성 순위는 D_1, D_3, D_2의 순이며, 만약 검색기준치를 0.4로 할 경우 D_1과 D_3의 두 문헌이 검색된다. OR로 연결되는 검색문의 경우에는 AND와는 반대로 최대값을 취하여 이 값의 순서로 적합성 순위를 정하게 되며, AND와 OR가 조합된 검색문에서는 불리언 연산자의 처리 순서에 따라 집합 연산을 수행한다.

퍼지집합 검색의 장점은 (1) 문헌이 다루고 있는 개념의 중요도를 표현할 수 있으므로 불리언 검색보다 융통성이 있고, (2) 검색된 문헌들을 적합성에 따라 순위를 매길 수 있다는 것 등이다. 반면 단점으로는 (1) 색인어에 가중치를 부여해야만 부분 멤버쉽 함수를 적용할 수 있으며, (2) 검색된 문헌의 순위 부여 능력은 검색문을 구성하는 모든 검색어에 대해 민감하지 못하다는 것 등이다.

두 번째 단점인 민감성 문제는 집합연산에서 색인어 가중치 값들 중에서 AND의 경우 최소값을, OR의 경우 최대값을 선택해야 하기 때문에 발생한다. 예컨대 D_1= {(A, 0.5), (B, 0.5)}, D_2={(A, 0.9),(B, 0.1)}일 경우 검색문 "A AND B"에 대해 D_1=0.5, D_2=0.1의 적합성 값을 갖게 되므로 D_2는 D_1에 비해 적합성 수준이 매우 낮아지게 된다. 그러나 이용자가 검색어 A를 더 중요하게 생각하는 경우에는 D_2가 오히려 정보요구에 더 적합할 수 있다. 이러한 문제는 AND와 OR 연산에서 최소값과 최대값을 모두 반영하는 MMM(Mixed Min and Max) 모형이나 질의어에도 가중치를 부여하는 P-norm 검색 모형을 통해 어느 정도 해결할 수 있다.

7.5 확장 불리언 검색

확장 불리언 검색 모형은 전통적인 불리언 검색 모형과는 달리 용어 가중치를 사용함으로써 부분일치 검색과 검색결과의 순위화가 가능하도록 한 검색 모형이다(Salton, Fox, and Wu 1983; Salton 1989). 대표적인 확장 불리언 모형으로는 퍼지집합 모형의 문제점을 해결하고자 한 MMM 모형과 색인어 가중치뿐만 아니라 검색어 가중치도 허용하는 P-norm 모형이 있다. P-norm 모형은 전통적인 불리언 모형에 벡터공간 모형의 특징이 가미된 것으로 볼 수 있다(Baeza-Yates and Rebeiro-Neto 1999).

7.5.1 MMM 모형

퍼지집합 모형에서 문헌과 질의의 유사도는 AND 검색문의 경우에는 조합되는 두 색인어의 가중치 가운데 최소값, OR 검색문에 대해서는 최대값으로 산출한다. 그러나 MMM(Mixed Min and Max) 모형에서는 두 가지 유형의 검색문에 대해 최소값과 최대값을 모두 이용하여 문헌과 질의의 유사도를 산출한다.

문헌 D가 용어 $A_1, A_2, \ldots, A_n$에 대해 갖는 색인어 가중치를 $d_{A1}, d_{A2}, \ldots, d_{An}$이라고 하고, 다음과 같은 AND 검색문과 OR 검색문이 있다고 하자.

$$Q_{and} = (A_1\ and\ A_2\ and\ \ldots\ and\ A_n)$$
$$Q_{or} = (A_1\ or\ A_2\ or \ldots\ or\ A_n)$$

MMM 모형에서 문헌-질의 간 유사도는 다음 공식을 사용하여 산출한다(Fox et al. 1992).

$$SIM(Q_{and}, D) = C_{and1} \cdot \min(d_{A1}, d_{A2}, \cdots, d_{An}) + C_{and2} \cdot \max(d_{A1}, d_{A2}, \cdots, d_{An})$$
$$SIM(Q_{or}, D) = C_{or1} \cdot \max(d_{A1}, d_{A2}, \cdots, d_{An}) + C_{or2} \cdot \min(d_{A1}, d_{A2}, \cdots, d_{An})$$

위의 공식에서 C_{and1}, C_{and2}, C_{or1}, C_{or2} 등은 각각 AND와 OR의 두 불리언 연산자의 적용을 덜 엄격하게 만드는 연성계수(softness coefficient)이다. AND 연산자에 대해서는 색인어 가중치의 최소값에 더 큰 중요도를 부여하기 위해 $C_{and1} > C_{and2}$가 되도록 하고, OR 연산자에 대해서는 최대값에 더 큰 중요도를 부여하기 위해 $C_{or1} > C_{or2}$가 되도록 한다. 일반적으로 $C_{and1} = 1 - C_{and2}$, $C_{or1} = 1 - C_{or2}$가 되도록 하는데, 선행연구(Lee and Fox 1988)에서는 C_{and1}이 [0.5, 0.8]의 범위에 있을 때와 $C_{or1} > 0.2$일 때 가장 좋은 성능을 보인 것으로 나타났다.

7.5.2 P-norm 모형

P-norm 모형은 문헌의 색인어뿐만 아니라 검색어에도 가중치를 부여할 수 있으

므로 질의는 다음과 같이 표현한다.

$$Q_{andp} = (A_1, a_1)\ and_p (A_2, a_2)\ and_p \cdots\ and_p (A_n, a_n)$$
$$Q_{orp} = (A_1, a_1)\ or_p (A_2, a_2)\ or_p \cdots\ or_p (A_n, a_n)$$

파라미터 p는 불리언 연산자를 얼마나 엄격하게 적용하는가를 나타내는데, p=1이 되면 내적계수를 사용하는 벡터공간 모형과 같아지며, p=∞가 되면 전통적인 불리언 모형과 같아진다. 파라미터 p가 1과 무한대 사이의 어느 값을 갖는가에 따라 순위화 결과는 벡터공간 검색과 유사해지거나 혹은 불리언 검색에 가까워진다(Baeza-Yates and Rebeiro-Neto 1999).

MMM 모형에서와 같이 문헌의 색인어 가중치를 d_{A1}, d_{A2}, ..., d_{An}으로 표현한다면 각 불리언 검색문에 대한 문헌-질의 간 유사도는 다음과 같이 산출된다(Fox et al. 1992).

$$SIM(Q_{andp}, D) = 1 - \sqrt[p]{\frac{a_1^p(1-d_{A1})^p + a_2^p(1-d_{A2})^p + \cdots + a_n^p(1-d_{An})^p}{a_1^p + a_2^p + \cdots + a_n^p}}$$

$$SIM(Q_{orp}, D) = \sqrt[p]{\frac{a_1^p d_{A1}^p + a_2^p d_{A2}^p + \cdots + a_n^p d_{An}^p}{a_1^p + a_2^p + \cdots + a_n^p}}$$

검색 실험에서 P-norm 모형은 비교적 좋은 성능을 보이며, 특히 p=2일 때 아주 좋은 성능을 보이는 것으로 보고되어 있다(Salton, Fox, and Wu 1983; Fox et al. 1992).

AND 연산자와 OR 연산자가 섞여 있는 질의는 정해진 연산자의 처리 순서에 따라 묶어서 처리하면 된다. 예를 들어 $Q = (A_1\ and_p\ A_2)\ or_p\ A_3$과 같은 검색문이 있다면 이 질의에 대한 문헌-질의 간 유사도는 다음과 같이 산출한다(Baeza-Yates and

Rebeiro-Neto 1999). 여기에서 모든 질의어에는 가중치 1이 부여된 것으로 간주한다.

$$SIM(Q,D) = \sqrt[p]{\frac{\left(1 - \sqrt[p]{\frac{(1-d_{A1})^p + (1-d_{A2})^p}{2}}\right)^p + d_{A3}^p}{2}}$$

7.6 벡터공간 검색

벡터공간 모형(vector space model: VSM)은 문헌과 질의를 각각 용어 벡터 형태로 표현한 다음 두 벡터 간의 유사도를 산출하여 검색문헌들을 순위화하는 검색 모형이다(Salton and McGill 1983). 벡터공간 모형에서 문헌과 질의는 N-차원 벡터로 표현되는데 N은 문헌 데이터베이스 내 색인어의 수를 나타내며, 문헌벡터와 질의벡터는 각각 색인어와 질의어의 가중치 값으로 구성된다. 벡터공간 검색의 특징은 문

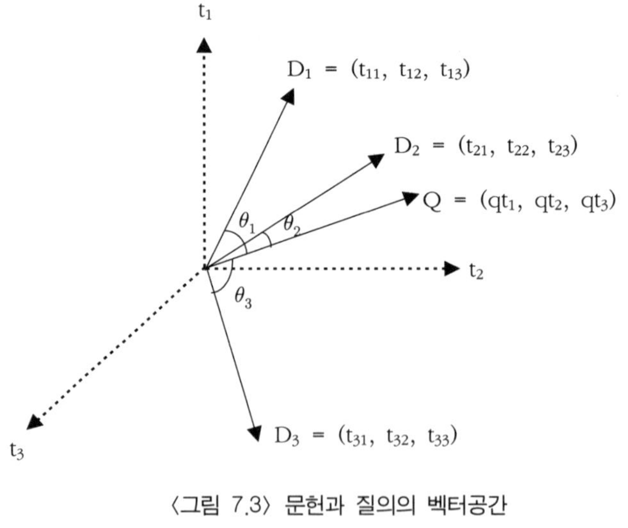

〈그림 7.3〉 문헌과 질의의 벡터공간

헌의 색인어와 질의어가 각각 가중치를 가지며, 질의와 부분적으로 일치하는 문헌들을 검색할 수 있다는 것이다.

벡터공간 모형에서 문헌-질의 간 유사도는 그림 7.3에서와 같이 문헌벡터(document vector) D_i와 질의벡터(query vector) Q 사이의 각(angle) θ_i의 코사인 값으로 측정된다. 이 그림에서 문헌벡터와 질의벡터는 각각 용어 t_1, t_2, t_3의 가중치 값으로 구성되며, 이 공간상에서 질의에 가장 유사한 문헌이 D_2인 것을 알 수 있다.

벡터공간 모형에서 문헌 D_i와 질의 Q는 다음과 같이 용어들의 벡터로 표현한다.

$$D_i = (t_{i1}, t_{i2}, \cdots, t_{it})$$

$$Q = (qt_1, qt_2, \cdots, qt_t)$$

문헌벡터와 질의벡터가 모두 가중치 벡터(weighted vector)인 경우에 문헌벡터의 t_{ij}는 문헌 D_i에 부여된 색인어의 가중치 값으로 표현되며, 질문벡터의 qt_j는 질문 Q를 구성하는 질의어의 가중치 값으로 표현된다. 질의어에 가중치가 부여되지 않는 경우 질의벡터는 이원벡터(binary vector)가 되며, qt_j는 1 또는 0의 값을 갖게 된다.

문헌과 질의 벡터 간의 유사도는 보통 코사인 유사계수 공식을 사용하여 산출하며, 때로는 단순한 내적계수(inner product coefficient)를 사용하기도 한다. 문헌 D_i의 용어 t_{ij}의 가중치를 w_{ij}, 질의 Q의 용어 qt_j의 가중치를 w_{qj}라고 할 경우 코사인 유사계수 공식은 다음과 같다.

$$SIM(D_i, Q) = \frac{\sum_{j=1}^{t} w_{ij} \cdot w_{qj}}{\sqrt{\sum_{j=1}^{t} w_{ij}^2 \cdot \sum_{j=1}^{t} w_{qj}^2}}$$

예를 들어 문헌(D_1)과 질의(Q)에 다음과 같이 색인어와 질의어 및 각 용어의 가중치가 부여되어 있다고 하자. 벡터공간 검색에서 용어의 가중치로는 흔히 TF · IDF

형식이 사용되지만 이 예에서는 단순 TF 가중치를 사용하였다.

D_1=(온라인:3, 정보:2, 검색:3, 파일:1, 조직:1)

Q=(온라인:1, 문헌:1, 검색:1)

"온라인, 정보, 문헌, 검색, 파일, 조직"의 6개 용어를 각각 t_1, t_2, t_3, t_4, t_5, t_6 이라고 하면 문헌과 질의 벡터는 다음과 같이 표현된다.

D_1=(3, 2, 0, 3, 1, 1)

Q =(1, 0, 1, 1, 0, 0)

위 문헌벡터와 질의벡터의 유사도를 코사인 유사계수로 측정하면 다음과 같이 대략 0.7이 된다.

$$SIM(D_1, Q) = \frac{3 \cdot 1 + 3 \cdot 1}{\sqrt{(9+4+9+1+1) \cdot (1+1+1)}} = 0.7071$$

7.7 LSI 기반 검색

대부분의 단어 기반 자동색인 기법들은 텍스트에 출현한 단어들로부터 색인어를 추출한다. 따라서 질의어와 색인어를 직접 비교하는 검색 기법에서 동의어(synonymy), 동형이의어(homonym/homograph), 다의어(polysemy) 등은 검색 성능의 저하를 초래하는 요인이 된다. 단어 기반 색인과는 달리 LSI(Latent Semantic Indexing: 잠재의미색인)는 문헌과 단어들 간의 표면적인 관계가 아니라 문헌의 잠재적 의미 구조를 표현하고자 한 개념색인(concept indexing) 기법으로서 이러한 문제를 해결하려는 시도라고 할 수 있다.

LSI는 요인분석 기법의 일종인 SVD(Singular Value Decomposition: 특이치 분해) 방법을 사용하여 대규모의 용어-문헌 행렬(term-document matrix)을 축소된 차원의 공간상에 표현함으로써 유사한 내용의 문헌들이 서로 가까이 위치하도록 하는 색인 기법이다(Deerwester et al. 1990). LSI 색인 결과 추출된 색인어는 문헌에 출현한 단어 그대로가 아니라 개념을 나타내며, 이 개념들이 벡터공간 검색에서 문헌벡터와 질의 벡터를 구성하게 된다. 즉 LSI 기반 검색에서는 문헌에 출현한 단어들이 질의와 일치하지 않더라도 개념적으로 유사한 내용을 표현하고 있다면 이 문헌은 검색될 수 있다.

일반적인 벡터공간 검색 모형에서 각 문헌은 색인어가 되는 용어들의 벡터로 표현되며, n개의 문헌집합은 다음과 같이 m×n 차원의 용어-문헌 행렬 X로 표현된다 (Ding 1999).

$$X = \begin{pmatrix} x_{11} & x_{12} \ldots & x_{1n} \\ x_{21} & x_{22} \ldots & x_{2n} \\ . & . \ldots & . \\ x_{m1} & . \ldots & x_{mn} \end{pmatrix} \equiv \begin{pmatrix} \mathbf{d}_1 & \cdot & \cdot & \cdot & \mathbf{d}_n \end{pmatrix} \equiv \begin{pmatrix} \mathbf{t}_1 \\ \cdot \\ \cdot \\ \mathbf{t}_m \end{pmatrix}$$

위의 행렬 X에서 각 요소는 각 문헌에 출현한 용어의 가중치를 나타내며, 행(row)과 열(column)은 각각 용어와 문헌을 나타낸다. 따라서 위 그림에서 $\mathbf{d}_i$는 문헌을 나타내는 열벡터(column vector)를, $\mathbf{t}_i$는 용어를 나타내는 행벡터(row vector)를 나타낸다.

LSI 색인에서는 SVD 연산에 의해 용어-문헌 행렬 X를 3개의 특수한 행렬의 곱(product)인 $U\Sigma V^T$로 변환한다. 특이치 분해 결과 생성된 행렬 U와 행렬 V^T는 각각 직교정규(orthonormal) 열을 갖는 m×r, r×n 크기의 행렬이며, 행렬 Σ는 r×r 크기(r≤min(m,n))의 대각선 행렬로서 대각선에는 특이치(singular value)들이 그 값의 크기 순으로 배열된다. r은 행렬 X의 랭크(rank)를 의미하며 대각선 행렬 Σ에서 0이 아닌 특이치의 수와 같다. SVD 연산 결과 행렬 U와 행렬 V의 행들은 각각

이 행렬들의 열에 의해 정의되는 새로운 좌표공간에서 용어들과 문헌들을 나타내게 되며, 또한 대각선 행렬의 특이치들은 행렬 U와 V에서 각 특이치에 상응하는 열의 중요도를 표현한다(Hull 1994).

SVD 연산에 의해 변환된 행렬 X는 다시 축소된 k 차원의 $U_k \Sigma_k V_k^T$로 변환되는데 U_k는 XX^T인 용어–용어 상관행렬로부터 추출한 직교정규 고유벡터(eigenvector)들로 구성되는 행렬이며, V_k^T는 X^TX인 문헌–문헌 상관행렬의 전치행렬로부터 추출한 직교정규 고유벡터들로 구성되는 행렬이다(Baeza-Yates and Ribeiro-Neto 1999). Σ_k는 특이치(singular value)를 갖는 k×k 대각선 행렬을 나타낸다. 이를 그림으로 표현하면 다음과 같다(Ding 1999).

$$X \simeq (\mathbf{u}_1 \cdots \mathbf{u}_k) \begin{pmatrix} \sigma_1 & & \\ & \ddots & \\ & & \sigma_k \end{pmatrix} \begin{pmatrix} \mathbf{v}_1 \\ \vdots \\ \mathbf{v}_k \end{pmatrix}$$

위의 그림에서 $\mathbf{u}_i$와 $\mathbf{v}_i$는 각각 행렬 U_k와 V_k^T를 구성하는 벡터를 나타낸다. 즉, 앞에서 SVD 연산 결과 생성된 r차 대각선 행렬 Σ에서 상위 k개의 특이치만 남기고 나머지를 제거하면, 이에 따라 U_k와 V_k^T 행렬도 각각 k개의 특이치에 상응하는 열과 행만 남게 되므로 행렬 X는 축소된 차원의 행렬로 변환되는 것이다.

SVD 연산을 위해서는 잘 알려져 있는 MATLAB 패키지를 사용하거나 SVDPACK (Berry 1992)과 같은 별도의 SVD 프로그램을 사용한다. 다음은 MATLAB 6.1을 사용하여 3×4 행렬 X에 대한 SVD(X=USV')를 구한 결과 생성된 행렬 U, S, V이다.

$$X = \begin{pmatrix} 0 & 1 & 1 & 2 \\ 1 & 2 & 3 & 4 \\ 2 & 0 & 2 & 0 \end{pmatrix}$$

$$U = \begin{pmatrix} -0.8227 & -0.5102 & -0.2507 \\ -0.3052 & 0.7684 & -0.5626 \\ -0.4797 & 0.3863 & 0.7878 \end{pmatrix} \quad S = \begin{pmatrix} 4.7774 & 0 & 0 \\ 0 & 3.1126 & 0 \\ 0 & 0 & 0.6989 \end{pmatrix}$$

$$V=\begin{pmatrix}-0.2282 & -0.6178 & -0.4826\\ -0.2726 & 0.0398 & 0.7686\\ -0.5008 & -0.5780 & 0.2860\\ -0.7892 & 0.5316 & -0.3075\end{pmatrix}$$

위와 같이 분해된 행렬 X를 k 차원으로 축소하고자 하면 [U,S,V]=svds(X,k) 형식의 명령어를 입력하면 된다. k=2로 할 경우 대각선 행렬 S는 2×2가 되며 이에 따라 다음과 같이 분해된 행렬 U, S, V가 생성된다. USV'는 원래의 행렬 X의 근사행렬이 된다.

$$U=\begin{bmatrix}0.8277 & 0.5102\\ 0.3052 & -0.7684\\ 0.4797 & -0.3863\end{bmatrix}\quad S=\begin{bmatrix}4.7774 & 0\\ 0 & 3.1126\end{bmatrix}\quad V=\begin{bmatrix}0.2282 & -0.6178\\ 0.2726 & 0.0398\\ 0.5008 & -0.5780\\ 0.7892 & 0.5316\end{bmatrix}$$

SVD 기법을 사용하여 생성한 LSI 파일을 이용하여 용어들 간 유사도, 문헌들 간 유사도, 질의-문헌 간 유사도를 각각 산출할 수 있다. 용어 클러스터링에서 용어들 간 유사도는 $U_k\Sigma_k$ 에서 두 용어에 해당되는 두 행 간의 내적(inner product)을 구하여 산출하며, 문헌 클러스터링에서 문헌들 간 유사도는 마찬가지로 $\Sigma_k V_k^T$에서 두 열 간의 내적을 구하면 된다(Ding 1999; Park, Jeon, and Rosen 2001).

질의-문헌 간 유사도를 산출하여 유사도가 높은 문헌들을 검색하는 벡터공간 검색에서 질의는 $q^T U_k$로 표현하며 각 문헌은 $\Sigma_k V_k^T$의 열로 표현한다(Ding 1999). 검색 과정에서 k 차원으로 맵핑된 질의벡터와 문헌벡터를 비교하여 질의-문헌 간 유사도를 산출하게 되며, 이때 구해지는 유사도 벡터는 $S=(q^T U_k)(\Sigma_k V_k^T)$와 같이 표현한다. 질의-문헌 간 유사도를 산출하기 위해 내적 계수나 코사인 계수를 사용할 수 있는데, 내적을 사용할 경우에는 산출된 유사도 값이 실제 유사도의 크기를 나타내지 못하므로 행렬 X의 열인 문헌벡터들을 먼저 정규화하는 것이 바람직하다. 2개의 벡터 $\vec{a}$와 $\vec{b}$가 있을 때 $\vec{a}=(a_1, a_2)$, $\vec{b}=(b_1, b_2)$ 라면 두 벡터의 내적과 코사인 계수는 각각 다음과 같이 산출한다.

$$\vec{a} \cdot \vec{b} = a_1 b_1 + a_2 b_2$$

$$\cos\theta = \frac{a_1 b_1 + a_2 b_2}{\sqrt{a_1^2 + a_2^2} \cdot \sqrt{b_1^2 + b_2^2}}$$

LSI 기반 검색에서 질의-문헌 간 유사도를 구하는 과정을 간단한 예를 들어 설명하면 다음과 같다.

Q : “인간 컴퓨터 인터페이스”

D_1: “인간 컴퓨터 인터페이스 시스템에서의 사용자 편의성”

D_2: “인간 컴퓨터 상호작용에서의 시각 인터페이스”

D_3: “정보 검색 시스템의 사용자-시스템 상호작용”

그림 7.4는 위의 각 문헌에 출현한 용어들과 각 용어의 출현빈도(TF)를 표 형태로 표현한 것으로서 이 표로부터 10×3 크기의 용어-문헌 행렬 X가 작성된다.

	D_1	D_2	D_3
검색	0	0	1
사용자	1	0	1
상호작용	0	1	1
시각	0	1	0
시스템	1	0	2
인간	1	1	0
인터페이스	1	1	0
정보	0	0	1
컴퓨터	1	1	0
편의성	1	0	0

〈그림 7.4〉 LSI 기반 검색 대상 문헌 색인 예

그림 7.4의 용어-문헌 행렬 X에 대해 k=2로 하여 SVD를 적용하면 다음과 같이 차원이 축소된 행렬 $U_2 \Sigma_2 V_2^T$가 생산된다. SVD 연산에는 MATLAB 6.1을 사용하였다.

$$\begin{bmatrix} -0.2026 & 0.2919 \\ -0.3851 & 0.1443 \\ -0.3218 & 0.0217 \\ -0.1192 & -0.2701 \\ -0.5877 & 0.4362 \\ -0.3017 & -0.4177 \\ -0.3017 & -0.4177 \\ -0.2026 & 0.2919 \\ -0.3017 & -0.4177 \\ -0.1825 & -0.1475 \end{bmatrix} \begin{bmatrix} 3.3602 & 0 \\ 0 & 2.3575 \end{bmatrix} \begin{bmatrix} -0.6132 & -0.4007 & -0.6808 \\ -0.3478 & -0.6368 & 0.6881 \end{bmatrix}$$

앞에서 기술한 예제 질의는 Q=(0,0,0,0,0,1,1,0,1,0)과 같이 벡터로 표현되며, 이 질의벡터를 다음과 같이 $q^T U_2$로 맵핑한 다음 $\Sigma_2 V_2^T$의 각 열벡터와 비교하여 질의-문헌 간 유사도를 산출한다.

$$\begin{bmatrix} 0 \\ 0 \\ 0 \\ 0 \\ 0 \\ 1 \\ 1 \\ 0 \\ 1 \\ 0 \end{bmatrix}^T \begin{bmatrix} -0.2026 & 0.2929 \\ -0.3851 & 0.1443 \\ -0.3218 & 0.0217 \\ -0.1192 & -0.2701 \\ -0.5877 & 0.4362 \\ -0.3017 & -0.4177 \\ -0.3017 & -0.4177 \\ -0.2026 & 0.2919 \\ -0.3017 & -0.4177 \\ -0.1825 & -0.1475 \end{bmatrix} = \begin{bmatrix} -0.9052 & -1.2530 \end{bmatrix}$$

최종적으로 비교되는 질의벡터와 각 문헌벡터의 내용은 다음과 같다.

$$Q = (-0.9052 \quad -1.2530)$$
$$D_1 = (-2.0605 \quad -0.8200)$$
$$D_2 = (-1.3463 \quad -1.5014)$$
$$D_3 = (-2.2875 \quad 1.6222)$$

내적을 사용하여 질의와 문헌 간 유사도를 산출한 결과는 다음과 같다.

$$S(Q, D_1) = 2.8925$$
$$S(Q, D_2) = 3.0998$$
$$S(Q, D_3) = 0.0381$$

내적을 산출한 결과 세 문헌이 D_2, D_1, D_3의 순서로 질의와 유사함을 알 수 있으나 예제로 사용한 원래의 행렬 X의 문헌벡터가 정규화되지 않았기 때문에 어느 정도 유사한가는 알 수가 없다. 이 예제에서 코사인 계수를 사용하여 유사도를 산출할 경우에는 유사도 값을 0과 1 사이의 값으로 정규화할 수 있다.

LSI 검색 모형에서는 실제로 k를 얼마로 설정할 것인가가 문제가 된다. LSI 모형에서 축소된 차원을 나타내는 k는 실제 용어 수(m×n 행렬 X에서의 m)에 비해 아주 작다. 따라서 두 문헌 간의 유사성은 공통되는 용어를 얼마나 갖고 있는지가 아니라 용어의 전반적인 패턴에 의해 결정된다. 이는 특정 문헌이 질의어를 하나도 포함하지 않는 경우에도 출현한 용어의 패턴이 비슷할 경우 이 문헌은 검색될 수 있음을 의미한다. k 값은 문헌 데이터의 실제 구조를 표현할 수 있을 정도로 커야 하지만 너무 클 경우 문헌의 의미 구조를 표현하려는 원래의 의도가 상실되어 결국 표준적인 벡터공간 모형과 다르지 않게 되며, 너무 작을 경우 유사한 용어나 유사한 문헌 간의 차별성이 떨어지므로 많은 부적합문헌이 검색되는 결과를 가져온다. 검색 실험에서는 대개 100에서 300 사이의 k 값을 선택하고 있으며, 작은 값의 k도 좋은 성능을 보이는 것으로 나타나 있다(Dumais 1995).

7.8 확률 검색

확률 검색(probabilistic retrieval)은 확률이론을 사용하여 질의에 대한 문헌의 적합성을 산출하는 검색 기법으로서 1960년 발표된 Maron and Kuhns(1960)의 연구에서 논의가 시작되었으며, Robertson and Sparck Jones(1976)의 연구 이후 강력한 검색 모형으로 인식되고 있다. 확률 검색에서는 문헌과 질의 간 유사도를 문헌이 질의에 적합할 확률로써 계산하는 것이라고 볼 수 있다.

확률 검색 모형은 다음의 두 가지 가정에 기반하고 있다(Jackson and Moulinier 2002).

- 각 문헌은 주어진 질의에 적합하거나 부적합하다.
- 한 문헌에 대한 적합성 판정은 다른 문헌의 적합성에 대해 아무런 영향을 미치지 않는다.

확률 검색을 개념적으로 설명하면 다음과 같다. 즉 특정한 질문에 대해 각 문헌이 적합할 확률(probability of relevance)과 부적합할 확률(probability of non-relevance)을 산출하여 적합할 확률이 부적합할 확률보다 큰 문헌을 검색하는 것이다(van Rijsbergen 1979).

대부분의 확률 검색 모형은 적합문헌과 부적합문헌 내 색인어의 출현정보에 기초하고 있다. 각 문헌 X를 다음과 같이 용어들의 이원벡터 형태로 표현할 경우 x_i는 용어 t_i의 유무를 나타내는 것으로서 1 또는 0의 값을 갖는다.

$$X = (x_1,\ x_2, \cdots,\ x_n)$$

문헌 X는 특정한 질문에 대해 적합하거나 부적합할 두 가지 경우 중 하나에 해당된다고 보고 각 경우를 W_1(적합한 경우)과 W_2(부적합한 경우)로 나타내면 문헌 X가 적합할 확률은 $P(W_1|X)$, 부적합할 확률은 $P(W_2|X)$가 된다. 결과적으로 검색결정규칙 $P(W_1|X) > P(W_2|X)$를 만족시키는 문헌이 검색된다.

실제로 $P(W_1|X)$와 $P(W_2|X)$의 두 확률은 직접 산출하기 어려우므로 다음과 같이 베이즈 정리(Bayes theorem)를 이용한다.

$$P(W_i \mid X) = \frac{P(X \mid W_i)P(W_i)}{P(X)}$$

따라서 앞의 검색 결정규칙은 다음과 같이 변형된다.

$$P(X \mid W_1)P(W_1) > P(X \mid W_2)P(W_2)$$

또는 $\dfrac{P(X \mid W_1)}{P(X \mid W_2)} > \dfrac{P(W_2)}{P(W_1)}$

위에서 $P(W_1)$과 $P(W_2)$는 각각 적합할 사전확률과 부적합할 사전확률이며, 위의 결정규칙은 문헌의 적합성 값을 산출하기 위하여 다음과 같이 간단한 적합성 함수로 표현할 수 있다. 결과적으로 검색되는 각 문헌에는 이 함수에 따라 적합성 순위가 부여된다.

$$g(X) = \log[P(X \mid W_1)/P(X \mid W_2)]$$

위 함수에 의해 각 문헌의 적합성 값을 얻기 위해서는 $P(X|W_1)$과 $P(X|W_2)$

의 두 확률 값을 추정해야 한다. 문헌 X가 적합문헌일 때 색인어 t_i가 부여될 확률을 p_i, 부적합문헌일 때 t_i가 부여될 확률을 q_i라고 하면 $p_i = P(x_i = 1|W_1)$, $q_i = P(x_i = 1|W_2)$가 된다. 또한 앞의 각 경우에 색인어 t_i가 부여되지 않을 확률은 $1 - p_i$와 $1 - q_i$이다. 결과적으로 $g(X)$는 다음과 같이 간단하게 표현할 수 있다.

$$g(X) = \sum_{i=1}^{n} x_i \cdot \log \frac{p_i(1-q_i)}{q_i(1-p_i)}$$

$g(X)$ 값의 산출을 위해 용어 t_i에 대한 확률 p_i와 q_i를 추정해야 하며, 이때 실제 데이터베이스 내 문헌들의 적합성 정보를 이용한다. 즉 용어 t_i에 대해 적합문헌과 부적합문헌의 수를 계산하여 그림 7.5와 같이 문헌의 적합성 분포를 나타내는 2×2 분할표를 만들 수 있다(van Rijsbergen 1979). 이 분할표에서 N은 데이터베이스 내 전체 문헌 수, n은 단어 t_i를 색인어로 갖는 문헌 수, R은 질의 Q에 대한 적합문헌 수, r은 단어 t_i를 색인어로 갖는 적합문헌 수를 나타낸다.

	적합문헌(W_1)	부적합문헌(W_2)	
x_i=1	*r*	*n-r*	*n*
x_i=0	*R-r*	*N-n-R+r*	*N-n*
	R	*N-R*	

〈그림 7.5〉 문헌의 적합성 분포

그림 7.5의 분할표를 이용하면 $p_i = r/R$, $q_i = (n-r)/(N-R)$이 되므로 $g(X)$는 다시 다음과 같이 표현된다.

$$g(X) = \sum_{i=1}^{n} x_i \cdot \log \frac{r/(R-r)}{(n-r)/(N-n-R+r)}$$

위의 적합성 함수는 결국 질의를 구성하는 질의어들 중 문헌 X의 색인어와 일치하는 질의어들의 적합성 가중치(Robertson and Sparck Jones 1976)의 합을 구하는 것이 된다(3.2.4 참조). 예컨대 Q=(t_1, t_3, t_4), D_1=(t_1, t_4, t_5, t_9)와 같다면 D_1의 적합성 값은 질의어 t_1과 t_4의 적합성 가중치를 합한 것이 된다.

확률 검색 모형을 실제로 적용하기 위해서는 적합성 정보가 사전에 준비되어 있어야 한다. 다시 말해 검색 대상 데이터베이스에서 특정 질의에 대해 적합문헌과 부적합문헌의 판정이 검색 이전에 내려져 있어야 한다는 것이다. 그러나 검색 이전에 모든 가능한 질의에 대한 적합성 정보를 확보하는 일은 어려우므로 먼저 적합성 정보 없이 초기검색을 수행하고, 검색된 문헌에 대해 적합성 판정을 한 다음 적합성 가중치를 산출하여 검색문헌의 순위를 다시 매길 수 있다. 이는 검색된 문헌에 대한 적합성 판정 결과를 이용하는 것이므로 피드백에 의해 질의어의 적합성 가중치를 산출한 다음 다시 검색하는 것과 같다.

Croft and Harper(1979)는 적합성 정보가 준비되어 있지 않은 경우의 초기검색 전략을 다음과 같이 제시하였다. 즉 초기검색에서 모든 질의어는 적합문헌에서 발생할 확률 p_i가 동일하다고 가정하고 적합성 함수를 다음과 같이 수정하여 사용한다.

$$g(X) = \sum_{i=1}^{n} x_i \cdot \log \frac{N - n_i}{n_i}$$

위 공식에서 n_i는 색인어 t_i가 부여된 문헌의 수로서 이 값이 작을 경우 각 검색어의 초기 가중치 $\log(N-n_i)/n_i$는 역문헌빈도 값과 유사해진다. 이와 같이 초기 가중치를 이용하여 검색한 다음 적합성 판정을 통해 각 문헌의 적합성 가중치를 다시 산출하여 검색문헌을 재순위화하면 된다.

확률 검색에서 질의어의 적합성 가중치만을 더하여 문헌의 적합성 점수를 산출하지 않고 Okapi 시스템의 BM25 함수와 같이 적합성 가중치에 색인어의 TF 가중치 및 질의어의 TF 가중치를 곱한 값을 더하여 적합성 점수를 구할 수 있다(3.2.5

참조).

2000년대 들어 언어모형(language model)을 적용한 확률 검색에 대한 연구가 활발하며(Croft and Lafferty 2003; Zhai 2009), 실제 다양한 검색 실험에서 언어모형을 채택하고 있다(Meij et al. 2006; Lee et al. 2008; Kaptein et al. 2009; Ke et al. 2009; Xu et al. 2009). 전통적인 확률 검색과 언어모형 기반 확률 검색의 차이점은 검색 과정을 보는 관점이 다르다는 데 있다. 즉 전통적인 확률 검색이 질의에 대해 문헌이 적합할 확률을 산출하여 검색문헌을 순위화하는 과정인 것과는 달리 언어모형은 문헌들로부터 질의를 생성하는 과정에 초점을 맞추고 있다(Jackson and Moulinier 2002). 즉 언어모형을 적용한 검색이란 색인어로 표현된 문헌 모형으로부터 특정 질의를 생성할 확률을 산출하여 문헌들을 순위화시키는 것을 의미한다. 언어모형은 용어 가중치에 기반한 문헌 검색을 다양한 수학적 공식에 의해 표현하는 새로운 접근방법이라고 할 수 있다(Hersh 2003)

언어모형 기반 검색은 질의를 Q, 문헌 d의 모형을 M_d라고 할 때 질의 생성 확률 $P(Q|M_d)$를 산출하는 것이다. 최우추정법에 의해 단일 질의어 t로 구성된 질의에 대한 $P(Q|M_d)$는 다음과 같이 산출한다(Jackson and Moulinier 2002; Meij et al. 2006).

$$P_{MLE}(t,d) = \frac{tf(t,d)}{|d|}$$

위 공식에서 $tf(t,d)$는 질의어 t가 문헌 d에서 출현한 빈도를 나타내며, $|d|$는 문헌 d의 길이로서 문헌에 출현한 모든 단어의 수가 된다. 이 공식은 문헌 길이에 의해 정규화한 TF 가중치 공식과 동일하며, 단일 질의어에 대해서는 보통 $P(t|d)$와 같이 표현한다. 복수 질의어로 구성된 질의의 생성 확률, 즉 질의에 대해 문헌이 적합할 확률은 질의를 구성하는 각 질의어에 대해 문헌이 적합할 확률을 모두 곱한 값이 되며, 다음과 같은 공식으로 표현한다.

$$P(Q \mid M_d) = \prod_{t \in Q} P_{MLE}(t,d)$$

예컨대 질의 Q가 3개의 질의어로 구성되어 있다면 특정한 문헌으로부터 질의를 생성할 확률, 즉 질의에 대해 이 문헌이 적합할 확률은 세 질의어가 이 문헌에서 출현할 확률 $P(t \mid d)$를 모두 곱한 값이 된다. 그러나 3개의 질의어 중 문헌에 출현하지 않은 질의어가 있을 경우 미출현 질의어에 대한 확률은 0이 되어 결국 질의 생성 확률은 0이 된다. 언어모형에서는 각 질의어에 대한 $P(t \mid d)$ 산출 시 단어의 문헌 내 출현빈도(TF)에 장서빈도(CF)를 추가하여 질의 생성 확률이 0이 되는 것을 방지하는 값 조정(smoothing) 방법을 사용한다.

실제 검색 실험에서는 질의 생성 확률이 0이 되지 않도록 하기 위해 주로 Jelinek-Mercer 방법(Jelinek-Mercer 1980)이나 Dirichlet 방법(MacKay and Peto 1995)을 적용하여 각 질의어가 문헌으로부터 생성될 확률을 산출한다. Jelinek-Mercer 방법은 TF만을 사용한 확률 $P(t \mid d)$와 이 질의어가 전체 문헌집단에서 출현할 확률 $P(t \mid C)$을 결합한 것으로서 공식은 다음과 같다.

$$P(t|d) = \frac{(1-\lambda)tf(t,d)}{|d|} + \lambda P(t|C)$$

위 공식에서 $P(t \mid C)$는 질의어 t의 장서빈도(CF)를 장서 내 모든 용어의 수로 나눈 값으로 예측하며, 파라미터 λ 값은 두 항의 비중을 나타내는 가중치로 사용된다.

Dirichlet 방법은 아래 공식과 같이 TF와 CF 요소를 더한 후 문헌 길이 정규화를 수행한다. 이 공식에서 μ는 값 조정의 정도를 나타내는 파라미터로서 TREC 실험에서는 디폴트 값으로 1,500을 사용하였다(Meij et al. 2006).

$$P(t|d) = \frac{tf(t,d) + \mu P(t|C)}{|d| + \mu}$$

값 조정 방법의 성능을 비교한 Zhai and Lafferty(2001)의 연구에서 Jelinek-Mercer 방법은 대체적으로 좋은 성능을 보였고, 특히 표제어로부터 작성된 짧은 질의보다 긴 질의에서 훨씬 좋은 성능을 보이는 것으로 나타났다. 또한 최적의 λ 값은 질의 유형과 상관관계가 큰 것으로 나타났다. Dirichlet 방법도 대체로 좋은 성능을 보였으나 긴 질의보다는 짧은 질의에서의 성능이 훨씬 좋았다. 최적의 μ 값은 대략 2,000 전후인 것으로 나타났으며, 특히 긴 질의에서는 큰 값을 사용하는 것이 보다 안전한 것으로 평가되었다.

7.9 추론망 검색

추론망(inference network) 모형은 베이지언 네트워크(Bayesian network)에 기반한 확률적 검색 모형으로서 증거(evidence)를 사용한 추론에 의해 문헌이 질의에 적합할 확률을 예측하는 모형이다(Turtle 1991; Baeza-Yates and Ribeiro-Neto 1999).

베이지언 추론망은 방향성 비순환적 그래프(directed acyclic graph: DAG)로서 노드(node)는 랜덤 변수를, 아크(arc)는 노드들 간의 의존적 관계를 표현한다. 그림 7.6에서 노드 A, B, C는 노드 X의 부모 노드(parents node)이며, 자식 노드(child node) X가 진(true)이 될 확률 P(X=true)는 사건 A, B, C가 발생할 사전 확률(prior probability)과

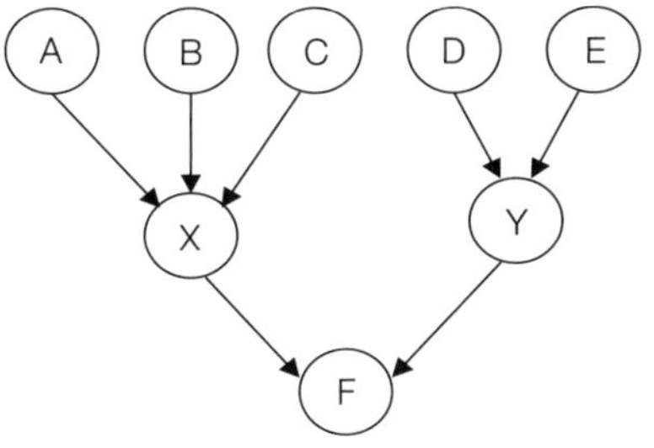

〈그림 7.6〉 추론망 예

사건 결합(event combination) 확률에 의존한다(Grossman and Frieder 1998).

사건 결합은 각 사건이 진(true)이거나 위(false)일 경우가 결합된 것으로서 이 예에서는 세 가지 사건이므로 2^3개의 사건 결합이 있게 된다. 즉 A, B, C가 모두 진일 경우는 111, A와 B는 진이고 C는 위일 경우는 110 등과 같이 표현한다면 각 결합 확률은 α_{111}, α_{110}, … 등이 된다. 다시 말해 α_{111}은 세 부모 노드가 모두 진일 때 자식 노드가 진일 확률을 가리키며, α_{110}은 두 노드(A,B)가 진이고 한 노드(C)가 위일 때 자식 노드가 진일 확률을 나타낸다. 이 사건 결합 확률은 보통 링크 행렬(link matrix)로 표현되는데 노드 X의 링크 행렬은 세 부모 노드의 결합이 노드 X에 미치는 영향을 나타낸다. 즉, 노드 X의 부모 노드 집합이 $\pi_x = \{p_1, \cdots, p_n\}$일 경우 X가 진이 될 확률 $P(X|p_1, \cdots, p_n)$을 의미한다(Turtle and Croft 1991).

그림 7.6에서 A, B, C가 발생할 사전 확률을 나타내는 P(A=true), P(B=true), P(C=true)가 각각 a, b, c 라면 P(X=true)는 다음과 같이 계산한다.

$$P(X=true) = \alpha_{111}abc + \alpha_{110}ab(1-c) + \alpha_{101}a(1-b)c + \alpha_{100}a(1-b)(1-c) + \alpha_{011}(1-a)bc + \alpha_{010}(1-a)b(1-c) + \alpha_{001}(1-a)(1-b)c + \alpha_{000}(1-a)(1-b)(1-c)$$

그림 7.6에서 P(Y=true)도 P(X=true)와 마찬가지 방법에 의해 계산한 다음, 노드 F가 진이 될 확률인 P(F=true)를 X와 Y를 부모 노드로 하여 다음과 같이 산출한다.

$$P(F=true) = \alpha_{11}xy + \alpha_{10}x(1-y) + \alpha_{01}y(1-x) + \alpha_{00}(1-x)(1-y)$$

링크 행렬을 사용하여 P(Y=true)를 계산하는 과정을 보면 다음과 같다(Grossman and Freider 1998). 여기에서 노드 D와 E의 사전 확률은 각각 0.8, 0.4이다.

	$DE(\alpha_{11})$	$D\bar{E}(\alpha_{10})$	$\bar{D}E(\alpha_{01})$	$\bar{D}\bar{E}(\alpha_{00})$
Y=true	0.9	0.8	0.2	0.05
Y=false	0.1	0.2	0.8	0.95

$$P(Y=true) = (0.9)(0.8)(0.4) + (0.8)(0.8)(0.6) + (0.2)(0.2)(0.4) + (0.05)(0.2)(0.6)$$
$$= 0.694$$

위의 예에서 부모 노드 D와 E의 중요도가 똑같이 0.5라면 α_{11}=1, α_{10}=0.5, α_{01}=0.5, α_{00}=0이 되어 P(Y=true)는 0.6이 된다. 이 값은 두 부모 노드의 사전 확률 값의 평균과 같아진다.

Q=(A or B or C)와 같은 OR 불리언 검색문에 위의 추론망 모형을 적용할 경우 A, B, C 가운데 어느 하나라도 진이 되면 Q(그림 7.6에서 X)는 진이 되며, A, B, C가 모두 위가 될 경우에만 Q는 위가 된다. 이를 나타내는 링크 행렬과 P(Q=true)는 다음과 같다. 이 행렬에서 첫째 행은 Q=false인 경우, 둘째 행은 Q=true일 경우의 α_{111}, α_{110},⋯, α_{000}의 값을 나타낸다(Turtle and Croft 1991).

$$L_0 = \begin{pmatrix} 0\,0\,0\,0\,0\,0\,0\,1 \\ 1\,1\,1\,1\,1\,1\,1\,0 \end{pmatrix}$$

$$\begin{aligned} P(Q=true) &= abc + ab(1-c) + a(1-b)c + a(1-b)(1-c) + (1-a)bc + \\ &\quad (1-a)b(1-c) + (1-a)(1-b)c \\ &= 1-(1-a)(1-b)(1-c) \end{aligned}$$

Q=(A and B and C)와 같은 AND 불리언 검색문에 대해서도 위와 유사한 링크 행렬을 작성하여 질의가 진이 될 확률을 다음과 같이 산출한다.

$$P(Q=true) = abc$$

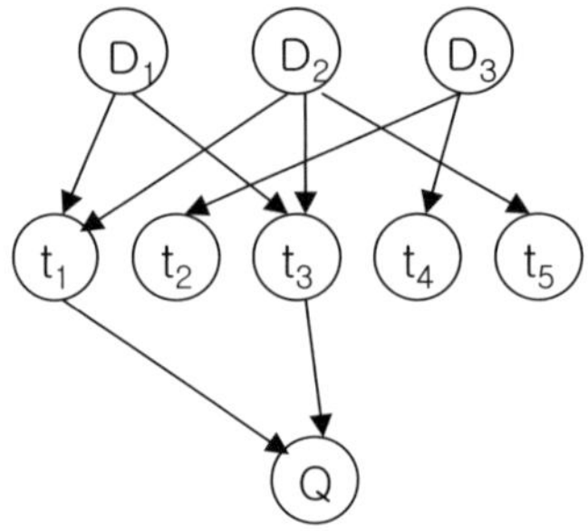

〈그림 7.7〉 검색 추론망 예

추론망 검색 모형에서 추론망은 그림 7.7과 같이 문헌, 용어, 질의의 세 층으로 간단히 표현한다. 이 그림에서 세 문헌 D_1, D_2, D_3은 각각 자식 노드로 연결된 용어들을 색인어로 갖고 있으며, 질의는 t_1, t_3의 두 용어를 질의어로 갖고 있다는 것을 나타내고 있다.

위의 예에서 먼저 질의를 구성하는 두 질의어 t_1과 t_3이 진이 될 확률 $P(t_1\text{=true})$와 $P(t_3\text{=true})$를 구한 다음 각 문헌에 대해 P(Q=true)를 구하게 된다. 각 문헌의 발생 확률이 똑같을 경우 문헌 노드 D_1, D_2, D_3의 사전 확률은 각각 1/3이 되므로 P(Q=true) 값의 순서로 각 문헌을 순위화하는 데에는 영향을 미치지 않는다. $P(t_1\text{=true})$나 P(Q=true)는 각각 t_1이나 Q에 대한 신념(belief)을 의미하는 $bel(t_1)$, bel(Q)와 같이 표현하기도 한다.

특정 문헌에 출현한 각 용어에 대한 신념을 나타내는 $bel(t_i \mid D_j)$ 값으로는 보통 해당 용어의 TF · IDF 가중치를 이용한다. INQUERY 시스템에서는 TREC-7 실험에서 다음과 같이 Okapi TF와 IDF를 결합한 가중치로부터 $bel(t_i)$를 산출하였다(Allan et al. 1999).

$$bel(t_i) = 0.4 + 0.6 \times \frac{tf}{tf + 0.5 + 1.5\dfrac{length}{avg\,length}} \times \frac{\log\dfrac{N+0.5}{n_i}}{\log N + 1}$$

각 질의어에 대해 $bel(t_i)$가 산출되고 질의어들이 #wsum 연산자에 의해 결합되어 있을 경우, 다음과 같은 공식에 의해 $bel(Q|D_j)$를 계산한다. 이 공식에서 w_i는 각 질의어에 부여되는 가중치를 나타내며, 질의어에 가중치를 부여하지 않는 경우에 이 값은 1이 된다(Callan, Croft, and Broglio 1995).

$$bel(Q|D_i) = \frac{w_1 \cdot bel(t_1) + \cdots + w_m \cdot bel(t_m)}{w_1 + \cdots + w_m}$$

위의 예에서 $bel(t_1|D_1) = 0.685$, $bel(t_3|D_3) = 0.592$이며, 각 질의어가 갖는 가중치가 동일하다면 $bel(Q|D_1)$은 결국 다음과 같은 값을 갖게 된다.

$$bel(Q|D_1) = \frac{0.685 + 0.592}{2} = 0.639$$

만일 t_1과 t_3의 질의어 가중치가 각각 0.3, 0.5라면 $bel(Q|D_1)$은 다음과 같다.

$$bel(Q|D_1) = \frac{0.3 \times 0.685 + 0.5 \times 0.592}{0.3 + 0.5} = 0.627$$

최근 검색 실험에서는 언어 모형과 함께 추론망 검색 모형을 구현한 Indri 검색엔진이 종종 사용되고 있는데, Indri는 다양한 질의 연산자를 사용하여 질의어에 대한 신념 값들을 결합하도록 하고 있다(Metzler 2005b). 특히 #combine과 #weight 연산자가 유용하게 사용되고 있으며, 각 질의어에 대한 신념 값 $bel(t_i)$는 언어 모형에 의해 산출한다. 연산자에 의해 질의어를 결합한 결과를 보여 주는 아래 식에서 b_i는 $bel(t_i)$를 나타내며, w_i는 각 질의어의 가중치이다.

$$b_{combine} = \prod_{i=1}^{n} b_i^{(\frac{1}{n})}$$

$$b_{weight} = \prod_{i=1}^{n} b_i^{(\frac{w_i}{W})} \qquad (W = \sum_{i=1}^{n} w_i)$$

다음의 질의 예는 질의확장 결과 초기 질의어와 추가 질의어의 신념 값을 결합한 것을 보여 준다. 이 예에서 첫 번째 줄에 있는 초기 질의어들을 결합한 결과에는 0.75, 두 번째 줄에 있는 추가 질의어들을 결합한 결과에는 0.25의 가중치를 부여하고, 마지막으로 #weight 연산자에 의해 두 개의 신념 값을 결합한 것이다(Metzler 2005a).

```
#weight( 0.75 #combine (hubble telescope achievements)
         0.25 #combine (universe system mission search galaxies) )
```

7.10 신경망 검색

신경망(neural network)을 이용한 검색 모형에서 신경망은 질의층(query layer), 용어층(term layer), 문헌층(document layer)의 세 층으로 구성된다(Kwok 1989; Grossman and Frieder 1998). 또는 그림 7.8에서와 같이 질의어층(query term layer), 색인어층(document term layer), 문헌층(document layer)으로 구분하기도 한다 (Wilkinson and Hingston 1991; Baeza-Yates and Ribeiro-Neto 1999).

신경망에서는 활성화된 노드 A로부터 이에 연결된 다른 노드 B로 신호가 전송될 때 노드 B의 입력 값은 노드 A의 출력 값과 두 노드를 연결하는 링크의 가중치 값을 곱한 값이 된다. 노드 B의 전체 입력 값은 이 노드에 연결된 모든 노드로부터의 입력 값을 더한 값이 된다.

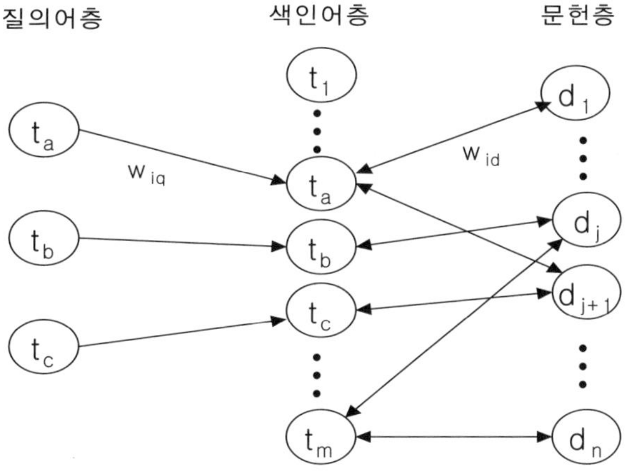

〈그림 7.8〉 검색 신경망

그림 7.8의 검색 신경망에서 각 노드는 질의어, 색인어, 문헌을 나타내며, 노드들을 연결하는 링크에는 가중치가 부여된다. 신경망 모형에서 활성화된 질의어 노드는 색인어 노드로 신호를 보내게 되며, 마찬가지로 활성화된 색인어 노드는 다시 문헌 노드로 신호를 전송하게 되는데 이러한 과정을 확장 활성화(spreading activation)라고 한다. 다시 말해 활성화 수준이 임계치보다 클 경우 해당 노드는 활성화된다. 문헌 노드는 적합성 피드백 정보에 의해 반대 방향으로 색인어 노드를 활성화시킬 수 있으며, 활성화된 색인어 노드는 다시 문헌 노드로 신호를 전송하게 된다. 이 결과 질의어를 하나도 포함하고 있지 않은 문헌도 검색될 수 있다.

그림 7.8에서 각 질의어는 초기 활성화 수준 값으로 1을 부여받게 되며, 연결된 각 색인어 노드로 신호를 보내는데 이때 링크의 가중치로는 보통 정규화된 질의어 가중치 w_{iq}를 사용한다. 이 질의어 가중치는 연결된 색인어 노드의 입력 값이 되며, 이 값이 임계치를 넘으면 색인어 노드는 활성화된다. 색인어 노드와 각 문헌 노드 간의 링크 가중치로는 마찬가지로 정규화된 색인어 가중치 w_{id}를 사용하며, 문헌 노드의 입력 값은 질의어 가중치와 색인어 가중치를 곱한 값이 된다. 마지막 문헌 노드의 출력 값 또는 활성화 수준은 다음과 같은 코사인 유사계수 값이 된다.

$$output(D) = \frac{\sum_{i=1}^{t} w_{iq} \cdot w_{id}}{\sqrt{\sum_{i=1}^{t} w_{iq}^2 \cdot \sum_{i=1}^{t} w_{id}^2}}$$

신경망 모형은 지금까지 벡터공간 검색과 확률 검색을 구현하기 위해 사용되었다(Wilkinson and Hingston 1991; Crouch et al. 1994; Kwok 1989; Crestani 1994). 그러나 내용적으로는 전통적인 두 검색 모형과 크게 다를 바가 없으며, 다만 적합성 피드백 과정을 모형 안에 구현시킬 수 있다는 점과 학습 개념을 도입할 수 있다는 점에서 차이가 있는 것으로 평가되고 있다.

7.11 검색 성능 평가 척도

일반적으로 컴퓨터 시스템의 평가는 신속성과 경제성의 측면에서 이루어지지만 정보검색 시스템은 검색 성능(retrieval performance)이 가장 중요한 평가 기준이 되고 있다. 검색 성능은 검색 또는 응답 속도를 의미하는 검색의 효율성(efficiency)과 검색 결과의 정확성을 의미하는 검색의 효과성(effectiveness)을 다 포함하지만 최근의 발전된 정보기술 환경에서의 검색 성능은 효율성보다는 검색결과가 얼마나 정확한가에 초점이 맞추어져 있다.

전통적인 불리언 검색 모형을 채택한 최근까지의 검색 시스템에서는 검색된 문헌들 가운데 질의에 적합한 문헌이 얼마나 많이 포함되어 있는가를 측정함으로써 검색 성능을 평가하고자 하였다. 이를 위해 가장 보편적으로 사용되어 온 척도가 재현율과 정확률이다. 그러나 검색결과의 순위화가 가능한 검색 시스템이나 웹 검색엔진과 같이 검색된 문헌의 수가 엄청나게 많을 경우에는 적합문헌이 얼마나 많이 상위에 출력되는가에 의해 성능을 평가하는 것이 바람직하다. 최근 들어 TREC을 비롯한 검색 실험 평가에서는 표준적인 재현율과 정확률 이외에 11-지점 정확률, R-정확률, n-순위 정확률 등이 자주 사용되고 있음을 볼 수 있다.

7.11.1 재현율과 정확률

재현율(recall)과 정확률(precision)은 가장 기본적이면서 보편적인 검색 성능 척도이다. 재현율은 이용자의 질의에 대해 데이터베이스 내 적합문헌들 중 검색된 적합문헌들의 비율을 나타내며, 정확률은 검색된 문헌들 중 적합문헌의 비율을 나타낸다.

$$\text{재현율} = \frac{\text{검색된 적합문헌 수}}{\text{적합문헌 총 수}}$$

$$\text{정확률} = \frac{\text{검색된 적합문헌 수}}{\text{검색된 문헌 총 수}}$$

위의 두 척도 모두 비율(ratio)로 표현하지만 흔히 100을 곱해서 퍼센트로 나타내기도 한다. 예컨대 재현율 50%는 데이터베이스 내 전체 적합문헌들의 절반이 검색되었음을 의미하고, 정확률 30%는 검색된 문헌 10개 가운데 3개가 적합문헌임을 의미한다.

재현율은 적합문헌이 얼마나 검색되었는가, 즉 시스템이 적합문헌을 검색해 내는 능력을 나타내며, 정확률은 검색된 문헌들이 얼마나 적합한가, 즉 시스템이 부적합문헌을 검색해 내지 않는 능력을 나타내는 것이다. 재현율과 정확률 모두 검색결과가 질의에 대해 얼마나 정확한가를 측정하는 것이지만 특히 재현율은 검색의 완전성을, 정확률은 검색의 정확성을 측정하는 척도라고 볼 수 있다.

실험용 질의에 대한 적합성 판정이 이미 내려져 있는 문헌집단을 대상으로 한 검색 실험에서는 재현율 측정에 어려움이 없으나 실제 운영 중인 시스템에서 재현율을 측정하기는 매우 어렵다. 왜냐하면 이용자가 입력하는 모든 질의에 대해 미리 적합문헌들을 파악하기가 힘들기 때문이다. 따라서 여러 검색 기법을 비교하는 실험에서는 다양한 기법에 의해 검색된 적합문헌들을 합하여 가상의 적합문헌 집단을 구성함으로써 재현율을 측정할 수 있다. 이러한 실험은 여러 다른 기법이나 시스템의 비교 평가가 목적이므로 절대적 재현율을 사용하지 않아도 된다. 또한 웹 검색엔진과 같이 대규모 데이터베이스를 대상으로 한 평가에서는 정확률만으로 성능을 비교하는 방법을 사용할 수 있다.

검색 대상 데이터베이스 내 문헌들은 각 질의에 대한 검색여부와 적합여부에 따라 그림 7.9와 같이 네 개의 집단으로 분할할 수 있다. 이 분할에서 '검색된 부적합문헌'(b)과 '검색되지 않은 적합문헌'(c)의 두 부분이 잡음을 이루는 부분으로서 이 부분을 최소화하는 것이 검색 시스템의 목표라고 할 수 있다. 다시 말해 전체 문헌집단이 a와 d의 두 개의 부분으로만 구성될 때 가장 이상적인 시스템이 되며 이때의 재현율과 정확률은 각각 100%가 되는 것이다.

그림 7.9와 같이 문헌집단을 분할하여 구할 수 있는 다른 검색 성능 척도로는 누락률(snobbery ratio), 잡음률(noise factor), 부적합률(fallout ratio), 배제율(correct-rejection ratio) 등이 있다(van Rijsbergen 1979). 누락률은 검색되지 않은 적합문헌의 비율로서 1에서 재현율을 뺀 값이 된다. 잡음률은 검색된 부적합문헌의 비율로서

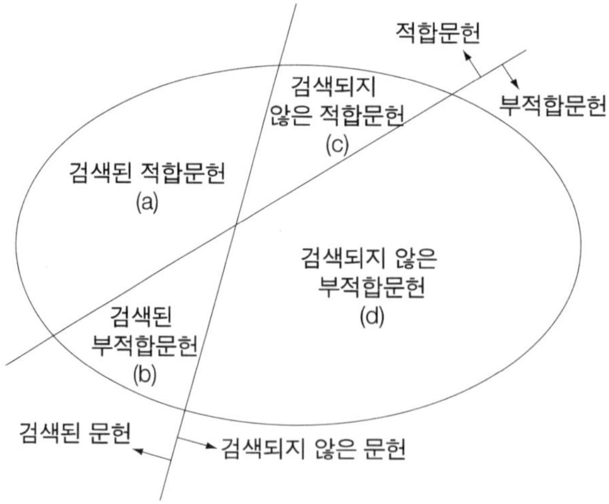

〈그림 7.9〉 문헌집단의 분할

1에서 정확률을 뺀 값이다. 또한 부적합률은 전체 부적합문헌 중 검색된 문헌의 비율을, 배제율은 전체 부적합문헌 중 검색되지 않은 문헌의 비율을 나타낸다.

7.11.2 평균재현율, 평균정확률, F 척도

검색시스템의 성능 평가를 위해서는 충분한 수의 질의에 대해 검색을 수행한 후 각각의 검색 결과로부터 재현율과 정확률의 평균값을 구하는 것이 필요하다. 평균값을 구하기 위해 두 가지 접근방법을 사용할 수 있다(Rocchio 1971; Salton and McGill 1983). 하나는 매크로 평가(macro evaluation)로서 질의의 수가 n개일 때 각 질의에 대한 재현율과 정확률을 각각 따로 계산한 다음 이들을 모두 더하여 n으로 나누어 준 값을 평균재현율과 평균정확률로 사용한다. 이 방법은 질의 단위로 평균을 내는 것이므로 질의지향적 방법이라고 한다.

다른 하나는 마이크로 평가(micro evaluation)로서 먼저 n개의 질의에 대한 적합문헌 수, 검색문헌 수, 검색된 적합문헌 수 등을 먼저 다 더한 다음 합한 값이 각각 재현율과 정확률 공식의 분자와 분모가 되도록 하여 평균재현율과 평균정확률을 구하는 방법이다. 이는 문헌 단위로 평균을 구하는 것이므로 문헌지향적 방법이라고 한다. 예컨대 재현율의 경우 분자는 각 질의에 대해 검색된 적합문헌 수를 다 더한 값이 되며, 분모는 각 질의에 대한 적합문헌 수를 다 더한 값이 되는 것이다.

질의지향적 평가는 이용자가 시스템으로부터 기대할 수 있는 검색 성능을 나타내며, 문헌지향적 평가는 시스템 입장에서 본 검색 성능이라고 할 수 있다. 일반적으로 질의지향적인 매크로 평가 방법이 흔히 사용되고 있다.

재현율과 정확률은 보통 한 쌍이 함께 사용되어 검색 성능을 나타내므로 두 개 이상의 시스템의 성능을 비교할 경우 어느 시스템의 성능이 확실하게 더 나은지를 판단하기 어려울 수가 있다. 이러한 경우 재현율과 정확률을 복합적으로 반영하는 단일가 척도인 F 척도(F-measure)를 사용하면 검색 성능의 비교가 한결 용이해진다. F 척도는 van Rijsbergen(1979)이 제안한 E 척도에 기반을 두고 있다. 재현율을 R,

정확률을 P라고 할 때 E 척도 공식은 다음과 같다.

$$E = 1 - \frac{1}{\alpha(\frac{1}{P}) + (1-\alpha)(\frac{1}{R})}$$

$$= 1 - \frac{(\beta^2+1)PR}{\beta^2 P + R}$$

위 공식에서 $\alpha = 1/(\beta^2+1)$ 이며, α와 β는 이용자가 정확률과 재현율에 부여하는 상대적인 중요도를 나타내는 파라미터이다. β=1/2이면 재현율의 중요도가 정확률의 1/2, β=2는 재현율의 중요도가 정확률의 2배가 되는 경우를 나타낸다. β=1은 재현율과 정확률에 동일한 중요도를 부여한 경우이다. E 척도는 그 값이 작을수록 높은 성능을 나타낸다. 1에서 E 값을 뺀 값이 F 값이 되므로 F 값이 클수록 높은 성능을 나타내게 된다.

일반적으로 많이 사용되는 F 척도는 다음의 F_1로서 재현율과 정확률에 동일한 중요도를 부여한 경우(β=1)이다. 예를 들어 P=0.4, R=0.7일 경우 F_1 값은 약 0.51이 된다.

$$F_1 = \frac{2PR}{P+R}$$

7.11.3 11-지점 평균정확률

검색결과가 순위화되지 않는 시스템에서는 일반적으로 재현율과 정확률을 한 쌍으로 하여 검색 성능을 측정한다. 그러나 검색된 문헌이 적합성 점수에 따라 순위화되어 제공되는 시스템에서는 적합문헌을 상위에 출력할수록 검색 성능이 높게 평가된다. 이러한 시스템들의 평가에는 0.1, 0.2, …, 1.0 등 표준적인 재현율 수준에서의 정확률을 산출하여 성능 곡선을 그려 서로 비교하거나 또는 각 수준에서의 정확률을 더한 다음 평균을 산출하여 비교하는 것이 바람직하다. 재현율 수준은 0부터 0.1씩 증가시켜 모두 11단계로 나누거나 또는 0.2나 0.25씩 증가시켜 보다 큰 단위로 나눌 수 있다. 11개의 표준 재현율 수준에서의 정확률 값을 구해 평균을 낸 것을 11-지점 평균정확률(11-point average precision)이라고 하며, 최근 들어 TREC 등의 평가 실험에서 널리 사용되고 있다.

질의 Q에 대해 14개의 문헌들이 다음과 같은 순서로 검색되었다고 하자.

$$D(Q)=\{d_{25}, d_{130}, d_{29}, d_{14}, d_{372}, d_{48}, d_{55}, d_{43}, d_{123}, d_{8}, d_{35}, d_{117}, d_{21}, d_{5}\}$$

검색된 문헌들 가운데 1위, 2위, 4위, 6위, 13위 등 다섯 개의 문헌들이 적합문헌이라고 한다면 각 순위에서의 재현율과 정확률은 그림 7.10과 같다.

문헌순위	문헌번호(x=적합)	재현율	정확률
1	25 x	0.2	1.0
2	130 x	0.4	1.0
3	29	0.4	0.67
4	14 x	0.6	0.75
5	372	0.6	0.60
6	48 x	0.8	0.67
7	55	0.8	0.57
8	43	0.8	0.50
9	123	0.8	0.44
10	8	0.8	0.40
11	35	0.8	0.36
12	117	0.8	0.33
13	21 x	1.0	0.38
14	5	1.0	0.36

〈그림 7.10〉 문헌 순위에 따른 재현율-정확률

이 예에서 보듯이 문헌 순위에 의한 재현율과 정확률을 산출하는 경우에는 재현율 수준이 표준화되어 있지 못하며, 또한 한 값의 재현율이 여러 개의 정확률 값을 갖는 경우가 많다. 이와 같은 경우 11개의 표준 재현율 수준에서 고유한 정확률 값을 갖도록 보간법을 사용하여야 한다. 재현율 수준 i에서의 정확률로는 i나 i보다 큰 실제 재현율 수준에서 가장 큰 정확률 값을 선택한다.

위의 예에서 실제 재현율 수준은 0.2, 0.4, 0.6, 0.8, 1.0이지만 보간법을 사용하여 각 재현율 수준에서의 정확률을 산출하는 것이다. 즉 보간법 적용 결과 재현율 수준 0, 0.1, 0.2, 0.3, 0.4에서의 정확률은 모두 1.0이 되며, 0.5와 0.6에서의 정확률은 0.75, 0.7과 0.8에서의 정확률은 0.67, 재현율 0.9와 1.0에서의 정확률은 0.38이 된다. 보간법 적용 방법을 그림으로 표현하면 그림 7.11과 같다.

실험 질의 n개에 대해 재현율 수준 r에서의 평균정확률 $P_{AVE}(r)$은 각 질의 i에 대한 정확률 $P_i(r)$을 모두 더한 다음 질의의 수로 나누어 산출한다. 11-지점 평균정확률 값은 각 재현율 수준에서의 평균정확률 $P_{AVE}(r)$을 더해 11로 나누어 주면 된다.

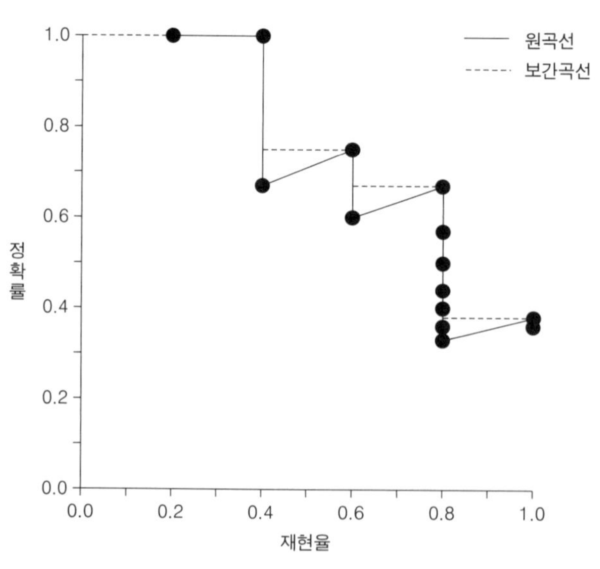

〈그림 7.11〉 보간법에 의한 정확률 산출

$$P_{AVE}(r) = \sum_{i=1}^{n} \frac{P_i(r)}{n}$$

7.11.4 기타 정확률 척도

검색 결과가 순위화되는 시스템에서는 가능한 한 적합문헌이 상위 수준에 오도록 순위화하는 능력이 중요하다. 이와 같이 상위 수준에 적합문헌이 검색되도록 하는 성능을 평가하고자 할 때에는 n개의 문헌이 검색된 다음 정확률을 산출하면 된다. 이 정확률은 n 순위에서의 정확률을 산출하는 것이므로 'n-순위 정확률'이라고 할 수 있다. TREC 실험에서는 5, 10, 15, 20, 30, 100, 200, 500, 1000 등 모두 9개의 절단 지점(cutoff value)을 정하여 n-순위 정확률을 산출하도록 하고 있다(TREC-7 1999). n-순위 정확률은 일반적으로 P@10, P@30 또는 P(10), P(30) 등과 같이 표기한다.

적합문헌을 상위에 오도록 검색하는 능력을 평가하는 다른 척도로는 각 적합문헌이 검색될 때마다 측정한 정확률의 평균이 있다. 이 '적합문헌 평균정확률'은 모든 적합문헌에 대한 정확률의 평균을 낸 것이다. 예컨대 어떤 질의에 대해 4개의 적합문헌이 각각 1, 2, 4, 7 순위로 검색되었다고 하자. 각 적합문헌이 검색된 후의 정확률은 각각 1, 1, 0.75, 0.57로서 '적합문헌 평균정확률'은 0.83이 된다.

TREC과 같이 대규모 문헌집단을 대상으로 한 검색 실험에서 적합문헌의 수가 매우 많을 때 유용한 검색 성능 척도로는 R-정확률(R-precision)이 있다. R은 질의에 대해 적합한 문헌의 수로서 R개의 문헌이 검색된 후 측정한 정확률이 R-정확률이다. 예컨대 질의에 대한 적합문헌 수가 20개라면 상위 20개의 문헌이 검색된 다음 정확률을 산출한다. 여기에서도 마찬가지로 실험용 질의의 수만큼의 R-정확률을 산출한 다음 평균을 내서 시스템의 성능 척도로 사용한다.

'적합문헌 평균정확률'과 R-정확률은 검색 알고리즘의 비교를 위한 척도일 뿐만 아니라 질의별 성능을 비교하기 위한 척도로도 적합하다. 질의별 성능을 비교하는

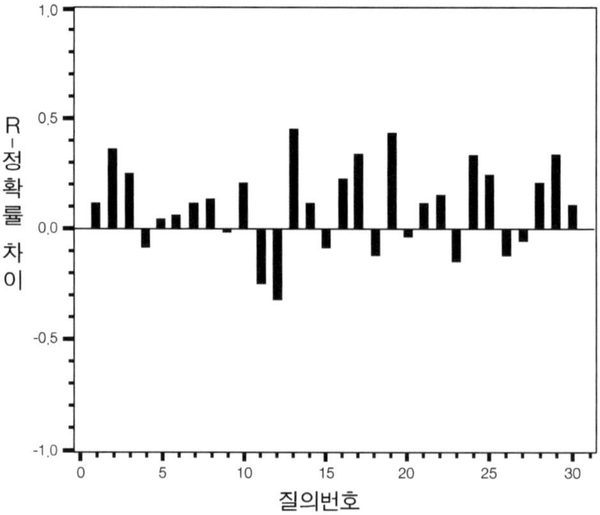

〈그림 7.12〉 정확률 히스토그램

다른 방법은 정확률 히스토그램(precision histogram)을 사용하는 것이다. 정확률 히스토그램은 각 질의별로 산출한 평균정확률이나 R-정확률의 차이를 그래프로 나타내는 것이며, 비교 대상이 되는 알고리즘이 여러 개일 경우 평균 성능을 산출한 다음 각 알고리즘의 성능에서 평균 성능을 뺀 값으로 각 알고리즘의 성능을 평가할 수도 있다. 그림 7.12는 알고리즘 A와 B의 R-정확률 차이(A-B)를 히스토그램으로 나타낸 것이다.

참고문헌

Allan, J. et al. 1999. "INQUERY and TREC-7". *Proceedings of the Seventh Text Retrieval Conference (TREC-7)*. NIST Special Publication 500-242. Available: http://trec.nist.gov/pubs.html.

Ault, T. and Yang, Y. 2002. "kNN, Rocchio and metrics for information filtering at TREC-10". *Proceedings of the Tenth Text Retrieval Conference (TREC 2001)*. NIST Special Publication 500-250. Available: http://trec.nist.gov/pubs.html.

Baeza-Yates, R. and Ribeiro-Neto, B. 1999. *Modern Information Retrieval*. Harlow, England: Addison-Wesley.

Berry, M. 1992. "Large scale singular value computations". *International Journal of Supercomputer Applications*, 6(1): 13-49.

Bookstein, A. 1980 "Fuzzy requests: an approach to weighted Boolean Searches". *Journal of the American Society for Information Science*, 31(4): 240-247.

Bookstein, A. 1985. "Probability and fuzzy-set applications to information retrieval". *Annual Review of Information Science and Technology*, 20: 117-151.

Callan, J.P., Croft, W.B., and Broglio, J. 1995. "TREC and TIPSTER experiments with INQUERY". *Information Processing and Management*, 31(3): 327-343.

Crestani, F. 1994. "Comparing neural and probabilistic relevance feedback in an interactive information retrieval system". *Proceedings of the IEEE International Conference on neural networks*. 3226-3230.

Croft, W.B. and Harper, D.J. 1979. "Using probabilistic models of document retrieval without relevance information". *Journal of Documentation*, 35(4): 285-295.

Croft, W.B. and Lafferty, J., ed. 2003. *Language Modeling for Information*

Retrieval. Dordrecht: Kluwer Academic Publishers.

Crouch, C., Crouch, D., and Nareddy, K. 1994. "Associative and adaptive retrieval in a connectionist system". *International Journal of Expert Systems*. 7(2): 193-202.

Deerwester, S., Dumais, S. T., Furnas, G. W., Landauer, T. K. and R. Harshman. 1990. "Indexing by latent semantic analysis". *Journal of the American Society for Information Science*, 41(6): 391-407.

Ding, C. H. Q. 1999. "A similarity-based probability model for latent semantic indexing". *Proceedings of the 22nd International ACM SIGIR Conference on Research and Development in Information Retrieval*. 58-65.

Dumais, S. T. 1995. "Latent semantic indexing (LSI): TREC-3 report". *Overview of the Third Text Retrieval Conference (TREC-3)*. NIST Special Publication 500-226. Available: http://trec.nist.gov/pubs.html.

Fox, E., Betrabet, S., Koushik, M. and Lee, W. 1992. *Extended Boolean models*. In Frakes, W.B. and Baeza-Yates, R., ed. *Information Retrieval: Data Structures & Algorithms*. Englewood Cliffs, New Jersey: Prentice Hall. 393-418.

Grossman, D.A. and Frieder, O. 1998. *Information Retrieval: Algorithms and Heuristics*. Boston: Kluwer Academic Publishers.

Hersh, W.R. 2003. *Information Retrieval: A Health and Biomedical Perspective*. 2nd. ed. New York: Springer.

Hull, D. 1994. "Improving text retrieval for the routing problem using latent semantic indexing". *Proceedings of the Seventeenth Annual International ACM SIGIR Conference on Research and Development in Information Retrieval*. 282-290.

Jackson, P. and Moulinier, I. 2002. *Natural Language Processing for Online*

Applications: Text Retrieval, Extraction and Categorization. Amsterdam: John Benjamins Publishing Co.

Jelinek, F. and Mercer, R. 1980. *Interpolated Estimation of Markov Source Parameters from Sparse Data*. Amsterdam: North-Holland Publishing. Quoted in Grossman, D.A. and Frieder, O. 2004. *Information Retrieval: Algorithms and Heuristics*. 2nd ed(Norwell, MA: Kluwer Academic Publishers), 52.

Kaptein, R., Koolen, M., and Kamps, J. 2009. "Result diversity and entity ranking experiments: Anchors, links, text and Wikipedia". *Proceedings of the Eighteenth Text Retrieval Conference (TREC 2009)*. NIST Special Publication 500-278. Available: http://trec.nist.gov/pubs.html.

Ke, W., Sugimoto, C.R., and Mostafa, J. 2009. "Dynamicity vs. effectiveness: Studying online clustering for Scatter/Gather". *Proceedings of the 32nd Annual International ACM SIGIR Conference on Research and Development in Information Retrieval*. 19-26.

Kwok, K.L. 1989. "A neural network for probabilistic information retrieval". *Proceedings of the Twelfth Annual International ACM/SIGIR Conference on Research and Development in Information Retrieval*. 21-30.

Lee, K.S., Croft, W.B., and Allan, J. 2008. "A cluster-based resampling method for pseudo-relevance feedback". *Proceedings of the 31st Annual International ACM SIGIR Conference on Research and Development in Information Retrieval*. 235-242.

Lee, W.C. and Fox, E.A. 1988. *Experimental comparison of schemes for interpreting Boolean queries*. TR-88-27. Master's thesis, Virginia Tech. Quoted in Fox, E., Betrabet, S., Koushik, M. and Lee, W. 1992. *Extended Boolean models*. In Frakes, W.B. and Baeza-Yates, R., ed. I*nformation Retrieval: Data Structures & Algorithms* (Englewood Cliffs, New Jersey: Prentice Hall),

393-418.

Lewis, D.D. 2002. "Applying support vector machines to the TREC-2001 batch filtering and routing tasks". *Proceedings of the Tenth Text Retrieval Conference (TREC 2001).* NIST Special Publication 500-250. Available: http://trec.nist.gov/pubs.html.

MacKay, D. and Peto, L. 1995. "A hierachical dirichlet language model". *Natural Language Engineering*, 1(3): 289-307.

Maron, M.E. and Kuhns, J.L. 1960. "On relevance, probabilistic indexing and information retrieval". *Journal of the ACM*, 7(3): 216-244.

Meij, E., Jansen, M., and de Rijke, M. 2006. "Expanding queries using multiple resources". *Proceedings of the Fifteenth Text Retrieval Conference(TREC 2006).* NIST Special Publication 500-272. Available: http://trec.nist.gov/pubs.html.

Metzler, D. 2005a. "Indri query language quick reference". [online]. [cited 2005.04.10]. 〈http://ciir.cs.umass.edu/~metzler/indriquerylang.html〉.

Metzler, D. 2005b. "Indri retrieval model overview". [online]. [cited 2005.04.10]. 〈http://ciir.cs.umass.edu/~metzler/indriretmodel.html〉.

Mostafa, J. and Lam, W. 2000. "Automatic classification using supervised learning in a medical document filtering application". *Information Processing and Management.* 36: 415-444.

Park, H., Jeon, M., and Rosen, B. 2001. *Lower dimensional representation of text data in vector space based information retrieval.* In Berry, M.W. ed. *Computational Information Retrieval.* Philadelphia: Society for Industrial and Applied Mathematics.

Robertson, S.E. and Sparck Jones, K. 1976. "Relevance weighting of search terms". *Journal of the American Society and Information Science*, 27(3):

129-146.

Rocchio, J.J. 1971. *Relevance feedback in information retrieval.* In Salton, G. ed. *The SMART Retrieval System.* Englewood Cliffs, N.J.: Prentice Hall. 313-323.

Salton, G. 1989. *Automatic Text Processing: The Transformation, Analysis, and Retrieval of Information by Computer.* Reading, Mass: Addison-Wesley.

Salton, G., Fox, E.A., and Wu, H. 1983. "Extended Boolean information retrieval". *Communications of the ACM,* 26(12): 1022-1036.

Salton, G. and McGill, M.J. 1983. *Introduction to Modern Information Retrieval.* New York: McGraw-Hill.

TREC-7. *Appendix A. Evaluation Techniques and Measures.* [online]. [cited 2005. 04.10]. 〈http://trec.nist.gov/pubs.html〉.

Turtle, H.R. 1991. *Inference Networks for Document Retrieval.* Ph.D. Dissertation, University of Massachusetts.

Turtle, H. and Croft, W.B. 1991. "Evaluation of an inference network-based retrieval model". *ACM Transactions on Information Systems,* 9(3): 187-222.

van Rijsbergen, C.J. 1979. *Information Retrieval.* 2nd ed. London: Butterworths.

Voorhees, E.M. and Harman, D. 2002. "Overview of TREC 2001". *Proceedings of the Tenth Text Retrieval Conference (TREC 2001).* NIST Special Publication 500-250. Available: http://trec.nist.gov/pubs.html.

Wilkinson, R. and Hingston, P. 1991. "Using the cosine measure in a neural network for document retrieval". *Proceedings of the Fourteenth Annual International ACM/SIGIR Conference on Research and Development in Information Retrieval.* 202-210.

Xu, Y., Jones, J.F., and Wang, B. 2009. "Query dependent pseudo-relevance feedback based on Wikipedia". *Proceedings of the 32nd Annual International*

ACM SIGIR Conference on Research and Development in Information Retrieval. 59-66.

Zadeh, L.A. 1965. "Fuzzy sets". *Information and Control*, 8(3): 338-353.

Zhai, C. 2009. *Statistical Language Models for Information Retrieval*. Morgan & Claypool Publishers.

Zhai, C. and Lafferty, J. 2001. "A study of smoothing methods for language models applied to ad hoc information retrieval". *Proceedings of the 24th Annual International ACM SIGIR Conference on Research and Development in Information Retrieval*. 334-342.

제 8 장 검색 성능 향상 전략

8.1 개요

정보전문가가 아닌 검색 시스템의 일반 이용자가 자신의 정보요구를 완벽하게 표현하기는 쉽지 않다. 설령 질의를 통해 정보요구가 정확하게 표현되었다고 하더라도 검색 시스템이 문헌의 내용을 정확하게 색인하지 못할 경우에는 질의에 적합한 정보가 모두 검색되기 어렵다. 질의나 색인의 불완전성을 극복하기 위하여 검색 성능의 향상을 가져올 수 있는 다양한 전략이 요구되고 있다.

검색 성능을 향상시킬 수 있는 일차적인 방법은 효과적 질의 작성을 위한 다양한 장치를 사용하는 것이다. 온라인 검색 시스템의 이용자는 검색 성능을 향상시키기 위해 이러한 장치들을 손쉽게 활용할 수 있다. 예컨대 검색어/질의어 입력 시 용어의 접사나 어미 부분을 절단하여 어간/어근이 같은 여러 용어를 모두 입력한 것과 같은 효과를 내거나, 인접검색 연산자를 사용하여 2개 이상의 검색어들이 서로 인접해서 출현한 문헌만을 검색하도록 한다든가 또는 검색어가 표제나 초록 등 특정한 필드에 출현한 경우의 문헌만을 검색할 수 있다. 또한 시스템이 제공하는 온라인 시소러스나 키워드 색인파일을 브라우징함으로써 보다 적절한 검색어를 선정할 수 있다. 이러한 장치들은 질의에 적합한 문헌들을 추가로 검색해내거나 질의에 더욱 적합한 문헌들을 검색하는 결과를 가져옴으로써 검색 성능을 향상시키는 것이다.

초기 질의를 효과적으로 작성하여 성능을 향상시키는 전략 이외에 일차적으로 검색된 결과를 보고 검색된 적합문헌과 유사한 내용의 문헌을 추가로 검색하는 장치를 제공함으로써 성능 향상을 가져올 수 있다. 예컨대 온라인 데이터베이스 검색 결과 이용자가 적합하다고 판단한 문헌의 저자 링크를 선택하여 동일한 저자가 저술한 다른 논문을 검색한다든가 또는 디스크립터 링크를 선택하여 동일한 주제를 다루고 있는 다른 논문들을 검색할 수 있다. 또는 인용색인을 이용하여 검색된 적합문헌이 인용한 문헌이나 이를 인용한 다른 문헌들을 추가로 검색할 수 있다. 이와 같이 일차 검색된 문헌과 유사한 내용의 문헌을 검색하는 방법을 통틀어 연관검색(associative retrieval)이라고 한다.

검색 성능을 향상시키는 다른 방법은 입력된 질의에 대해 적합문헌은 더 많이 검색하되 부적합문헌은 되도록 검색되지 않도록 하는 것이다. 이를 위한 대표적인 전략이 질의확장(query expansion) 또는 질의수정(query modification/refinement)이다. 질의확장은 이용자가 검색 결과를 보고 적합성 피드백을 제공함으로써 실행되거나 또는 시스템에 의해 자동으로 실행된다. 질의확장을 사용하는 경우 초기 질의를 구성하는 질의어의 가중치가 수정되거나 새로운 질의어가 추가된 다음 재검색이 이루어진다. 웹 검색엔진에서 제공하던 관련검색(related search)이나 검색정련(refine your search)과 같은 장치는 원래의 질의에 관련용어를 추가하여 재검색을 수행하도록 한다는 점에서 일종의 질의확장 수단으로 볼 수 있다.

최근 들어 연구의 대상이 되고 있는 전략으로 데이터 결합(data fusion)이 있다. 데이터 결합은 여러 다른 검색 모형을 결합하거나 다른 유형의 색인어들을 결합함으로써 검색 성능을 높이려는 전략이다. 데이터 결합은 단일 검색 모형이나 단일 유형의 색인어를 이용하여 얻을 수 있는 검색 성능의 한계를 뛰어넘고자 하는 시도라고 할 수 있으며, 웹 검색, 블로그 검색, 클러스터 기반 검색 등 다양한 검색 환경에서 수행된 실험 결과가 보고되어 있다(Lee et al. 2008; McCreadie et al. 2009; Nguyen and Callan 2010; Kozorovitsky and Kurland 2011). 또한 인터넷을 통한 분산검색에서 복수의 데이터베이스로부터 검색한 결과를 결합하여 제공하는 컬렉션 결합(collection fusion)도 검색 성능을 향상시키는 전략으로 연구되고 있다.

8.2 효과적인 질의 작성

대부분의 상용 온라인 데이터베이스 시스템이나 웹 검색엔진은 단순 키워드 검색이나 불리언 검색 기법을 채택하고 있다. 일반 이용자들은 단순히 키워드를 나열하거나 불리언 연산자로 키워드를 조합하여 입력하는 것 이외에 탐색의 편리성이나 검색결과의 향상을 목적으로 제공되는 여러 가지 기법을 사용할 수 있다.

8.2.1 용어절단

키워드 형태의 검색어 입력 시 사용할 수 있는 용어절단(word truncation) 기법은 용어의 일부분을 생략하고 나머지 부분만을 검색어로 사용하는 방법을 말한다. 용어절단 결과 입력된 검색어와 일치하는 부분을 갖는 모든 용어들이 색인파일로부터 선택되어 검색어로 자동 추가된다. 이 기법은 추가된 모든 용어들을 OR로 조합하여 검색문을 작성한 것과 같은 효과를 갖는다. 예컨대 온라인 데이터베이스 서비스인 CSA에서 "patent*"를 검색어로 입력하면 patent, patents, patented, patentable 등이 모두 검색어로 사용되어 관련문헌을 검색하게 된다.

용어절단 기법은 절단하는 글자 수의 제한여부에 따라 무제한절단(unlimited/open truncation)과 제한절단(limited/restricted truncation)으로 구분된다. 무제한절단은 절단되는 글자 수에 제한이 없는 것으로 절단된 위치에 절단 표시부호가 들어가며, 절단되는 용어에는 복합어도 포함될 수 있다. CSA의 *, Dialog의 ? 등이 무제한절단 부호로 사용된다. 제한절단은 절단되는 글자 수를 지정하는 방법을 말하며, 절단 표시로는 무제한절단과는 다른 부호를 사용하거나 무제한절단 부호를 절단 글자 수만큼 반복 사용한다. 예컨대 CSA와 Dialog에서는 제한절단 부호로 ?를 사용하는데 CSA에서 "fib??"와 같이 입력하면 fiber와 fibre가 검색어로 사용된다. Dialog에서는 "cand???"와 같이 입력하면 세 글자까지 절단한 효과가 있으며 결과적으로 candy, candies 등이 검색어로 사용된다.

용어절단은 절단되는 부분의 위치에 따라 좌측절단(left truncation), 우측절단(right truncation), 내부절단(internal truncation)으로 구분한다. 좌측절단은 검색어의 앞부분을 절단하는 것으로서 여러 다른 접두어를 갖는 용어들을 검색어로 사용할 때 유용하다. 우측절단은 가장 일반적으로 사용되는 것으로서 검색어의 뒷부분을 절단하는 것인데, 특히 단수/복수 용어들을 한꺼번에 검색어로 사용하거나 다양한 어미를 갖는 용어들을 검색어로 사용하고 싶을 때 유용하다. 내부절단은 주로 용어의 중간에 오는 글자를 절단 부호로 대신하는 것으로서 Dialog에서 "wom?n"은 woman과

women을, "psych????ist"는 psychologist와 psychiatrist를 모두 검색어로 입력한 효과를 갖는다. CSA에서도 "behavi*r"는 behavior와 behaviour를, "wom?n"은 woman과 women을 표현한다.

8.2.2 인접검색

인접검색(proximity searching) 기법은 검색어들이 하나의 필드나 문장 속에 인접하여 출현한 경우의 문헌을 검색하고자 할 때 사용한다. 검색문을 구성하는 검색어들은 인접 관계를 나타내는 인접연산자(proximity operator)에 의해 결합된다. 문헌 텍스트에서 두 용어가 인접해서 출현한다는 것은 그만큼 주제적으로 관련성이 크다는 것을 의미한다. 따라서 인접검색은 두 개의 용어가 한 문헌에 함께 출현하였더라도 주제적으로 서로 관련성이 없는 위치에 있을 경우 해당문헌이 검색될 확률을 감소시켜 줌으로써 결과적으로 정확률을 높이는 효과를 갖게 된다. 인접검색 기능을 제공하는 검색 시스템에서는 적절하게 구축된 도치색인을 통해 문장이나 문단 등의 단락(passage)을 검색할 수 있다. 또한 인접검색은 특정한 단어구를 포함한 문헌을 찾는 데에도 유용하게 사용된다.

온라인 데이터베이스 서비스인 Dialog에서는 W, N, S, L 등의 인접연산자를 제공한다. W는 "solar(W)energy"에서와 같이 두 용어가 같은 순서로 인접해서 출현한 경우를 검색하는 연산자이며, "solar(3W)energy"는 중간에 최대 세 단어가 올 수 있음을 지시한다. N은 두 용어가 순서에 상관없이 서로 인접해서 출현하는 경우를 지시하는데 예컨대 "air(N)pollu?"는 air pollution, polluted air 등을 검색한다. S는 두 개의 검색어가 하나의 문단과 같은 동일한 서브필드에 출현한 경우를, L은 같은 디스크립터 안에 출현한 경우를 검색한다. 예컨대 "solar(S)heat"은 solar와 heat이 같은 문단에 출현할 것을 지시하며, "solar(L)energy"는 solar와 energy가 같은 디스크립터를 구성하는 용어일 경우를 지시한다.

CSA에서는 Dialog와는 다른 인접연산자를 사용하는데 WITHIN *n*, NEAR, BEFORE,

AFTER 등이 있다. 예컨대 "carbon WITHIN 3 fiber", "women NEAR violence", "social BEFORE security" 등의 검색문을 사용할 수 있다. 첫 번째 WITHIN 검색문은 carbon과 fiber가 순서에 상관없이 인접해서 서로 세 단어 이내에 출현한 경우를 지시한다. 두 번째 NEAR 검색문은 두 단어가 순서에 상관없이 서로 10 단어 이내에 출현한 경우를 검색하므로 "women and violence"와 같은 구를 포함한 문헌이 검색된다. NEAR는 WITHIN 10과 같은 검색 결과를 가져온다. BEFORE와 AFTER는 인접성은 나타내지 않고 상대적인 순서만을 지시한다. Web of Science에서는 "laser* SAME gas"에서와 같이 SAME 연산자를 사용하여 두 용어가 표제, 초록 내 같은 문장, 같은 키워드구 안에 출현한 경우를 검색할 수 있다.

8.2.3 제한검색

제한검색(limited searching)은 특정한 필드만을 탐색 대상 필드로 지정하는 필드지정 검색(fielded search)과 연도, 언어, 문헌 유형 등의 검색 조건을 지정하는 조건검색을 포함한다.

필드지정 검색은 검색어가 표제, 초록, 디스크립터 등 특정한 필드에 출현한 경우에만 검색하도록 하며, 사용되는 필드코드나 필드지정 형식은 검색 시스템에 따라 다양하다. 반면 조건검색에서 언어나 문헌 유형 등은 보통 초기 검색화면에서 선택하도록 되어 있다. 다음은 여러 검색 시스템의 검색문 예이다.

"TI=birch AND SO=Journal of Ecology" (표제 및 소스 필드 지정: Web of Science)

"AB=(air pollution AND industry)" (초록 필드 지정: CSA)

"S fuel(W)cells/TI AND PY=2004" (표제 필드 및 출판년 지정: Dialog)

8.3 질의확장

질의확장의 목적은 이용자가 입력한 초기 질의(initial query)를 수정하여 검색 성능을 높이는 데 있다. 질의확장은 실제로 새로운 질의어/검색어를 추가하는 질의확장과 새로운 질의어는 추가하지 않고 초기 질의어의 가중치만 다시 산출하는 질의수정을 모두 포함한다. 질의확장 방법은 다음과 같이 크게 세 가지로 구분할 수 있으며, 어느 방법을 선택할 것인가는 채택한 검색 모형에 따라 결정된다(Harman 1992a; Greengrass 2000).

- 초기 질의에 새로운 질의어를 추가한다.
- 초기 질의에 새로운 질의어를 추가하면서 초기 질의어의 가중치를 다시 산출한다.
- 초기 질의에 새로운 질의어는 추가하지 않고 초기 질의어의 가중치만 다시 산출한다.

첫 번째 방법은 불리언 검색과 같이 질의어에 가중치를 부여하지 않는 시스템에서 흔히 사용된다. 이 경우 용어들 간 유사도 행렬이나 시소러스, 또는 용어 클러스터링 등을 이용하여 초기 질의어와 유사한 용어들을 새로운 질의어로 추가한다.

질의어에 가중치를 부여하는 시스템에서는 첫 번째와 두 번째 방법을 다 적용할 수 있다. 하나는 초기 질의어(initial query term)의 가중치는 그대로 두고 추가 질의어(additional query term)에만 원래의 질의어와의 유사도 정도에 따라 적절한 가중치를 부여하는 것이고, 다른 하나는 초기 질의어의 가중치도 다시 산출하는 것이다.

적합성 피드백을 사용하는 벡터공간 검색에서 수정된 질의를 구성하는 모든 질의어에 로치오 공식을 사용하여 새로운 가중치를 부여하는 경우는 두 번째 방법에 해당된다. 세 번째 방법은 확률 검색에서 일차적으로 검색된 문헌들에 대한 적합성 판정 결과 초기 질의어의 적합성 가중치를 다시 부여하는 경우에 해당된다.

질의확장은 추가 질의어를 확보하는 방법에 따라 전역적(global) 질의확장과 지역적(local) 질의확장으로 구분하기도 한다(Qiu and Frei 1993). 전역적 질의확장은 검색 이전에 질의를 확장하는 방법으로서 데이터베이스 내 전체 용어들로부터 초기 질의어와 유사한 용어들을 모두 선정하여 새로운 질의어로 추가하는 방법이다. 지역적 질의확장은 일차 검색된 문헌들에 출현한 용어들을 이용하여 추가 질의어를 선정하거나 초기 질의어의 가중치를 수정하는 방법을 의미한다. 따라서 지역적 질의확장은 적합성 피드백에 의한 질의확장에 해당된다.

8.3.1 전역적 질의확장

전역적 질의확장은 이용자가 입력한 원래의 질의어와 유사한 용어를 새로운 질의어로 추가하여 검색을 수행하는 것으로서 질의어 추가는 시스템에 의해 자동으로 이루어지거나 또는 시스템이 제시한 유사어나 연관어 중에서 이용자가 새로운 질의어를 선택함으로써 이루어진다. 전자를 자동 질의확장, 후자를 상호작용적(interactive) 질의확장이라고도 한다. 또한 데이터베이스 내 용어들 간의 공기빈도를 이용하여 생성한 유사도 행렬, 즉 유사도 시소러스를 사용하여 유사도가 높은 용어를 선택하는 경우와 전통적인 의미의 시소러스를 사용하여 질의어와 개념적으로 관련된 용어를 선택하는 경우로 나누어 생각할 수 있다.

8.3.1.1 유사도 시소러스에 의한 질의확장

전역적 질의확장에서는 유사도 시소러스(similarity thesaurus)를 이용하여 초기 질의어와의 유사도가 높은 용어를 찾아 새로운 질의어로 추가한 다음 검색이 이루어진다. 유사도 시소러스란 용어들 간 유사도 행렬(term-term similarity matrix)이나 또는 더 나아가 유사도 행렬로부터 생성한 용어 클러스터를 의미하며, 용어 출현 정보에 기반한 문헌-용어 행렬로부터 작성된다. 그림 8.1과 같은 문헌-용어 행렬의 요소 값인 w_{ik}는 각 문헌에 출현한 용어의 가중치를 나타내며, 용어 가중치는 흔히 코사인 정규화가 적용된 TF · IDF 형식을 갖는다.

	t_1	t_2	·	·	·	t_d
D_1	w_{11}	w_{21}	·	·	·	w_{d1}
D_2	w_{12}	x_{22}	·	·	·	w_{d2}
·	·					
·	·					
·	·					
D_n	w_{1n}	w_{2n}	·	·	·	w_{dn}

〈그림 8.1〉 문헌-용어 행렬

용어 t_i는 다음과 같이 각 문헌에서의 출현빈도를 반영한 가중치 벡터로 표현되며, 이는 문헌-용어 행렬에서 각 열(column)에 해당된다. w_{ik}는 용어 t_i가 문헌 D_k에서 갖는 가중치를 나타낸다.

$$t_i = (w_{i1}, w_{i2}, \cdots, w_{in})$$

문헌-용어 행렬로부터 용어 t_i와 용어 t_j 간의 유사도 $S(t_i, t_j)$를 산출하여 그림 8.2와 같은 용어-용어 유사도 행렬을 작성한다. 유사도 산출에는 다양한 유사계수 공식을 사용할 수 있다(5.3 참조).

그림 8.2의 유사도 행렬을 이용하여 추가 질의어를 선정하는 방법은 다음과 같다. 초기 질의가 Q=(t_1, t_2, t_3)과 같다면 새로운 질의어로 추가할 용어는 각 질의어와의 유사도가 임계치를 넘는 용어들이 된다. 예컨대 t_1에 대해서 $S(t_1,t_2)$, $S(t_1,t_3)$, …, $S(t_1,t_n)$ 가운데 $S(t_1,t_5)$, $S(t_1,t_{20})$이 임계치를 넘는다면 t_5와 t_{20}이 추가된다. 추가 질의어 선정에 있어서 임계치를 사용하는 대신 일정한 수의 용어를 질의어로 추가할 수 있다. 여러 실험문헌 집단을 대상으로 하여 몇 개의 질의어를 추가할 경우 성능이

최적화되는지를 밝히고자 한 연구들에 의하면 최고의 성능을 가져오는 추가 질의어의 수는 수십 개에서 수백 개에 이르기까지 실험환경에 따라 다양한 것으로 보고되어 있다(Qui and Frei 1993; Buckley, Salton, and Allan 1994; Kim and Choi 1999; Chung and Lee 2004).

	t_1	t_2	· · ·	t_n
t_1	$S(t_1,t_1)$	$S(t_1,t_2)$	· · ·	$S(t_1,t_n)$
t_2	$S(t_2,t_1)$	$S(t_2,t_2)$	· · ·	$S(t_2,t_n)$
·	·			
·	·			
·	·			
t_n	$S(t_n,t_1)$	$S(t_n,t_2)$	· · ·	$S(t_n,t_n)$

〈그림 8.2〉 용어-용어 유사도 행렬

초기 질의 Q가 m개의 용어로 구성되어 있으며, 질의확장 결과 여기에 (n−m)개의 새로운 용어가 추가된다면 새로운 질의 Q'은 모두 n개의 질의어로 구성된다. 이를 간단히 표현하면 다음과 같다.

$$Q'=\{qt_1,\ qt_2,\ \cdots,\ qt_m,\ qt_{m+1},\ qt_{m+2},\ \cdots,\ qt_n\}$$

전역적 질의확장에서 문제가 되는 것은 추가 질의어를 어떻게 확보할 것인가이다. 일반적으로는 앞에서 설명한 바와 같이 질의 Q를 구성하는 각 질의어에 대해 유사도가 일정 수준 이상인 용어들을 찾아낸 다음 이들을 모두 새로운 질의어로 추가한다. 이 방법에서는 각각의 질의어와 유사한 용어들을 찾아내어 추가하기 때문에 새로 추가되는 질의어들이 질의 전체의 개념과는 별로 연관성이 없는 경우가 있다. 이러한 문제점을 해결하는 방안 중 하나는 각 질의어가 아니라 질의 전체 개념과 유사한 용어들을 선정하여 질의어로 추가하는 것으로서 이를 개념 기반 질의확장이라고 한다(Qiu and Frei 1993).

개념 기반 질의확장에서는 하나의 질의어와의 유사도가 높은 용어보다는 질의 전체 개념과의 유사도가 높은 용어를 선정한다. 그림 8.3에서 질의 Q가 qt_1과 qt_2의 두 용어로 구성되었다고 하자. 이 그림에서 가상의 용어 qc는 질의 개념을 나타내며, 두 질의어 qt_1 벡터와 qt_2 벡터의 평균인 센트로이드에 해당한다. 그림 8.3에서 가는 선은 각 질의어와 용어 간의 유사도를 나타내고, 굵은 선은 질의 개념과 용어 간의 유사도를 표현하는데 선의 길이가 짧을수록 유사도가 높다. 따라서 t_3은 다른 용어들보다 qt_1과 가장 유사하며, t_4는 qt_2와 가장 유사하다는 것을 알 수 있다. 각 질의어와 유사한 용어들을 추가 질의어로 선정하는 확장 방법에서는 t_3와 t_4가 우선적으로 고려되겠지만 개념 기반 확장에서는 질의 개념과 가장 유사한 t_1과 t_2가 먼저 선정되는 것이다.

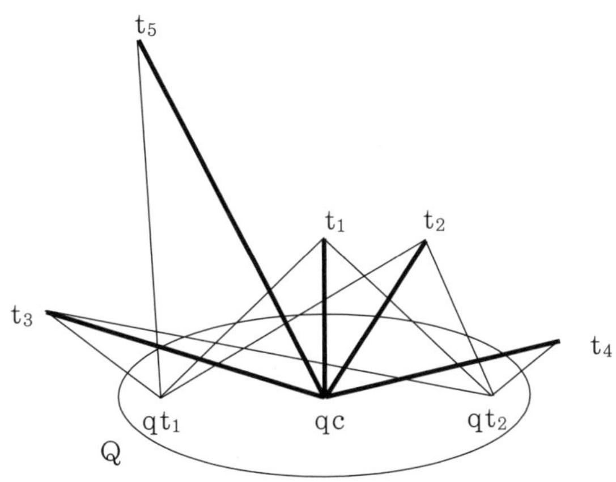

〈그림 8.3〉 질의 개념과 용어 간의 관계

실제로 질의 개념과 유사한 추가 질의어의 선정 과정은 다음과 같다.

1. 각 질의어 qt_i와 추가 대상 용어 t와의 유사도 $SIM(qt_i,t)$를 산출한다.

2. 질의 Q와 용어 t의 유사도를 아래 공식에 의해 산출한다.

$$SIM(Q,t) = \sum_{qt_i \in Q} q_i \cdot SIM(qt_i, t)$$

3. 질의 Q와의 유사도가 큰 상위 r개의 용어를 질의어로 추가한다.

위의 공식에서 qt_i는 질의 Q를 구성하는 질의어이며, q_i는 qt_i의 가중치를 나타낸다. 질의어 가중치를 사용하지 않을 경우에 질의 Q와 용어 t와의 유사도는 용어 t와 각 질의어 qt_i와의 유사도를 합한 값이 된다.

그림 8.3의 예에서 용어 t_3과 질의 Q와의 유사도는 질의어 가중치가 모두 1인 경우 t_3과 qt_1의 유사도에 t_3과 qt_2의 유사도를 더한 값이 된다. 그림 8.3에서는 굵은 선이 각 용어와 질의와의 유사도를 나타내므로 앞에서 언급한 대로 t_3과 t_4 대신 t_1과 t_2가 추가 질의어로 선정되는 것이다.

새로 추가되는 질의어 qt'의 가중치는 다음 공식과 같이 질의 Q와 용어 t의 유사도 값을 질의어 가중치의 합으로 나눈 값이 된다. 추가 질의어 가중치는 질의 Q가 질의어 가중치를 사용하지 않을 경우, 즉 질의어 가중치가 모두 1인 경우에는 용어 t가 각 질의어에 대해 갖는 유사도 값의 평균이 된다.

$$w_{qt'} = \frac{SIM(Q,t)}{\sum_{qt_i \in Q} q_i}$$

8.3.1.2 전통적 시소러스에 의한 질의확장

대부분의 온라인 데이터베이스 서비스는 이용자가 검색 시 활용할 수 있는 전문적인 온라인 시소러스를 제공하고 있다. 이러한 시스템에서 이용자는 키워드만을 질의어로 사용하지 않고 정보요구를 보다 잘 표현하는 용어를 시소러스로부터 선택하여 질의어로 사용할 수 있다. 시소러스 용어의 사용은 검색의 정확성을 높일 뿐만 아니라 정보요구에 관련된 문헌들을 더 많이 검색할 수 있도록 한다.

Greenberg(2001)는 전통적 시소러스를 이용한 질의확장에서 원질의어와 어떠한 의미 관계를 갖는 용어가 질의확장에 더 유용한가를 실험하였다. Dialog 시스템에서 ABI/Inform 데이터베이스와 ProQuest Thesaurus를 사용한 검색 실험을 실시하였으며, 시소러스를 사용한 기본검색 결과와 시소러스로부터 SYN, NT, BT, RT 관계의 용어들을 추가 질의어로 사용한 확장검색 결과를 비교하였다. 실험 결과 자동 질의확장에서는 동의어(SYN)와 하위어(NT)가 좋은 질의어 후보이며, 상호작용적 질의확장에서는 연관어(RT)가 좋은 질의어 후보인 것으로 밝혀졌다.

Mandala, Tokunaga, and Tanaka(2000)의 연구에서는 수작업 시소러스 1종과 자동으로 구축한 유사도 시소러스 2종을 동시에 사용한 질의확장을 수행하였다. 수작업 시소러스로는 일반적 용어들 간의 개념 관계를 나타내는 WordNet이 사용되었고, 자동 시소러스로는 용어들의 공기빈도에 기반한 통계적 시소러스와 용어 간의 문법적 관계를 나타내는 구문적 시소러스가 사용되었다. 실험 결과 이종의 여러 시소러스를 적절한 가중치를 적용하여 질의확장에 사용한 경우가 단일 유형의 시소러스를 사용한 경우보다 더 좋은 성능을 보인 것으로 나타났다.

8.3.2 지역적 질의확장

지역적 질의확장은 전체 문헌집단을 대상으로 하여 추가 질의어를 선정하는 전역적 질의확장과는 달리 일차 검색된 문헌들을 대상으로 실행되므로 적합성 피드백(relevance feedback)에 의한 질의확장이라고도 한다. 적합성 피드백에 의한 질의확장의 원칙은 적합문헌에 출현한 용어는 질의어로 추가하고 부적합문헌에 출현한 용어는 질의어에서 제외시킨다는 것이다. 질의어에 가중치를 부여하는 질의의 경우에는 적합문헌에 출현한 질의어의 가중치는 높여 주고 부적합문헌에 출현한 질의어의 가중치는 낮추어 줌으로써 초기 질의가 수정된다. 이렇게 함으로써 질의확장 결과 적합하다고 판정된 문헌들의 내용과 유사한 질의가 작성되는 것이다. 적합성 피드백에 의한 질의확장은 벡터공간 검색, 확률 검색, p-norm 검색 등에서 사용할 수 있다.

8.3.2.1 적합성 피드백에 의한 질의확장

지역적 질의확장에서 적합성 피드백은 적합성 판정을 누가 하는가에 따라 이용자 피드백(user feedback)과 시스템 피드백(system feedback)으로 구분된다. 이용자 피드백은 초기 질의에 의한 검색 결과 이용자가 검색된 n개의 문헌에 대해 직접 적합문헌과 부적합문헌을 판정하는 것을 말하며, 시스템은 입력된 적합성 정보를 이용하여 질의확장을 한 다음 이차 검색을 수행한다. 반면 시스템 피드백은 검색 시스템이 검색 결과 상위 n개의 문헌을 모두 적합문헌으로 판정하는 것으로서 시스템은 이용자의 개입이 없이 질의확장을 할 수 있다.

적합성 피드백에 의한 질의확장에서 고려해야 할 중요한 두 가지 문제는 다음과 같다.

- 적합성 판정에 사용할 문헌의 수를 몇 개로 할 것인가.
- 적합문헌에 출현한 용어 가운데 얼마를 추가 질의어로 사용할 것인가.

첫 번째 문제는 피드백 유형에 따라 다르게 고려되어야 한다. 이용자 피드백에 의한 질의확장에서는 이용자가 감내할 수 있는 수준에서 적합성 판정 대상 문헌의 수를 결정하는 것이 바람직하다. 예컨대 한 화면에 출력할 수 있는 상위 10개의 문헌을 판정 대상으로 할 수 있다. 시스템 피드백에서는 상위 n개의 문헌이 모두 적합문헌으로 판정되는 것이기 때문에 대체로 5개 이내의 소수의 문헌을 사용하는 것이 효과적이다. 검색 시스템의 성능에 따라 다르겠지만 대개 상위에 오는 한두 개의 문헌은 적합문헌일 가능성이 매우 높을 것이므로 이러한 최상위 문헌만을 적합문헌으로 사용하는 것도 좋은 방법이다.

두 번째 문제에 있어서 보편적인 방법은 적합문헌에 부여된 모든 색인어를 추가 질의어로 선택하는 것이다. 그러나 텍스트에 출현한 모든 키워드를 색인어로 사용하는 시스템에서 적합문헌의 길이가 길 경우에는 추가되는 질의어의 수가 많아져서 수정된 질의의 규모가 매우 커질 수 있다. 이런 경우 시스템의 응답 속도가 느려져서 시스템의 효율성이 떨어지게 되므로 용어 전체를 추가 질의어로 선정하는 대신에 중요도에 따라 상위 n개를 선정하는 방법을 사용한다(Greengrass 2000; Harman 1992b; Haines and Croft 1993).

Harman(1992b)은 상위 10개의 검색문헌 가운데 적합문헌으로 판정된 문헌 속에 출현한 용어들에 대해 잡음(noise) 척도, 출현한 적합문헌 수, 적합문헌 내 총 출현빈도 등을 포함한 여섯 가지 척도를 적용하여 용어의 중요도를 측정한 후 상위 20개씩의 용어를 추가 질의어로 선정하여 검색 실험을 수행하였다. Haines and Croft(1993)의 연구에서는 가장 좋은 성능을 보인 선정 기준이 '용어가 출현한 적합문헌 수'에 역문헌빈도를 곱한 RDF · IDF 척도로 나타났으며, 앞의 Harman(1992b)의 연구에서도 이와 유사한 척도가 가장 좋은 성능을 보였다.

적합성 피드백에 의한 질의확장은 Rocchio(1971)의 연구 이래 벡터공간 검색에서 가장 많이 논의되고 있다. 벡터공간 검색에서 수정질의 Q'는 초기 질의 Q로부터 다음과 같은 로치오 공식에 의해 생성된다. 이 공식을 표준 로치오(standard Rocchio) 공식이라고 한다.

$$Q' = \alpha \cdot Q + \beta \cdot \frac{1}{n_1}\sum_{i=1}^{n_1} R_i - \gamma \cdot \frac{1}{n_2}\sum_{i=1}^{n_2} S_i$$

위 공식에서 Q는 초기질의 벡터, Q'는 수정질의 벡터이며, n_1은 검색된 적합문헌 수, n_2는 검색된 부적합문헌 수를 나타내고, R_i는 적합문헌 벡터, S_i는 부적합문헌 벡터를 나타낸다. 또한 α, β, γ는 각 항의 비중을 나타내는 파라미터로서 로치오 가중치(Rocchio weight)라고 하며, α는 보통 1의 값을 갖는다. 결국 Q'는 원래의 질의벡터 Q에 적합문헌들의 평균 벡터와 부적합문헌들의 평균 벡터의 차이를 더해 준 값이 된다.

간단한 예를 들어 질의수정 과정을 설명하면 다음과 같다. 질의 Q와 이 질의에 대한 적합문헌 D_1과 D_2, 부적합문헌 D_3이 각각 다섯 개 용어로 구성된 가중치 벡터라고 하자. α, β, γ를 각각 1, 1/2, 1/4로 하면 수정된 질의 Q'는 로치오 공식에 의해 다음과 같이 생성된다.

$$Q = (5, 0, 3, 0, 1)$$

$$D_1 = (2, 1, 2, 0, 0) : R_1$$

$$D_2 = (3, 0, 2, 0, 2) : R_2$$

$$D_3 = (1, 0, 0, 2, 1) : S_1$$

$$Q' = Q + \frac{1}{2} \cdot \frac{1}{2}(\sum_{i=1}^{2} R_i) - \frac{1}{4}(S_1)$$

$$= (5,0,3,0,1) + \frac{1}{2} \cdot \frac{1}{2}(5,1,4,0,2) - \frac{1}{4}(1,0,0,2,1)$$

$$= (6, \frac{1}{4}, 4, -\frac{1}{2}, 1\frac{1}{4})$$

질의수정 결과 첫째와 셋째 질의어의 가중치는 증가하였고, 새로운 질의어로 두 번째 용어가 추가되었다. 질의수정 결과 검색 성능이 향상된 것을 보기 위해 내적 계수를 사용하여 질의와 문헌의 유사도를 산출해 보았다. 초기 질의 Q에 대해 SIM(Q, D_1)=16, SIM(Q, D_2)=23, SIM(Q, D_3)=6이었으나 수정 질의 Q'에 대해서는 SIM(Q', D_1)=20.25, SIM(Q', D_2)=28.5, SIM(Q', D_3)=6.25로서 질의에 대해 적합문헌의 유사도는 큰 폭으로 증가한 반면 부적합문헌의 유사도는 약간 증가한 것으로 나타났다. 초기 질의 Q 및 수정 질의 Q'와 적합문헌 D_1과의 유사도 산출 예는 다음과 같다.

$$S(Q,D_1) = (5 \cdot 2) + (0 \cdot 1) + (3 \cdot 2) + (0 \cdot 0) + (1 \cdot 0) = 16$$

$$S(Q',D_1) = (6 \cdot 2) + (\frac{1}{4} \cdot 1) + (4 \cdot 2) + (-\frac{1}{2} \cdot 0) + (1\frac{1}{4} \cdot 0) = 20\frac{1}{4}$$

로치오 공식을 사용한 질의수정에서는 적합문헌에 포함된 용어가 부적합문헌에 포함된 용어보다 효과적이다. 왜냐하면 적합문헌들은 비교적 유사한 용어군을 포함하고 있으나 부적합문헌들의 용어는 매우 다양하기 때문이다. 따라서 로치오 가중치 값을 정할 때 적합문헌에 대한 가중치인 β 값을 부적합문헌에 대한 가중치 γ 값보다 크게 하는 것이 좋다. 또는 γ 값을 아예 0으로 하여 부적합문헌을 질의수정에 반영하지 않을 수도 있다.

Ide(1971)는 $\alpha=\beta=\gamma=1$로 고정시켰으며 이를 Ide_Regular 공식이라고 부르고 있다. 부적합문헌의 비중을 줄이는 다른 방법은 가장 상위에 오는 부적합문헌 한 개(S_1)만을 질의수정에 반영하는 것으로서 이를 Ide_Dec_Hi 공식이라고 부른다(Ide 1971). 다음은 각각 Ide_Regular 공식과 Ide_Dec_Hi 공식이다.

$$\text{Ide\_Regular : } Q' = Q + \sum_{i=1}^{n_1} R_i - \sum_{i=1}^{n_2} S_i$$

$$\text{Ide\_Dec\_Hi : } Q' = Q + \sum_{i=1}^{n_1} R_i - S_1$$

Salton and Buckley(1990)는 위의 세 가지 피드백 공식을 포함하여 모두 12가지의 피드백 방식을 비교하는 실험을 수행하였다. 실험 결과 세 가지 공식 가운데 Ide_Dec_Hi가 가장 좋은 성능을 보였으나 다른 공식과의 차이는 별로 크지 않은 것으로 나타났다. 표준 로치오 공식은 β=0.75, γ=0.25일 때 가장 좋은 성능을 보였다.

8.3.2.2 전역적 분석을 도입한 지역적 질의확장

적합성 피드백을 사용한 지역적 질의확장과는 달리 전역적 분석 기법을 지역적 분석에 도입한 지역적 질의확장 기법으로는 지역적 유사도 시소러스(local similarity thesaurus) 기법과 지역적 문맥 분석(local context analysis) 기법이 있다.

지역적 유사도 시소러스는 전역적 시소러스와는 달리 초기 질의에 의해 검색된 문헌들의 집합이나 또는 상위 n개의 문헌에 출현한 용어들 간의 유사도를 측정하여 생성할 수 있으며, 이 시소러스를 이용하여 전역적 질의확장에서와 마찬가지로 질의어와의 유사도가 높은 용어들을 찾아내어 새로운 질의어로 추가한다.

Baeza-Yates and Ribeiro-Neto(1999)는 일차적으로 검색된 문헌집합 내 용어들에 대한 유사도 행렬의 각 행(row)으로부터 유사도 값이 높은 용어들로 클러스터를 생성한 후 이를 질의확장에 이용하는 지역적 클러스터링(local clustering) 기법에 대해 상세히 기술하고 있다. 예컨대 용어 t_1에 해당되는 행벡터가 t_1=(1.0, 0.25, 0.3, 0.1, 0.6, 0.5)와 같다면 t_1과의 유사도가 0.5 이상인 용어들이 모여 $\{t_1, t_5, t_6\}$과 같이 하나의 클러스터를 형성하며, 질의어가 t_1인 경우 이 클러스터에 포함된 나머지 용어들이 질의어로 추가되는 것이다.

최근 들어 많이 인용되는 지역적 문맥 분석(local context analysis) 기법은 전역적 분석 기법에 지역적 분석을 결합한 새로운 질의확장 기법이다(Xu and Croft 1996). 지역적 문맥 분석 기법은 일차 검색에서 상위 n개의 단락들을 검색한 다음 이 단락들에 포함된 개념(명사구)을 질의어와의 유사도 순으로 순위화하여 상위 m개의 개념을 추가 질의어로 선정한다. 이 기법에서는 질의어와 유사한 용어로 키워드 형태가 아닌 명사구를 선정하여 추가 질의어로 사용한다는 점과 문헌 전체가 아니라 일정한 크기의 단락에서의 공기빈도(co-occurrence frequency)를 기반으로 유사도를 산출한다는 점에서 기존의 기법과 차이가 있다.

Xu and Croft(1996)의 연구에서는 INQUERY 시스템을 사용하여 검색 실험을 수행하였는데 그 내용은 다음과 같다.

1. 초기 질의 Q를 사용하여 n개의 단락을 검색한다. 단락의 크기는 300단어로 설정하였다.
2. 상위 n개의 단락을 구성하는 각 개념과 질의와의 유사도를 산출한다.
3. 유사도가 큰 상위 m개의 개념을 추가하여 수정질의 Q'를 생성한다. 각 추가 질의어에는 $1-0.9\times i/m$ 형식의 가중치가 부여된다. 여기에서 i는 추가할 개념의 순위이다.

8.4 검색결과의 결합

검색결과의 결합(fusion)은 복수의 데이터베이스로부터 검색한 결과를 결합하는 컬렉션 결합과 단일 데이터베이스로부터 다양한 기법에 의해 검색한 결과를 결합하는 데이터 결합으로 구분된다.

8.4.1 컬렉션 결합

컬렉션 결합은 분산 검색 환경에서 인터넷을 통해 검색할 수 있는 정보원이 증가하면서 그 중요성이 증대되고 있다. 컬렉션 결합은 입력된 한 개의 질의에 대해 여러 개의 데이터베이스를 대상으로 검색을 수행한 결과 얻은 복수의 순위화된 문헌 리스트를 어떻게 하나의 순위화된 리스트로 결합하여 이용자에게 제공할 것인가 하는 문제를 다루고 있다. 컬렉션 결합의 목적은 각기 다른 복수의 데이터베이스를 검색한 결과가 이 데이터베이스들을 결합한 단일 데이터베이스를 검색한 결과와 유사하도록 만드는 것이다((Voorhees, Gupta, and Johnson-Laird 1995).

컬렉션 결합에서 최적화시켜야 할 두 가지 요인은 다음과 같다.

- 각각의 데이터베이스로부터 몇 개의 문헌을 검색할 것인가.

- 검색된 문헌들을 결합하여 어떻게 순위화할 것인가.

첫 번째 문제에 있어서 분산된 여러 데이터베이스를 검색할 경우 각 데이터베이스로부터 동일한 수의 문헌을 검색하는 것은 바람직하지 않다. 같은 검색엔진을 사용하더라도 각 데이터베이스가 질의 Q에 대해 유사한 수준의 적합성을 가지고 있다고 보기는 힘들기 때문이다. 따라서 보다 적합한 문헌을 많이 갖고 있는 데이터베이스로부터는 더 많은 수의 문헌을 검색하는 것이 효과적일 것이다. 뿐만 아니라 일반적으로 분산된 검색 환경에서 각 데이터베이스는 다른 검색엔진을 사용하여 검색되기 때문에 검색 결과를 동일하게 취급하기가 어렵다(Greengrass 2000).

Voorhees 등(Voorhees, Gupta, and Johnson-Laird 1995)은 첫 번째 문제를 해결하기 위하여 학습용 질의(training query)를 이용한 두 가지 방법을 제안하였다. 하나는 검색된 적합문헌들의 분포를 이용한 방법이고, 다른 하나는 질의 클러스터링을 이용한 방법이다. 적합문헌 분포를 이용한 방법은 다음과 같다.

1. m개의 학습 질의와 검색용 질의 Q와의 유사도를 산출하여 검색 질의와 가장 유사한 k개의 학습 질의를 찾아낸다.
2. k개의 학습 질의에 대한 검색결과로부터 적합문헌 분포를 산출한다.
3. 적합문헌 분포를 이용하여 각 컬렉션으로부터 검색할 문헌의 수를 산출한다.

예컨대 검색할 전체 문헌이 20개(N=20)이고, C_1, C_2, C_3의 세 컬렉션이 있다고 하자. 질의 Q와 가장 유사한 2개의 학습 질의가 QT_1, QT_2라면 검색문헌 집합은 DL_{11}, DL_{12}, DL_{13}, DL_{21}, DL_{22}, DL_{23} 등 모두 6개가 생성된다. 각 검색문헌 리스트에 대한 적합성 평가 결과 컬렉션 C_1의 경우 DL_{11}에서 순위 1의 문헌은 적합문헌이고, DL_{21}에서 순위 1의 문헌은 부적합문헌이라면 C_1의 순위 1에는 평균 0.5개의 적합문헌이 오게 된다. 이렇게 각 검색문헌 리스트를 구성하는 20개의 검색문헌에 대한 적합성 판정을 통해 C_1, C_2, C_3에 대한 적합문헌 분포를 알아낸 후 각 컬렉션으로부터 검색할 문헌 수를 결정하는 것이다(Greengrass 2000).

질의 클러스터링을 이용한 방법은 다음과 같다.

1. 학습 질의가 공통으로 검색한 문헌 수를 이용하여 학습 질의들을 클러스터링 한 후 각 질의 클러스터의 센트로이드를 산출한다.
2. 각 학습 질의 클러스터에 속하는 질의들이 각 컬렉션으로부터 검색한 평균 적합문헌 수를 컬렉션 가중치로 부여한다.
3. 검색용 질의가 입력되면 이 질의벡터와 학습 질의 클러스터 센트로이드를 비교하여 가장 유사한 학습 질의 클러스터를 찾아낸다.
4. 각 질의 클러스터와 관련된 컬렉션 가중치를 이용하여 각 컬렉션으로부터 검색할 문헌 수를 결정한다. 예컨대 검색할 전체 문헌이 100개이고, 모두 3개의 컬렉션이 있다고 하자. 각 컬렉션 가중치가 5, 3, 2라면 각 컬렉션으로부터 50개, 30개, 20개의 문헌을 검색하게 된다.

컬렉션 결합에서 고려해야 할 두 번째 문제는 여러 컬렉션으로부터 검색되어 각기 다르게 순위화되어 제공되는 문헌들을 단일 순위로 통합하는 일이다. 검색문헌들을 결합하여 순위화하는 방법은 각 컬렉션으로부터 검색문헌의 순위만 제공되는지 아니면 질의에 대한 문헌의 적합성 정도를 나타내는 문헌점수가 함께 제공되는지 여부에 따라 달라진다(Callan, Lu and Croft 1995). 순위만 제공되는 경우에는 여러 검색문헌들을 순위에 따라 끼워 넣어(interleave) 새로운 하나의 순위를 생성할 수 있다(Voorhees, Gupta, and Johnson-Laird 1995). 또는 데이터 결합에서와 마찬가지로 각 개별 시스템의 순위를 순위 값으로 변환하여 단일 순위화에 사용할 수 있다.

Lee(1997)는 검색된 문헌들이 갖는 유사도 값을 이용하여 여러 검색 결과를 결합한 실험과 개별 시스템에서의 검색 순위를 순위 값으로 변환하여 하나의 순위를 생성한 실험을 비교하였다. 결합 실험 결과 유사도 값이 순위 값에 비해 약간 좋은 성능을 보인 것으로 나타났다. 이 연구에서는 아래와 같은 순위 값 함수를 사용하였는데, 만일 검색문헌 수가 100인 검색 시스템에서 특정한 문헌의 검색 순위가 10이라면 이 문헌의 순위 값은 0.91이 된다.

$$순위값 = 1 - \frac{순위-1}{검색문헌수}$$

문헌과 질의 간 유사도를 나타내는 문헌점수를 사용하여 검색 결과를 결합할 경우 컬렉션에 따라 유사도 값의 범위가 달라질 수 있으므로 유사도의 최대값과 최소값을 이용하여 각 유사도 값을 정규화할 필요가 있다(8.4.2.5 참조). 또한 각 컬렉션의 크기가 다를 경우 유사도 산출에 사용되는 용어 가중치 값의 수정을 통해 문헌점수를 정규화할 수 있다. 예컨대 각 컬렉션에서 TF · IDF 용어 가중치를 사용하였다면 컬렉션 크기를 반영하기 위하여 IDF를 먼저 정규화한 다음 문헌점수를 정규화한다(Kwok, Grunfeld, and Lewis 1995).

Callan, Lu, and Croft(1995)는 컬렉션들이 넓게 분산되어 있고 동적일 경우 적용할 수 있는 결합 기법을 제안하였다. 이 기법의 핵심은 일반적인 문헌 검색 시스템에서 구축하는 문헌 수준의 색인 이외에 컬렉션 수준의 색인을 구축하는 것이다. 컬렉션 색인은 문헌 색인과 유사한 방식으로 만들어지며, 검색 시스템은 각 컬렉션을 하나의 가상 문헌(virtual document)으로 취급한다. 컬렉션 색인어의 가중치는 문헌 색인어의 TF·IDF 가중치 개념을 적용하여 산출한다. 문헌 내 단어빈도(TF)는 특정한 컬렉션에서 색인어가 출현한 문헌 수를 나타내는 문헌빈도(DF)로 대체되고, 문헌빈도는 색인어를 포함하는 컬렉션 수를 의미하는 장서빈도(CF)로 대체된다. 역문헌빈도(IDF)는 역장서빈도(ICF)로 대체되는데 간단한 ICF 공식은 컬렉션 수가 C일 때 log(C/CF)이다. 질의 Q에 대한 검색은 두 단계로 나누어 수행되는데 (1) 컬렉션 색인을 이용하여 질의 Q에 대해 유사한 순서로 컬렉션을 순위화하고, (2) 상위 k개의 컬렉션을 대상으로 문헌 색인을 이용하여 문헌을 검색한다. 이 연구에서는 여러 컬렉션으로부터의 검색문헌들을 통합하여 순위화하는 실험도 수행하였는데 그 결과 문헌의 유사도 값과 컬렉션 가중치를 결합한 값으로 문헌을 순위화하는 방식이 효과적인 것으로 나타났다.

8.4.2 데이터 결합

데이터 결합(data fusion)은 동일한 컬렉션에 대해 여러 다른 검색 관련 기법들을 적용하여 검색한 결과들을 통합하는 전략이다. 데이터 결합의 필요성은 상이한 검색 관련 기법을 사용하여 검색한 문헌들은 상호 중복성이 매우 낮다는 실험 결과에서 입증되었다(Belkin et al. 1993). 따라서 다른 기법들을 사용하여 검색한 결과를 통합하면 단일 기법을 사용하는 것보다 질의에 적합한 문헌을 더 많이 제공할 수 있을 것이라고 보는 것이다.

데이터 결합에서 결합 대상이 되는 검색관련 기법들은 다음과 같다(Croft 2000; Greengrass 2000).

- 다른 문헌 표현 방법
- 다른 질의 형식
- 다른 용어 가중치
- 다른 검색 알고리즘
- 다른 검색 순위

8.4.2.1 문헌 표현 방법의 결합

문헌 표현 방법의 결합에는 (1) 다른 유형의 색인어 또는 문헌 표현 방법을 결합하는 것과 (2) 다른 단위의 문헌 텍스트를 결합하는 것이 포함된다. 다른 유형의 색인어 결합에는 자동색인 결과 생성된 키워드와 수작업으로 부여된 디스크립터의 결합, 키워드와 LSI 색인어의 결합 등이 있다. 다른 단위의 문헌 텍스트란 색인어 추출

대상이 되는 텍스트 부분을 의미하는 것으로서 표제, 초록, 단락, 전문 등이 해당된다.

색인어 결합 실험에서는 텍스트로부터 추출된 자유 키워드와 통제 키워드를 결합했을 경우가 단일 유형의 색인어를 사용했을 때보다 좋은 성능을 보이는 것으로 나타났다(Turtle 1990; Rajashekar and Croft 1995). 자동색인에 관한 연구(Strzalkowski, Lin, and Perez-Carbalaj 1998)에서는 형태소, 단어구, 정규화 단어구, 고유명 등 네 가지 유형의 색인어를 결합하여 검색한 결과 형태소만을 사용했을 경우보다 정확률에 있어서 최소 3%에서 최고 25% 정도의 향상률을 보였다.

웹 검색에서는 텍스트 용어뿐만 아니라 하이퍼링크가 검색 시 유용한 수단으로 사용되고 있다. Tsikrika and Lalmas(2004)의 연구에서는 추론망 검색 모형을 사용하여 내용기반 증거(content-based evidence)와 링크기반 증거(link-based evidence)를 결합하는 실험을 수행하였다. 링크기반 증거 산출에는 상호 연결된 웹 문서들 간의 의미 관계를 반영하기 위해 인링크(inlink)와 아웃링크(outlink)를 세분하였다. 결과적으로 웹 문서의 내용을 표현하는 키워드 이외에 각각 네 개씩의 인링크 표현과 아웃링크 표현이 사용되었다. 검색 결과 내용기반 표현이 링크기반 표현에 비해 훨씬 좋은 검색 성능을 보였으며, 두 가지를 결합하였을 경우 주목할 만한 성능 향상을 가져오지는 못한 것으로 나타났다.

검색 대상 텍스트 단위를 결합한 실험은 주로 단락 검색에 관한 연구에서 수행되어 왔다. 벡터공간 모형이나 확률 모형을 사용한 검색 실험에서 단락과 전문 검색 결과를 결합하였을 경우 평균 20% 이상의 정확률 향상을 가져온 것으로 보고되었다(Salton, Allan, and Buckley 1993; Callan 1994).

8.4.2.2 질의 형식의 결합

다른 질의 형식을 결합한 연구에서는 동일한 정보요구를 표현한 키워드 질의, 불리언 질의, 확장 불리언 질의 등을 결합함으로써 검색 성능을 향상시키고자 하였다. Tutle and Croft(1991)는 동일한 정보요구로부터 작성한 불리언 질의와 키워드 질의를 결합하여 하나의 질의를 생성한 다음 추론망 모형을 사용하여 검색을 수행하였다. 검색 결과는 단일 유형의 질의만을 사용하였을 경우에 비해 높은 정확률을 보였다. Callan 등(Callan, Croft, and Brogilio 1995)은 추론망 모형을 적용한 INQUERY 시스템에서 키워드 질의, 불리언 질의, 단어구 질의 등을 #SUM, #AND, #OR, #PHRASE 등의 연산자로 결합함으로써 성능을 향상시킨 것으로 나타났다.

8.4.2.3 용어 가중치의 결합

문헌의 색인어와 질의어들은 다양한 용어 가중치를 부여받을 수 있다(제3장 참조). 용어 가중치의 결합을 통해 검색 성능을 향상시키려는 연구에서는 색인어와 질의어에 다양한 용어 가중치를 부여하여 검색한 결과를 통합한다.

Lee(1995)는 벡터공간 검색 모형을 사용한 실험에서 정규화 방식에 따라 코사인 정규화, 최대값 정규화, 비정규화 등의 세 클래스로 나눈 가중치를 색인어와 질의어에 각각 부여하여 검색한 다음 어느 가중치의 결합이 우수한 성능을 가져오는가를 평가하였다. 평가 결과 코사인 정규화 가중치는 다양한 길이의 단일 주제 문헌을 검색하는 성능이 좋은 반면 최대값 정규화 가중치는 복수 주제 문헌 검색에 있어 우수한 성능을 보였다. 결과적으로 코사인 정규화 가중치(lnc, ltc, ntc 등)를 사용한 검색 결과와 최대값 정규화 가중치(atn, ann 등)를 사용한 검색 결과를 통합하였을 때 가장 좋은 성능을 보인 것으로 나타났다. 예컨대 lnc.ltc와 atn.ntc의 결합은 실험집단에 따라 차이는 있지만 단일 가중치만을 사용하였을 경우에 비해 평균 12.5%의 성능 향상을 보였다. 그러나 최성환(2001)의 연구에서 수행한 다양한 가중치 결합 실험에서 용어 가중치 결합의 성능은 실험집단과 가중치의 특성에 의존적인 것으로 나타났다.

8.4.2.4 검색 알고리즘의 결합

검색 알고리즘의 결합은 불리언 검색, p-norm 검색, 확률검색 등 다른 검색 모형을 사용하여 검색한 결과를 결합하는 것을 의미한다. 앞에서 언급한 Lee(1995)의 연구에서는 벡터공간 검색 결과를 p-norm 검색 결과와 결합하는 실험도 수행하였는데 결합 결과 벡터공간 검색 알고리즘만을 사용한 경우에 비해 평균 11%의 성능 향상을 가져온 것으로 나타났다.

Fox and Shaw(1994)는 p-norm 검색과 벡터공간 검색을 결합하는 실험을 수행하였다. p-norm 검색에서는 세 가지 다른 p 값(1.0, 1.5, 2.0)을 사용한 검색을 수행하고, 벡터공간 검색에서는 짧은 질의와 긴 질의를 대상으로 한 두 가지 검색을 수행하여 모두 다섯 개의 검색 결과를 결합하였다. 결합 성능은 어떠한 결합함수를 사용했는지에 따라 차이가 있었으나 검색문헌의 유사도를 모두 합한 경우(CombSUM)가 다섯 가지 단일 검색 결과에 비해 모두 성능이 향상된 것으로 나타났다.

8.4.2.5 검색 순위의 결합

데이터 결합에 있어서도 컬렉션 결합에서와 마찬가지로 여러 검색 결과를 하나의 리스트로 순위화하여 제공하게 된다. 데이터 결합에서 복수의 검색 기법이나 복수의 용어 가중치를 사용할 경우 각 검색 결과를 통합하여 제공하게 되므로 먼저 검색문헌의 유사도 값(문헌점수)을 정규화할 필요가 있다. 왜냐하면 각기 다른 검색 방법은 다른 범위의 유사도 값을 산출할 수 있기 때문에 A 검색 시스템에서 검색된 문헌의 유사도 값과 B 검색 시스템에서 검색된 문헌의 유사도 값은 그 값이 똑같다고 하더라도 질의에 대해 같은 수준의 유사도를 나타내는 것이 아니기 때문이다.

문헌점수를 정규화하는 일반적인 방법으로는 실제 문헌점수(oldSIM)를 가장 큰 문헌점수(maxSIM)로 나누어 주는 최대값 정규화(max_normalization)와 최대값 및 최소값(minSIM)을 함께 사용하는 최소-최대값 정규화(min_max_normalization)가 있다(Lee 1995). 다음은 각각 최대값 정규화와 최소-최대값 정규화 공식이다.

$$SIM_{\max - norm} = \frac{oldSIM}{\max SIM}$$

$$SIM_{\min - \max - norm} = \frac{oldSIM - \min SIM}{\max SIM - \min SIM}$$

문헌점수가 정규화되면 특정 문헌이 새로 생성되는 통합 리스트에서 부여받게 될 순위를 결정하기 위해 각 문헌점수를 결합하여 단일 문헌점수를 산출한다. Fox and Shaw(1994)는 최대값, 최소값, 합계, 평균값, 보정 합계, 중간값 등 모두 6개의 결합함수의 성능을 실험하였다.

- CombMAX = MAX(개별 유사도 값들)
- CombMIN = MIN(개별 유사도 값들)
- CombSUM = SUM(개별 유사도 값들)
- CombANZ = CombSUM / 0이 아닌 유사도 값의 수
- CombMNZ = CombSUM × 0이 아닌 유사도 값의 수
- CombMED = MED(개별 유사도 값들)

예컨대 3개의 검색 결과를 결합할 경우 D_1의 유사도가 각각 0.6, 0.5, 0.4라면 CombMAX=0.6, CombMIN=0.4, CombSUM=1.5, CombANZ=0.5, CombMNZ=4.5, CombMED=0.5가 된다.

Fox and Shaw(1994)의 TREC-2 실험에서 CombSUM 함수가 단일 검색 결과의 결합에서 가장 높은 성능 향상을 가져온 것으로 나타났으며, CombMAX와 CombMIN은 단일 검색에 비해 성능 향상을 가져오지 못하였다. CombMNZ와 CombANZ도 CombSUM보다는 다소 떨어지지만 각각의 단일 검색 결과보다 나은 성능을 보였다.

반면 Lee(1997)가 수행한 TREC-3 실험에서 CombMNZ가 CombSUM 함수보다 약간 높은 성능을 보인 것으로 나타났는데, 그 이유는 CombMNZ 함수는 둘 이상의

여러 검색 시스템에 의해 공통적으로 검색된 문헌에 더 높은 값을 부여하기 때문인 것으로 분석된다.

여러 유형의 색인어에 의한 검색 결과를 결합한 Strzalkowski 등(Strzalkowski, Lin, and Perez-Carballo 1998)의 연구에서는 단일 순위화를 위한 문헌점수로 스트림 계수(색인 유형 가중치), 각 스트림 i에서의 문헌 d의 정규화된 문헌점수, 해당 스트림에서의 정확률 예측치 등을 고려하여 다음과 같은 결합함수를 제안하였다. 정확률 예측치는 순위 그룹에 따른 정확률 분포를 이용하는 것인데, 예컨대 순위 1~5 사이의 문헌의 정확률은 단어구 스트림에서는 0.45, 어근 스트림에서는 0.49가 된다.

$$FinalRank = \sum_{i=1}^{N} A(i) \cdot score(i,d) \cdot prec(ranks(i) \mid rank(i,d) \in ranks(i))$$

위의 공식에서 N은 스트림의 수, $A(i)$는 스트림 i의 계수, $score(i,d)$는 스트림 i에서의 문헌 d의 문헌점수, $prec(ranks(i))$는 문헌 d가 스트림 i에서 갖는 순위에 상응하는 정확률 값을 나타낸다. 이 공식은 컬렉션 결합에서 각 컬렉션에 가중치를 주는 방법과 유사하다.

8.5 단락 검색

단락 검색(passage retrieval)은 하나의 문헌을 여러 개의 단락으로 나눈 다음 질의와 각 단락과의 유사도를 산출하여 질의에 적합한 단락을 검색하거나 또는 검색된 단락을 이용하여 질의에 적합한 문헌을 검색하는 기법이다. 단락 검색은 특히 길이가 긴 문헌에서 질의에 적합한 부분만을 검색하기를 원하는 경우에 유용하다. 또한 하나의 문헌이 여러 주제를 다루고 있을 때에도 질의 주제와 일치하는 부분만을 검색할 수 있도록 한다.

단락은 응용 분야에 따라서 (1) 문헌의 장, 절, 문단, 문장 등과 같이 구조적으로 식별할 수 있는 텍스트의 특정 부분을 의미하거나 (2) 텍스트의 특정한 위치에서 시작하여 일정한 크기로 분할된 텍스트(window)를 의미한다.

단락 검색에 있어서 먼저 고려해야 할 점은 다음과 같다(Grossman and Frieder 1998).

- 문헌 안에서 단락을 어떻게 식별할 것인가.
- 질의에 대한 각 단락의 유사도로부터 어떻게 문헌의 유사도를 산출할 것인가.

먼저 단락의 식별 방법은 장, 절 제목이나 문단의 시작과 끝을 표지(marker)로 사용하여 단락을 분할하는 방법과 동적(dynamic) 단락 분할 방법으로 구분된다. 단락 표지를 이용할 때에도 장, 절이나 문단의 길이가 너무 길거나 짧을 경우 단락의 크기를 일정한 범위 안에 오도록 조정하기도 한다(Callan 1994). 동적 단락 분할은 질의에 따라 단락을 분할하는 것인데, 질의어와 일치하는 용어가 텍스트에 출현한 위치를 중심으로 일정한 크기의 단락을 형성하는 것이다. 예컨대 질의어와 일치하는 용어의 위치가 n번째 단어이고, 단락의 크기가 p 단어일 경우 단락의 시작 위치는 n이고 끝나는 위치는 n+p가 된다.

단락 검색 결과를 이용하여 적합한 문헌을 제시하는 경우에는 질의와 단락 간의 유사도를 기반으로 하여 문헌의 유사도를 산출하게 된다(Callan 1994; Wilkinson 1994). 단락 검색에서 문헌의 유사도를 산출하는 일반적인 방법은 (1) 단락 수준의 유사도 가운데 가장 높은 값을 문헌의 유사도로 선택하거나 (2) 단락 수준의 유사도와 문헌 수준의 유사도를 결합하는 것이다. 이외에 단락의 유사도를 다 합한 다음 평균을 내는 방법도 있다.

Lee 등(2008)은 TREC의 블로그 검색 실험에서 문헌 단위 검색 시 산출한 문헌점수와 단락 단위의 문헌점수를 결합하였다. 즉 하나의 블로그 포스트를 임의의 크기를 갖는 여러 개의 단락으로 구분한 다음 각 단락의 유사도 값을 산출하고, 가장 큰 유사도 값을 단락 수준의 문헌점수로 선택한다. 문헌 수준의 유사도 값과 단락 수준의 유사도 값은 다음과 같이 결합된다.

$$Score(Q,D) = (1-\alpha)Score_D(Q,D) + \alpha Score_P(Q,D)$$

단락 검색은 질의에 적합한 단락만을 검색하거나 이러한 단락에 기반하여 질의에 적합한 문헌을 검색하는 것이므로 검색 성능의 향상을 가져오는 수단으로 사용할 수 있다. Callan(1994)의 연구에서는 단락의 크기, 단락의 유형, 문헌 유사도 산출 방식 등을 달리하여 다양한 실험을 수행하였다. 실험 결과 단락의 크기를 150~300 단어로 하고, 각각 가중치를 부여한 문헌 수준의 유사도와 단락 수준의 유사도를 결합하였을 때 가장 좋은 성능을 보였다. 검색 성능의 향상률이 가장 높은 컬렉션에서 단락 기반 문헌 검색이 문헌 단위의 검색에 비해 정확률 20.7%의 성능 향상을 가져왔으며, 단락 수준의 유사도와 문헌 수준의 유사도를 결합하였을 때는 정확률 23.5%의 성능 향상을 가져온 것으로 나타났다.

참고문헌

최성환. 2001. 용어 가중치 결합의 검색 효율성에 관한 연구. 석사학위논문. 연세대학교 문헌정보학과.

Baeza-Yates, R. and Ribeiro-Neto, B. 1999. *Modern Information Retrieval*. Harlow, England: Addison Wesley.

Belkin, N.J., Kantor, P., Fox, E.A., and Shaw, J.A. 1995. "Combining evidence of multiple query representations for information retrieval". *Information Processing and Management*, 31(3): 431-448.

Buckley, C., Salton, G., and Allan, J. 1994. "The effect of adding relevance information in a relevance feedback environment". *Proceedings of the 17th annual International ACM SIGIR Conference on Research and Development in Information Retrieval*. 292-300.

Callan, J. 1994. "Passage-level evidence in document retrieval". *Proceedings of the 17th ACM SIGIR Conference on Research and Development in Information Retrieval*. 302-310.

Callan, J.P., Croft, W.B., and Broglio, J. 1995. "TREC and TIPSTER experiment with INQUERY". *Information Processing and Management*, 31(3): 327-343.

Callan, J.P., Lu, Z., and Croft, W.B. 1995. "Searching distributed collections with inference networks". *Proceedings of the 18th Annual International ACM SIGIR Conference on Research and Development in Information Retrieval*. 21-28.

Chung, Y.M. and Lee, J.Y. 2004. "Optimization of some factors affecting the performance of query expansion". *Information Processing and Management*, 40(6): 891-917.

Croft, W.B. 2000. *Combining approaches to information retrieval*. In Croft, W.B., ed. *Advances in Information Retrieval.* Boston: Kluwer Academic Publishers. 1-36.

Fox, E.A., and Shaw, J.A. 1994. "Combination of multiple sources". *Proceedings of the Second Text Retrieval Conference (TREC-2).* NIST Special Publication 500-215. Available: http://trec.nist.gov/pubs.html.

Greenberg, J. 2001. "Optimal query (QE) processing methods with semantically encoded structured thesauri terminology". *Journal of American Society for Information Science and Technology*, 52(6): 487-498.

Greengrass, E. 2000. *Information Retrieval: A Survey.* [online]. UMBC CADIP. [cited 2005.0410]. 〈http://www.cs.umbc.edu/cadip/〉.

Grossman, D.A. and Frieder, O. 1998. *Information Retrieval: Algorithms and Heuristics.* Boston: Kluwer Academic Publishers.

Haines, D., and Croft, W.B. 1993. "Relevance feedback and inference networks". *Proceedings of the 16th annual International ACM SIGIR Conference on Research and Development in Information Retrieval.* 2-11.

Harman, D. 1992a. *Relevance feedback and other query modification techniques.* In: Frakes, W.B. and Baeza-Yates, R., ed. *Information Retrieval: Data Structures & Algorithms.* 241-263.

Harman, D. 1992b. "Relevance feedback revisited". *Proceedings of the Fifteenth Annual International ACM SIGIR Conference on Research and Development in Information Retrieval.* 1-10.

Ide, E. 1971. *New experiments in relevance feedback.* In Salton, G., ed. *The SMART Retrieval System Experiments in Automatic Document Processing.* NJ, USA: Prentice-Hall, Inc. 337-354.

Kim, M.C. and Choi, K.S. 1999. "A comparison of collocation-based similarity measures in query expansion". *Information Processing and Management*,

35(1): 19-30.

Kozorovitsky, A.K. and Kurland, O. 2011. "Cluster-based fusion of retrieved lists". *Proceedings of the 24th ACM SIGIR Conference on Research and Development in Information Retrieval*. 893-902.

Kwok, K.L., Grunfeld, L., and Lewis, D.D. 1995. "TREC-3 ad-hoc, routing retrieval and thresholding experiments using PIRCS". *Proceedings of the Third Text Retrieval Conference (TREC-3)*. NIST Publication 500-225. Available: http://trec.nist.gov/pubs.html.

Lee, J.H. 1995. "Combining multiple evidence from different properties of weighting schemes". *Proceedings of the 18th Annual International ACM SIGIR Conference on Research and Development in Information Retrieval*. 180-188.

Lee, J.H. 1997. "Analyses of multiple evidence combination". *Proceedings of the 20th ACM SIGIR Conference on Research and Development in Information Retrieval*. 267-276.

Lee, Y., Na, S.H., Kim, J., Nam, S.H., Jung, H.Y., and Lee, J.H. 2008. "KLE at TREC 2008 blog track: Blog post and feed retrieval". *Proceedings of the Seventeenth Text Retrieval Conference (TREC 2008)*. NIST Publication 500-277. Available: http://trec.nist.gov/pubs.html.

Mandala, R., Tokunaga, T., and Tanaka, H. 2000. "Query expansion using heterogeneous thesauri". *Information Processing and Management*, 36(3): 361-378.

McCreadie, R., Macdonald, C., Ounis, I., Peng, J., and Santos, R.L.T. 2009. "University of Glasgow at TREC 2009: Experiments with Terrier". *Proceedings of the Eighteenth Text Retrieval Conference (TREC 2009)*. NIST Publication 500-278. Available: http://trec.nist.gov/pubs.html.

Nguyen, D. and Callan, J. 2010. "Combination of evidence for effective web search". *Proceedings of the Nineteenth Text Retrieval Conference (TREC*

2010). NIST Publication 500-294. Available: http://trec.nist.gov/pubs.html.

Qiu, Y., and Frei, H.P. 1993. "Concept based query expansion". *Proceedings of the 16th annual International ACM SIGIR conference on Research and Development in Information Retrieval*. 160-169.

Rajashekar, T. and Croft, W. 1995. "Combining automatic and manual index representations in probabilistic retrieval". *Journal of the American Society for Information Science*, 46(4): 272-283.

Rocchio, J.J. 1971. *Relevance feedback in information retrieval*. In: Salton, G., ed. *The SMART Retrieval System Experiments in Automatic Document Processing*. 313-323.

Salton, G., Allan, J., and Buckley, C. 1993. "Approaches to passage retrieval in full text information systems". *Proceedings of the 17th ACM SIGIR Conference on Research and Development in Information Retrieval*. 49-56.

Salton, G. and Buckley, C. 1990. "Improving retrieval performance by relevance feedback". *Journal of the American Society for Information Science*, 41(4): 288-297.

Strzalkowski, T., Lin, F., and Perez-Carballo, J. 1998. "Natural language information retrieval TREC-6 report". *Proceedings of the Sixth Text Retrieval Conference (TREC-6)*. NIST Special Publication 500-240. Available: http://trec. nist.gov/pubs.html.

Tsikrika, T. and Lalmas, M. 2004. "Combining evidence for Web retrieval using the inference network model: an experimental study". *Information Processing and Management*, 40(5): 751-772.

Turtle, H. 1990. *Inference networks for document retrieval*. Ph.D. dissertation, University of Massachusetts.

Turtle, H. and Croft, W.B. 1991. "Evaluation of an inference network-based retrieval model". *ACM Transactions on Information Systems*, 9(3): 187-222.

Voorhees, E.M., Gupta, N.K., and Johnson-Laird, B. 1995. "Learning collection fusion strategies". *Proceedings of the 18th Annual International ACM SIGIR conference on Research and Development in Information Retrieval*. 172-179.

Wilkinson, R. 1994. "Effective retrieval of structured documents". *Proceedings of the 17th ACM SIGIR Conference on Research and Development in Information Retrieval*. 311-317.

Xu, J. and Croft, W.B. 1996. "Query expansion using local and global document analysis". *Proceedings of the 19th Annual International ACM SIGIR Conference on Research and Development in Information Retrieval*. 4-11.

찾아보기

INDEX

(ㄴ)

(ㄷ)

(ㄹ)

(ㅁ)

(ㅂ)

(ㅇ)

(ㅈ)

(ㅊ)

(ㅎ)

(A)

(B)

(C)

(G)

(H)

(I)

(J)

(K)

(L)

(M)

(N)

(O)

(P)

(Q)

(R)

(S)

(V, W, Y)

(숫자)